한국의 민주주의 어디로 가고 있는가

한국의 민주주의 어디로 가고 있는가

초판 1쇄 발행 2018년 1월 31일

지은이 윤종빈·박지영 외 | 미래정치연구소 편

펴낸이 김선기

펴낸곳 (주)푸른길

출판등록 1996년 4월 12일 제16-1292호

주소 (08377) 서울시 구로구 디지털로 33길 48 대룡포스트타워 7차 1008호

전화 02-523-2907, 6942-9570~2

팩스 02-523-2951

이메일 purungilbook@naver.com

홈페이지 www.purungil.co.kr

ISBN 978-89-6291-438-2 93340

*이 도서의 국립중앙도서관 출판예정도서목록(CIP)은 서지정보유통지원시스템 홈페이지(http://seoji.nl.go.kr)와 국가자료공동목록시스템(http://www.nl.go.kr/kolisnet)에서 이용하실 수 있습니다. (CIP제어번호 : CIP2018001973)

이 저서는 2016년 대한민국 교육부와 한국연구재단의 지원을 받아 수행된 연구임 (NRF-2016S1A3A2924104).

미래정치연구소 학술 총서 시리즈 07

한국의 민주주의 어디로 가고 있는가

정치참여와 통합의 정치 모색

푸른길

차례

제3부 감정과 정치참여

대의 민주주의, 정치참여, 그리고 사회통합

윤종빈 · 명지대학교

이 책은 명지대 미래정치연구소가 수행하고 있는 한국연구재단 한국사회과학지원사업(이하 SSK; Social Science Korea)의 연구의 일부로 기획하게 되었다. 동 사업은 한국 유권자의 정치참여를 제고하는 요인으로서 정당과 사회적 자본의 역할에 주목하고 있으며, 대의민주주의가 성공적으로 운영되기 위해서는 대표자에게 권력을 위임한 유권자의 상시적인 감시와 견제 그리고 참여가 필수적이라는 시각을 갖고 있다. 이 책의 집필에 참여한 연구자들은 정당, 정치참여, 대의민주주의에 연구의 초점을 두고 있는데 이러한 한국정치의 위기를 극복하고 사회통합을 이루기 위해 중요하다고 공감하고 있기 때문이다.

이 책의 집필진 다수가 참여하고 있는 명지대 SSK사업은 2013년 9월에 시작한 소형단계 3년을 마무리하고 2016년 9월부터 다시 3년간 '지역다양성과 사회통합'의 연구의제 속에서 '대의민주주의 강화를 위한 시민-정당 연계 모델과 사회통합'이라는 주제로 연구를 수행하고 있다. 연구단은 한국의 사회통합을 저해하는 요인들 중 대의민주주의 약화 현상에 주목하여 정당의 시민에 대한 책임성과 대표성 제고가 사회통합을 이루기 위한 중요한 방안이 될 수 있다는 문제의식을 가지고 있다. 이러한 연구목적을 가지고 본 연구단은 소형단계 1·2차 년도에는 전국 유권자를 대상으로 국내 최초로 정당에 대한 인식 조사를 실시하였으며, 3차 년도에는 정당·선거 관련 경험자를 대상으로 집단심층인터뷰(Focus Group Interview, FGI)를 진행하였다. 또한 소형 및 중형단계에서 한국 사례뿐만 아니라 각기 다른 민주주의 수준에 머물러 있는 동유럽, 유럽연합, 미국, 일본, 대만, 싱가포르 등 다양한 지역의 정당 사례에 대한 비교분석을 통해 한국에 주는 함의를 도출할 계획이다.

연구단은 정당의 정치사회적 역할을 강조하면서 사회통합을 저해하는 중요한 요인으로 '시민-정당 간의 연계(linkage) 약화'에 주목한다. 사회 갈등이 해소되기 위해서는 정당이 다양한 사회의 이익을 집약하고 제도화된 형태로 표출하는 본연의 기능을 수행함으로써 시민과의 연계성을 강화해야 한다. 즉, 사회의 갈등요인을 줄이고 소통과 통합에 기여하는 길은 정당의 시민에 대한 책임성과 대표성을 제고하는 것이다. 또한 정당에 의한 시민 접촉과 동원이 시민의 정치신뢰와 정치참여를 제고하여 궁극적으로 대의민주주의를 강화할 수 있는 최선의 대안이라는 시각을 가지고 연구를 진행하고 있다.

방법론적 측면에서 시민-정당 간의 연계 활동에 대한 기존 연구들은 민주주의 수준이 높은 서구의 국가를 대상으로 한 것이 대부분이며 한국을 비롯한 민주주의 수준이 중간, 혹은 낮은 단계의 국가를 대상으로 한 연구는 많지 않다. 따라서 연구단은 앞서 서술한 다양한 지역의 정당 사례에 대한 비교 분석을 통해 한국에 적용 가능한 함의를 도출해내고자 한다. 선진민주주의 국가(old democracy)의 사회통합 추진 전략과 수단은 우리 사회의 갈등을 해소하는 과정에서 문제점을 예견하고 방향성을 찾는 데 많은 도움을 줄 수 있다. 또한 신생민주주의 국가(new democracy)와 성장단계의 민주주의 국가는 한국 사회와 유사하게 정치적 대표성의 손상 문제를 겪고 있는 경우가 많기 때문에 이들 국가에서 추진하고 있는 사회통합 전략은 우리에게 흥미로운 시사점을 줄 수 있다. 따라서 연구단은 지역적 다양성을 적극적으로 활용하여 지역 간 비교를 통해 한국 사회의 사회통합 방안을 모색하는 것을 주된 목표로 하고 있고 중형단계 1차 년도에는 이론적 토대 마련, 2차 년도에는 국가별 사례 연구, 3차 년도에는 함의 도출과 한국의 정치참여 및 사회적 자본 연구를 수행할 것이다.

이 책은 총 3부로 이루어져 있다. 우선 제1부에서는 정당과 정치참여를 주제로 다양한 국내 문제 속에서 정당의 역할을 살펴보고, 제2부에서는 정치참여의 중요성을 사회자본과의 관계에 초점을 두고 살펴보고 있다. 그리고 마지막 제3부에서는 감정과 정치참여를 주제로 정치적 사건에 대한 시민들의 서로 다른 인식이 야기한 다양한 정치참여 방식을 서술하고 있다.

제1부의 첫 번째 글인 “정당명칭 변경에 관한 한국 유권자의 인식(한정훈)”은 정당 명칭의 변화가 유권자와 정당의 연계성을 약화시킬 수 있음에도 한국의 정당들이 지속적으로 명칭을 변화시키는 데에 의문을 제기하고 있다. 저자는 정당명칭 변화와 유권자의 정당 지지가 어떠한 관계에 있는지 살펴보기 위해 19대 대선 이후 국민을 대상으로 한 설문조사를 활용하여 경험적인 분석을 수행하였다. 연구 결과, 정당에 대한 호감도가 높은 유권자일수록, 정당의 명칭 변경으로 이전 정당과 동일정당이 아니라고 간주하는 유권자일수록, 정당지지가 변경된다는 것을 확인하였다. 이와 같은 결과는 정당의 명칭 변경이 유권자의 정당에 대한 연계성을 약화시킬 가능성이 있다는 점을 시사한다.

두 번째 글인 “사회재난과 정치 갈등: 세월호 사건과 정당의 대응(한의석)”은 정치·사회적 갈등이 심화되었던 세월호 사건을 중심으로 정치적 리질리언스(resilience)와 이념과 세계관의 차이를 반영하는 정치 전략인 프레이밍(framing)에 초점을 맞추어 사회재난과 정당정치의 상호작용을 살펴보았다. 재난으로부터의 회복력인 정치적 리질리언스가 강한 국가의 경우 위기와 갈등에 처해도 쉽게 정치적 안정을 이룰 수 있으나 리질리언스가 약한 국가는 사회재난 수습이 지체되고 대립과 갈등이 확산되어 집권여당의 차기 선거에 부정적인 영향을 미칠 수 있다는 결론을 제시한다. 저자는 세월호 사건 이후 주요 정당들이 갈등을 조정하기보다는 프레이밍을 함으로써 갈등을 심화시켰다고 주장하며, 정당의 이러한 행위가 정치가 추구해야 하는 것과 현실 정치와의 괴리를 양산하고 있다고 지적한다.

제2부의 첫 번째 글인 "사회적 자본과 정치참여: 사회적 자본은 개인의 촛불집회와 태극기집회 참여를 이끌었는가?(정수현)"는 사회적 자본이론의 낙관론에 대해 문제를 제기하고, 명지대 미래정치연구소의 2017년 '정당과 사회통합에 관한 국민 인식조사' 결과를 활용하여 사회적 자본의 요소들과 정치참여의 관계를 분석하였다. 분석결과 교량형 연결망과 사회신뢰가 강한 응답자일수록 정치개혁적인 촛불집회에 참여할 확률이 높은 반면, 지역규범이 강한 응답자일수록 보수적인 태극기 집회에 참석할 확률이 높은 것으로 나타났다. 이러한 결과에 대해 저자는 사회적 자본 요소인 신뢰, 규범, 연결망이 정치참여의 성격에 따라 서로 다른 영향력을 발휘할 수 있다고 강조한다.

두 번째 글인 "20대 총선에서 나타난 여성의 정치의식과 투표참여 그리고 효능감: 사회적 자본 접근법을 중심으로(송경재)"는 20대 총선 설문조사를 활용하여 여성의 정치의식과 정치참여의 특성을 살펴보고, 정치참여 수준을 측정할 수 있는 사회적 자본 접근법(social capital approach)을 통해 여성의 정치참여에 대해 서술하고 있다. 저자는 한국 여성들의 호혜성 규범, 특히 공동체 이익지향성과 정치효능감이 여성의 정치참여에 긍정적인 영향을 미칠 수 있다고 검증하였고, 이러한 결과를 바탕으로 여성의 정치참여 확대를 위해 정당과 정책 결정권자가 여성정체성에 부응하는 다양한 공약이나 정책이슈 등을 마련할 것을 제안한다.

세 번째 글인 "SNS 활용과 정치참여: 한국 제20대 총선 분석(박영득·이재묵)"은 최근 세계적으로 소셜네트워크(SNS) 사용자가 급증하고 그 정치적 영향력이 확대되고 있다는 현실에 주목해 SNS가 20대 총선의 정치참여(선거 및 비선거)에 미친 영향력을 살펴보고 있다. SNS가 개인의 자발성과 개인 간의 관계성이 중요하기 때문에 비선거적 정치참여에 유의미한 영향력을 미칠 것이라고 예측한 바와 같이, 선거참여가 아닌 비선거적 참여에서만 SNS 이용의 영향력이 유의미한 것으로 나타났다. 또한 저자들은 정치참여에 영향을 미치는 또 다른 변인으로 정치정보를 획득하는 행위를 지적한다.

제3부의 첫 번째 글인 "감정과 정치참여(민희·윤성이)"는 일상의 시기에서 시민이 정치에 대해 느끼는 부정적 감정이 정치참여에 어떠한 영향을 미치는지 살펴보고 있다. 이 글에서 저자들은 인지모형, 감정모형, 그리고 이 둘의 교차변수의 정치참여 예측모형을 바탕으로 부정적 감정이 정치참여에 미치는 영향과 조절효과를 설문조사를 활용해 분석하였다.

분석의 결과, 부정감정은 내적 효능감이나 정당지지 요인과 상호작용하면서 다양한 정치참여를 추동한다는 사실을 확인하였고, 보다 구체적으로 불안보다는 분노의 감정이 정치참여에 강한 영향을 미친다는 것을 검증하였다. 이상과 같은 발견을 통해 저자들은 국민의 사회에 대한 감정적 표현이 이성적 판단과 맞물려 있고 오히려 정치참여를 추동하는 힘으로 작동할 수 있다는 점을 지적한다.

두 번째 글인 “참여의 역설과 대의민주주의: 촛불집회 참여 경험이 정치적 태도에 끼친 영향(장승진)”은 거시적 차원에서 촛불집회가 가지는 의미가 아니라 미시적 차원에서 참여자들에게 미친 영향력에 초점을 두고 있다. 명지대 미래정치연구소의 2017년 설문조사를 활용하여 촛불집회에 참여한 경험이 있는 사람들과 그렇지 않은 사람들의 외적·내적 정치효능감과 정치신뢰를 살펴본 결과, 참여한 경험이 있는 사람들은 상대적으로 내적 정치효능감은 높고 정치신뢰는 낮은 것으로 나타났다. 저자는 촛불집회로 인해 개인 스스로가 정치에 참여하고 의사결정을 할 수 있다는 믿음인 내적 효능감이 고양된 것은 의미 있는 결과이지만, 촛불집회에 참여한 사람들의 정치신뢰가 하락했다는 점은 오히려 대의민주주의 하에서 기존에도 취약한 정치제도의 대표성이 더욱 악화되었다는 역설적인 효과를 보여준다고 주장한다.

세 번째 글인 “정치인의 부패 스캔들에 대한 국민들의 인식 차이: 박근혜-최순실 게이트를 중심으로(박지영)”는 정치스캔들에 대한 유권자들의 반응이 개인의 정치적 인식, 이념, 그리고 경제 상황 등의 요소에 따라 달라질 수 있다는 점에 주목한다. 방법론적으로 설문조사를 분석해 2016년 박근혜-최순실 스캔들에 대한 유권자들의 인식을 살펴보고, 개별 국민들이 정치부패에 대해 어떻게 태도를 형성하는지 알아보았다. 저자에 따르면 정치인의 부패 스캔들에 대한 태도가 유권자 개인의 특성에 따라 다르게 나타나며, 정치적 인식이 낮을수록, 이념적으로 부패스캔들의 당사자와 가까울수록, 가계 경제에 대한 만족감이 높을수록 부패한 정치인에 대한 부정적 감정이 낮아진다는 결과를 제시하였다.

이상에서 살펴본 바와 같이 이 책은 대의민주주의 강화를 위한 사회적 자본과 정치참여의 중요성을 강조하고 있으며, 이러한 과정에서 정치행위자인 정당의 역할 또한 매우 중요하다는 것을 제안하고 있다. 위기에 빠진 우리의 정당정치가 국민의 신뢰 회복을 바탕으로 제 기능을 발휘하기 위해서는 정당의 자정 노력은 물론 유권자의 상시적인 감시와 견제, 그리고 정치에의 참여 의지가 무엇보다도 중요하다. 또한 새로운 소통의 방식인 SNS의 활용이 정치과정에서 급속도로 확대됨에 따라 권력을 위임받은 대표자인 정당과 국회는 전통적인 소통 방식이 아닌 새로운 개인화된 소통에 관심을 갖고 반응성과 책무성을 다해야 한다.

대통령에게 과다한 권한을 부여한 우리의 제왕적 대통령제는 승자독식의 선거제도와 양당제와 맞물려 우리 사회를 점점 더 양극화시키고 있다. 다행히도 2016년 총선을 통해 출범한 제20대 국회는 다당제 정치구조를 형성하였고 과거와 달리 여러 정당들이 상호 교차해 정책 중심의 연대가 나타나고 있다. 중장기적으로 다당제가 정착될 수 있을지 아직은 예단할 수 없지만 우리 사회에 만연한 벼랑 끝 이념 갈등과 대치가 종식되고 사회통합을 실현하기 위해서는 다양한 정치세력이 제도권 정치에 진입할 수 있는 개방형 정치제도의 도입이 매우 시급하다. 이 책은 이러한 문제의식 속에서 우리 정당의 위기와 정치위기를 정밀하게 진단하고 이를 극복할 수 있는 처방과 대안을 제시하는 의미 있는 작업의 산물이라고 생각된다.

제1부

정당과 정치참여

01

정당명칭 변경에 관한 한국 유권자의 인식

한정훈 • 서울대학교

들어가며

대의민주주의 사회에서 유권자들의 정치행태를 이해하는 데 한 가지 걸림돌은 유권자들이 정치적으로 올바른 선택을 할 수 있을 정도로 충분한 정보를 지니고 있는지의 여부다. 정보가 부족한 상태에서 이루어지는 정치적 선택은 유권자 본인이 진심으로 바라는 것과는 거리가 먼 결과를 낳는다. 또한 그와 같은 잘못된 선택은 충분한 정보를 지닐 수 있는 기회 구조가 달라지지 않는 한 다음번 선택에서도 유사하게 이루어질 가능성이 높다. 특히 잘못된 선택이 반복되는 경우 유권자의 불만과 좌절은 사회 전체적으로 불안정을 야기하는 부정적 요인이 될 수 있으며, 그 결과 대의민주주의 자체를 뒤흔드는 효과를 지닐 수 있다.

1960년대 미국 유권자에 대한 연구는 불충한 정보를 지닌 유권자의 문제를 집중적으로 다루었다. 우선 바쁘고 복잡한 현대 사회를 살아가는 유권자들은 다양한 사회 현안을 올바르게 이해하는 데 필요한 충분한 정보를 수집하기 어려울 뿐 아니라 그러한 정보가 없는 상태에서 정치적 선택을 한다는 주장이 제기되었다. 예를 들어, 컨버스(Converse 1964)는 다양한 현안에 대해 표출된 유권자의 선호를 분석하고, 유권자들이 일관된 신념체계(belief system)를 갖지 않을 가능성이 높다는 사실을 제기하였다. 또한 스토크스와 밀러(Stokes and Miller 1962)는 정치적 대표자에 대하여 불충한 정보를 지닌 유권자는 의회 대표자를 선택하는 과정에서도 잘못된 선택을 할 가능성이 높다는 점을 보였다. 이들에 따르면, 유권자들은 의회 내에서 의원들이 실제 어떠한 결정을 하는지에 대한 정확한 정보를 지니지 않으며, 그와 같은 불완전한 정보를 통해 다음 선거에서 대표자들을 보상하거나 처벌한다고 주장한다. 이러한 주장은 결국 대의민주주의와 정치현상 전반에 대한 부정적 회의를 자극하였다.

그러나 유권자들이 정치현상에 대해 불충분한 정보를 지니기 때문에 예상되는 대의민주주의의 문제점에 대한 지적은 정당(political party)이 수행하는 역할을 통해 해결의 실마리를 마련하였다. 다수의 연구가 정당이 시장에서 상표명(brand name)과 유사한 정당명(party label)을 개발할 뿐 아니라 유권자들은 그러한 정당명을 정보의 단축키(information shortcut), 또는 휴리스틱(heuristic)으로 이용할 수 있다는 점을 보인 것이다(Brady and Sniderman 1985; Lodge and Hamill 1986; Conover and Feldman 1989; Kiewiet and McCubbins 1991; Cox and McCubbins 1993; Lupia 1994; Aldrich 1995; Lupia and McCubbins 1998). 다시 말해 유권자들은 의원 한 명 한 명의 정치행태에 대하여 정보가 충분하지 않음에도 불구하고, 정당명을 통해 유추되는 각 정당의 소속 의원들에 대한 집합적인 정보를 선거에 활용할 수 있다는 것이다. 또한 정당명에 의존함으로써 내리게 되는 유권자의 선택은 일반적으로 예상되었던 것과 같이 전적으로 잘못된 선택으로 귀결되지 않는다는 것이다.

민주화 이후 한국 사회 역시 유권자들이 선거경쟁에 나서는 후보자들에 대하여 정보를 얻을 수 있는 사회적 환경은 1960년대 미국 유권자들이 직면한 상황으로부터 크게 벗어나지 않는다. 특히 한국 사회는 두 가지 측면에서 오히려 정치적 대표자들에 대해 유권자들이 상대적으로 더욱 빈약한 정보의 한계에 직면할 가능성이 높다. 하나는 남북한 대결 상황이라는 정치적 상황이 대표자들의 이념적 선호를 왜곡할 수 있다는 점이다. 최근 한국 사회 내 이념에 대한 연구는 다양한 정치현상을 이해하는 데 활용되는 좌/우, 진보/보수와 같은 이념성향을 규정하는 용어에 대한 한국 사회 내 평균적 이해에 대해 의문을 제기한다(한정훈 2016; 구본상 2016). 남북한 대결상황이 오랫동안 대한민국 내 이념성향에 대한 자유로운 표현을 방해하는 요인이 되어 왔을 뿐 아니라, 정치인들도 자신의 정치적 성향을 홍보하는 데 활용되는 이러한 용어를 일관되게 사용하고 있지 않다. 따라서 정치인들의 행태 또는 정치현상을 이해하는 데 이념성향이 도움을 주기보다는 오히려 방해가 되는 경향이 종종 목격된다. 다른 하나는 국회운영과정의 불투명성이다. 한국 국회는 공식적인 의사결정과정이 시작되기 이전에 여당과 야당 사이의 비공식적 타협과 조정의 시간을 갖는 특징을 지닌다. 이 과정에서 누가 어떠한 사안에 대해서 찬성하고 반대하였는지가 명확하지 않기 때문에 정책적 책임소재를 파악하기 어렵다. 그 결과 유권자가 특정 정치인에 대한 정보를 획득하기 위해 노력하는 경우에도 충분한 정보를 확보하기 어려운 구조가 형성되어 있다.

한국 유권자들이 정치현상 및 정치인에 대해 충분한 정보를 얻기 어려운 정치사회적 환경은 한국 정당의 역할에 대한 기대를 강화한다. 서구에서와 같이 소속의원들의 응집력 있는 입법활동을 통해서든(Woon and Pope 2008), 아니면 다양한 정치적 현안에 대해 명확한 정당의 입장을 전달하는 방식을 통해서든(Merolla et al. 2008) 한국 정당이 유권자들에게 정치현상을 이해하기 위한 휴리스틱을 제공할 수 있다면 유권자들의 불충한 정보에 대한 우려가 해소될 수 있기 때문이다. 그러나 한국 사회에서 이와 같은 정당의 역할을 예상하기에는 상당한 장애요소가 존재한다. 무엇보다도 한국 정당들이 빈번히 정당의 명칭을 변경한다는 문제를 지적할 수 있다. 정당명칭이 유권자들에게 휴리스틱 또는 정보의 단축키로 활용되기 위해서는 동일한 정당명칭이 장기간 유지될 필요가 있다. 그러나 민주화 이후 한국 사회에서 동일한 명칭을 사용하면서 10년 이상 존속한 정당은 매우 드물다. 가장 오래 존속한 정당은 12년 동안 동일한 명칭을 유지하였던 한나라당이었다. 반면, 대부분의 기성정당들은 두 번의 선거를 채 치르기 전에 명칭이 변경되거나 해체되고 있다.

그러면 이와 같은 한국 정당정치의 현실을 고려할 때, 한국 유권자들이 정치현상에 대한 빈약한 정보를 보완하기 위해 정당명칭을 활용한다고 볼 수 있는 것인가? 이러한 질문에 대한 답을 구하기 위해서는 한국 유권자들이 정당명칭에 대해 지닌 인식을 조사한 자료와 그에 대한 분석이 필요하다. 그러나 아직까지 정당명칭에 초점을 맞춘 인식조사 자료는 존재하지 않으며, 그 결과 해당 주제에 대한 체계적인 분석은 전무하다. 아마도 이와 같은 학문적 무관심은 기존의 연구가 선거 시점에서의 각 정당의 실적(performance)에 과도한 관심을 집중시키고 있기 때문일 것이다. 또한 실질적인 측면에서 정당명칭의 변경이 선거결과 등에 큰 영향력을 미치지 않은 것 같다는 가정이 작용했기 때문일 것이다.

본 연구는 이와 같은 기존연구의 한계를 해소하고 한국 유권자들이 정당명칭의 변경에 대해 어떻게 인식하고 있는지를 살펴보기 위한 최초의 학문적 시도라고 할 수 있다. 그럼에도 불구하고 여전히 체계적인 분석을 위한 자료가 부족하다는 현실적 문제를 극복한 것은 아니다. 다만 최근 한국연구재단의 한국사회과학연구(Social Science Korea, SSK)지원사업을 수행하고 있는 명지대의 '대의민주주의 강화를 위한 시민-정당 연계모델과 사회통합' 사업단이 실시한 설문조사는 정당명칭 변경에 따른 한국 유권자들의 인식을 연구할 수 있는 자료를 부분적으로 수집하였다.[1]

따라서 본 연구는 자료의 접근가능성이라는 근본적인 한계를 완전히 해

1. 해당설문조사는 한국리서치에 의뢰하여 제19대 대통령 선거 두 달여 전인 2017년 3월 2일부터 3월 9일까지 8일간 컴퓨터를 활용한 웹인터뷰 방식인 CAWI(Computer Assisted Web Interview) 방법을 통해 조사한 것이나. 조사 대상은 성별, 연령, 지역별 비례할당 방식을 통해 전국 만19세 이상의 성인남녀 가운데 1,000명이었으며, 표집오차는 95% 신뢰수준을 기준으로 ±3.1%포인트에 해당하였다.

소하지 못한 채 정당명칭 변경에 대한 한국 유권자의 인식을 살펴보고자 한다. 그 결과 본 연구는 체계적인 분석이라기보다는 유사 주제에 대한 더욱 발전된 후속연구가 이루어질 수 있는 문제제기형 탐색연구라고 할 수 있다. 다시 말해, 여기서는 한국 유권자들의 정당명칭에 대한 인식과 관련하여 충분한 이론적 논의를 바탕으로 도출된 경험적 가설을 검증하는 엄밀한 분석이 진행되지 않는다. 오히려 일반적으로 유권자의 정치적 인식을 형성하는 데 중요한 요인으로 간주되는 인구통계학적 특성과 정치사회적 성향을 중심으로 선별한 몇 가지 요인의 효과만을 관찰하고자 한다. 이와 같은 기초적인 분석이 한국 유권자들이 정당명칭을 활용하는 행태에 대한 다양한 후속연구를 촉발시킬 것을 기대해 본다. 우선, 구체적인 논의에 앞서 정당명칭에 관한 이론적 논의를 간단히 살펴보도록 하겠다.

정당명칭의 활용

정당명칭에 대한 학문적 관심은 1960년대 미국 유권자를 연구한 컨버스(Converse 1964)의 연구에서 출발하였다고 볼 수 있다. 유권자들의 신념체계는 일관되지 않을 뿐 아니라 정보의 부족으로 인해 다양한 현안을 처리하는 데 실패하는 경향이 있다는 컨버스(Converse 1964)의 주장은 대의민주주의에 대한 믿음에 심각한 회의를 야기하였다. 이에 대해 다수의 후속 연구들은 정보의 부족에도 불구하고 유권자들이 정보의 단축키(information shortcuts) 또는 휴리스틱(heuristics)에 의존하여 올바른 결정을 내릴 수 있음을 주장하였다. 이러한 주장은 우선 유권자들이 후보자를 선택하거나 정치현상을 이해하는 데 백과사전식(encyclopedic) 지식을 쌓을 필요는 없다는 점을 강조하였다. 또한 유권자의 당파성 또는 정당에 대한 지식만으로도 후보자에 대해 추론할 수 있다는 것이다(Lodge and Hamil 1986; Conover and Feldman 1989). 온라인 정보처리과정(on-line information processing)이나 정보갱신(information updating)을 통한 정보처리과정이 의회 의원들의 사실적 행태를 정확히 기억하지 못해도 유권자가 후보자에 대한 인상을 개발하거나 정치현상에 대해 적절히 평가하도록 도움을 준다는 것이다(Fiorina 1981; Lodge et al. 1989; Sniderman et al. 1991; Achen 1992). 이러한 주장은 구체적인 경험적 자료를 분석함으로써 타당성이 검증되었다. 분석결과들은 유권자들이 선거경쟁에서 후보들이 차지한 정책적 위치나 다양한 사회 현안에 대한 입장을 수립하는 데 정당명칭을 통해 부족한 정보를 보충한다는 가설을 지지한다(Lupia 1994; Geber and Green 1997; Huckfeldt et al. 1999; Lau and Redlawsk 2001). 특히 정당명칭은 유권자가 쉽게 알 수 있을 뿐 아니라 다양한 결정과정에서 활용할 수 있다는 유용성이 강조되었다(Huckfeldt et al. 1999).

그러면 정당명칭은 어떤 과정을 거쳐 그와 같은 정보의 단축키로서의 의미를 지니게 되는가? 또한 정당명칭을 정보의 단축키로 만드는 메커니즘을 통해 정당명칭이 유권자에게 전달하는 정보는 무엇인가? 사실 이와 같은 구체적인 질문에 대해서는 많은 연구가 축적되지는 않았다. 다수의 기존 연구는 정보의 단축키로서의 정당명칭의 역할을 암묵적으로 가정한 경향이 강했던 것이다. 반면, 상대적으로 소수의 연구를 통해 정당명칭이 정보의 단축키로 기능하게 되는 몇 가지 메커니즘을 살펴볼 수 있다. 예를 들어 스나이더와 팅(Snyder and Ting 2002; 2003)의 일련의 연구를 들 수 있다. 이들은 정치현실 속에서 정당명칭이 시장에서의 상품명이 갖는 기능을 확보하게 되는 두 측면의 메커니즘을 제시하였다. 하나는 정당 스스로 일관성 있는 특정한 정책적 선호 또는 정강을 채택하는 방식이다. 다른 하나는 선거경쟁에 나서는 후보들이 자신의 이념적 선호와 상이한 정강을 채택하고 있는 정당과 거리를 두는 행태이다. 다시 말해 정책적 일관성을 지니려는 정당의 내적 노력과 각 정당의 후보가 되고자 하는 잠재적 후보의 자발적 선택이라는 내생적(endogenous) 메커니즘을 통해 정당명칭이 유의미한 의미를 지니게 된다는 것이다. 운과 포프(Woon and Pope 2008)의 연구는 이와 같은 내생적 메커니즘의 한 유형으로서 의회 내 의원들의 투표행태를 분석하고, 동일한 정당에 소속된 의원들의 투표행태가 유권자들에게 전달하는 정보의 내용을 제시하였다. 미국 의회 의원들의 투표행태를 분석한 이들의 주장에 따르면, 동일한 정당에 소속된 의원들의 응집력(cohesion) 있는 기명투표(roll-call votes)를 통해 드러나는 정당의 정책적 선호는 선거에서 유권자들이 활용하는 유용한 정보가 될 수 있다(Woon and Pope 2008: 824). 다시 말해, 특정 정당에 소속된 의원들의 의회 내 투표행태를 통해 드러나는 집합적 수준의 정당의 정책적 선호가 정당명칭을 통해 유권자들에게 전달되며, 유권자들은 그러한 정보를 활용하여 선거에서 특정 후보를 지지한다는 것이다.

결국 정당명칭은 다양한 메커니즘을 통해 집합적 수준에서 정당의 정책적 선호를 대표한다고 할 수 있다. 이는 정당이 내적으로 구성원 사이의 갈등을 경험하더라도 정보의 단축키로서의 정당명칭의 기능은 유지될 수 있음을 함의한다. 정당 내부의 갈등과 불협화음이 집합적 수준에서 정당을 하나의 집단으로 묶기 어려울 정도로 강하지 않는 한 정당명칭은 궁극적으로 해당 정당이 지향하거나 선호하는 정책을 파악하는 데 도움이 될 것이다. 그러나 다른 한편으로 정당명칭이 집합적 수준에서 정당의 정책적 선호를 대변한다는 것은 정당이 집합적으로 합의된 정책적 선호를 지닌 것으로 인식될 정도로 상당 기간에 걸쳐 조직이 응집력 있게 유지, 존속할 필요가 있음을 의미한다.

정당명칭이 정보의 단축키로서 기능하기 위한 이와 같은 구조적 조건이 충족되는가의 문제는 각 정치체제에 따라 달라질 것으로 보인다. 우선 미국을 중심으로 연구된 정보의 단축키로서의 정당명칭의 효과는 미국 이외의 지역에서도 타당하다는 점이 검증되었다. 예를 들어 레이(Ray 2003)는 유럽통합에 대한 유권자들의 선호 형성에 정당명칭이 영향을 미치고 있음을 보였으며, 호볼트(Hobolt 2007)는 노르웨이 유권자들이 정당명칭을 정보의 단축키로 활용하고 있음을 검증하였다. 그럼에도 불구하고 정당명칭이 정보의 단축키로 활용되는 유용성은 모든 정치공동체에 동일한 것은 아니다. 대표적으로 각 사회가 지닌 정당체제적 차별성은 정당명칭이 정보의 단축키로 활용되는 강도에도 영향을 미친다. 미국식 양당제(two-party system)가 운영되는 사회와 달리 다당제의 사회에서는 정보의 단축키로서의 정당명칭의 역할이 약할 가능성이 존재하는 것이다. 이러한 관점에서 스나이더만(Sniderman 2000: 83-84)은 다당제 사회와 같이 정치적 선택을 위한 대안이 더욱 복잡하고 모호한 사회에서 유권자는 정당명칭을 정보의 단축키로 활용할 수 있음에도 불구하고 여전히 정치적 선택의 어려움을 느낀다고 주장하였다. 다시 말해, 두 개 이상의 정당이 경쟁하거나, 각 정당들이 일관성 있는 이념적 패키지를 전달하지 못하거나, 새로운 정당이 빈번히 창설되는 경우 정당명을 휴리스틱의 자원으로 활용하는 유용성이 떨어진다는 것이다. 이와 유사하게 루피아와 맥커빈(Lupia and McCubbins 1998)은 정당명칭이 전달하는 정보가 신뢰할 만한(reliable) 것일 때 정보의 단축키로서 유용성을 지닌다고 주장한다. 정당명칭의 역할은 또한 선거환경에 따라서도 차이가 있다. 대통령 선거나 국회의원 선거와 달리 상대적으로 중요성이 낮은 지방선거는 후보자에 대한 정보가 적다. 이와 같이 선거유형에 따른 정보의 차별성을 고려할 때, 정보가 적은 선거에서 정당명칭의 기능이 더욱 강화된다는 사실이 경험적 연구를 통해 발견되었다(Schaffner and Streb 2002; Squire and Smith 1988).

한국 정당의 정당명칭

한국 사회는 정당명칭이 정보의 단축키로 기능할 수 있을지에 대하여 회의를 불러일으키는 몇 가지 요인이 존재한다. 우선 한국의 정당은 명칭을 빈번히 변경하는 경향이 강하다. 민주화 이후 존재한 정당들 가운데 10년 이상의 기간 동안 동일한 정당명칭을 유지한 정당은 자유민주연합, 한나라당, 민주노동당 이렇게 3개의 정당뿐이다. 나머지 정당들은 정당명칭이 빈번히 변경되면서 두 차례 이상의 선거에서 지속적으로 후보를 공천하는 데 실패하였거나 또는 단 한 차례의 선거에서 경쟁하다가 해산하는 경향을 보인다. 〈표 1-1〉은 1987년 민주화 이후 한국 사회에 존재했던 정당들의 명칭을 선거에서 후보를 공천한 횟수를 중심으로 제시하고 있다. 선거에서 단 한 차례만 후보를 공천한 후 해산된 정당의 수는 77개에 달하는 반면, 두 차례의 선거에서 후보를 공천한 정당은 5개, 세 차례의 선거에서 연달아 후보를 공천한 정당은 단 3개뿐이다. 1988년 제13대 총선 이후 제20대 총선까지 총 8차례의 선거경쟁이 이루어졌다는 점을 고려할 때,

표 1-1. 민주화 이후 선거에서 후보를 공천한 정당 분포

공천횟수	1회	2회	3회
정당명	민주정의당, 통일민주당, 신민주공화당, 신한민주당, 민주한국당, 한겨레민주당, 한국국민당, 기독성민당, 민중의당, 사회민주당, 우리정의당, 제3세대당, 대한주의통일한국당, 민주자유당, 민주당, 통일국민당, 신정치개혁당, 공명민주당, 민중당, 신한국당, 새정치국민회의, 대한민주당, 무당파국민연합, 21세기한독당, 친민당, 희망의한국신당, 청년진보당, 열린우리당, 국민통합21, 가자희망2080, 구국총연합, 노년권익보호당, 녹색사민당, 사회당, 친박연대, 구국참사람연합, 국민실향안보당, 직능연합당, 통일당, 평화통일가정당, 민주통합당, 통합진보당, 국민생각, 친박연합, 국민의힘, 국민행복당, 대한국당, 미래연합, 민주통일당, 불교연합당, 정통민주당, 진보신당, 청년당, 더불어민주당, 국민의당, 정의당, 기독자유당, 민주당, 코리아, 고용복지연금선진화연대, 공화당, 노동당, 대한민국당, 민중연합당, 복지국가당, 진리대한당, 친반통합, 친반통일당, 친반평화통일당, 통일한국당, 한국국민당, 공화당, 기독당, 녹색당, 한나라당, 민주국민당, 통합민주당 (이상 77개)	새천년민주당, 자유선진당, 창조한국당, 진보신당, 새누리당 (이상 5개)	자유민주연합, 한나라당, 민주노동당 (이상 3개)

민주화 이후 정당명칭을 통한 집합적 이미지 또는 내용을 발전시킬 수 있을 정도로 충분히 오랜 기간 지속한 정당이 있었다고 평가할 수 있을지 의문이다.

구체적으로 살펴보면, 첫째, 한 차례의 선거에서 후보를 공천한 것으로 간주된 몇몇 정당은 실질적으로는 여러 차례의 선거에서 후보를 공천한 경우에 해당한다. 해당 셀의 맨 아래쪽에 위치한 공화당, 기독당, 녹색당, 한나라당, 민주국민당, 통합민주당이 이에 해당한다. 여러 선거에서 후보를 공천했음에도 불구하고 이들을 한 차례의 선거에서 존재한 정당으로 간주한 이유는 이들이 정당법이 규정하고 있는 정당등록의 요건을 만족시키지 못한 채 선거 이후 해산되었다가 재등록을 통해 신생정당으로 또 다른 선거에서 후보를 공천하는 행태를 보였기 때문이다. 다시 말해 이들은 '임기만료에 의한 국회의원 선거에 참여하여 의석을 얻지 못하고 유효투표총수의 100분의 2 이상을 득표하지 못한 때' 정당의 등록을 취소한다고 규정하고 있는 한국 정당법 제7장 제44조의 정당등록취소 사유에 해당하는 득표에 머물렀던 것이다. 따라서 이들이 동일한 명칭으로 선거에서 후보를 공천하였던 사례를 모두 독립적인 상이한 정당으로 간주하는 경우 한 차례의 선거에서만 후보를 공천한 정당의 총 수는 77개보다 더 많아지게 될 것이다.

둘째, 실질적으로 정당명칭이 정보의 단축키로서 일정 수준 작용하였을 것으로 예상해볼 수 있는 정당은 두 차례 이상 선거에서 동일한 정당명칭으로 후보를 공천하였던 나머지 8개의 정당일 것 같다. 그러나 흥미로운 점은 2016년 선거에서 이들 가운데 단 한 정당도 기존의 정당명칭을 가지고 경쟁하지 않았다는 점이다. 2016년 선거 직전 또는 2017년 대선과정을 거치면서 상대적으로 주요 정당들 모두가 정당명칭을 변경한 것이다. 따라서 2016년과 2017년의 선거과정은 한국 유권자에게 정당명칭을 정보의 단축키로 활용할 수 있을 것인지에 대해 다시 한 번 의구심을 자극한다.

한국 사회에서 정당명칭이 정보의 단축키로 기능할 수 있을지에 대하여 회의를 불러일으키는 두 번째 요인은 정당명칭이 지닌 신뢰성의 문제(Lupia and McCubbins 1998)이다. 한국의 선거는 정치환경적 요인의 영향을 많이 받는 것으로 알려졌다. 그 결과, 선거를 통해 선출된 후보들의 이념적 입장은 선거과정에서 작용하는 정치환경적 요인으로 인해 지속성을 지닌다기보다는 시기적으로 차별적인 특징을 지닌다. 예를 들어, 강원택(2012)은 제19대 국회의원들의 이념성향을 분석하면서 이전 시기와 비교할 때 국회의원들이 이념성향의 양극화가 진행되었음을 보이고 있다. 만일 국회의원들의 이념성향의 양극화가 장기간에 걸쳐 꾸준히 진행된 결과인 경우, 이와 같은 양극화는 유권자들의 정책적 선호의 변화를 반영하는 것이다. 그러나 이러한 현상이 특정 선거 이후의 일시적인 변화인 경우 오히려 단기적인 선거환경을 반영한 결과일 가능성이 높고, 이는 유권자의 선호와 상당한 격차를 발생시키는 요인이 될 수 있다. 결국 이념적 성향과 정책적 선호 등이 장기간에 걸쳐 안정적으로 유지되는 것이 아니라 단기적 요인에 따라 급변하는 경우, 유권자들은 부족한 정보라는 문제를 해결하기 위해 특정 정당의 명칭을 안정적으로 활용하기 어려울 것으로 보인다.

마지막으로 한국 사회에서 정당명칭은 다당제적 정당체제로 인해 정보의 단축키로서의 기능이 약화될 가능성이 존재한다. 한국은 미국과 같이 안정적인 양당제가 지속된 것도 아니다. 선거 때마다 유의미한 수준의 지지율 또는 의석을 확보했던 제3당이 존재해왔다고 볼 수 있다. 특히 제3당은 하나의 정당이 유사한 정책적 선호를 지니고 장기간 존속한 것이 아니다. 선거 때마다 상이한 정당이 경쟁력을 보였을 뿐 아니라 이들이 유사한 정책적 선호를 공유한 것도 아니다. 따라서 진보, 보수의 성향을 대변하는 두 주요 정당은 특정 선거에서 경쟁력을 지닌 제3당과의 경쟁을 위해 자신의 정책적 입장을 수정하는 경향이 강하였다. 그 결과 제3당을 포함하여 이들 두 개의 주요 정당 역시 집합적 수준의 정책적 선호가 일관성이 낮거나 응집력이 떨어지는 경향을 보인다.

결국 한국 정당의 정당명칭은 정치환경적 요인뿐만 아니라 정당 내적인 변화로 인해 정보의 단축키로서의 기능이 떨어질 가능성이 높다. 그럼에도 불구하고 집합적 수준에서 주요 정당들에 대해 지지를 보이는 유권자의 심리는 상당히 안정적인 분포를 보인다. 이는 정당명칭을 정보의 단축키로 활용하는 데 있어 유권자 개인 수준에서의 차이에도 불구하고 집합적 수준에서 일정한 경향성이 존재할 것을 예상할 수 있게 한다. 다음에서는 새누리당과 더불어민주당의 경험을 통해 이와 같이 집합적 수준에서 유권자들이 정당명칭의 변경에 대해 인식하는 양태를 살펴보도록 하겠다.

사례분석: 새누리당과 더불어민주당

새누리당과 더불어민주당은 2016년 국회의원 선거 당시 각각 보수적 성향과 진보적 성향을 대변하는 주요 정당으로 간주되었던 정당이다. 따라서 이 두 정당의 명칭은 한국 유권자들이 다른 군소정당에 비해 정보의 단축키로서 활용할 가능성이 높다. 따라서 한국 유권자들이 두 정당의 명칭을 어떻게 인식하는가에 관한 아래의 분석결과는 다른 군소정당들이 명칭을 한국 유권자들이 정보의 단축키로 활용할 것인가의 여부를 평가할 수 있는 최대의 기준치로 간주될 수 있을 것 같다. 다른 한편 이 두 정당은 정당명칭의 변경 시점에서 차이가 난다. 새누리당의 경우 2012년 국회의원 선거 직전 한나라당에서 명칭을 변경하였기 때문에 2016년 선거 당시 이미 4년여의 기간 동안 동일한 명칭을 유지한 사례이다. 반면 더불어민주당은 2015년 12월 새정치민주연합에서 당명을 변경하였기 때문에 새누리당에 비해 유권자들에게 생소한 명칭이었다고 할 수 있다. 따라서 다른 조건이 동일한 경우 유권자들은 새정치민주연합에서 더불어민주당으로 당명을 변경한 것에 대하여 상대적으로 두 정당 간 차별성을 더 강하게 인식하고 있을 가능성이 존재한다.

여기서는 이와 같은 인식을 바탕으로 한국 유권자들이 한나라당에서 새누리당으로, 그리고 새정치민주연합에서 더불어민주당으로 명칭을 변경한 것에 대해 어떻게 인식하는지를 살펴보도록 하겠다. 특히 설문자료는 이와 같이 명칭을 변경한 정당에 대하여 '인물과 정책 모두 완전히 동일한 정당이다', '정책은 동일하나 인물은 차이가 있다', '인물은 동일하나 정책

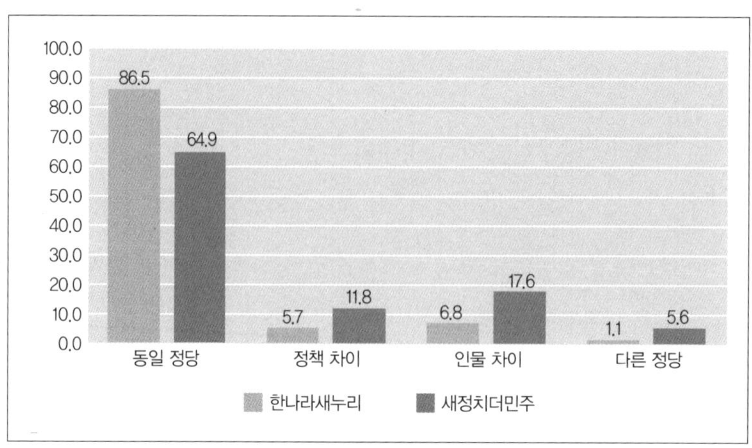

그림 1-1. 정당명칭 변경에 따른 정당에 대한 인식의 분포

은 차이가 있다', '인물과 정책 모두 완전히 다른 정당이다'라는 네 가지 상이한 평가를 제시하고 있다. 본 연구에서는 이에 대한 응답 가운데 첫 번째 경우는 '동일 정당으로 인식'하는 것으로 간주하고, 나머지 세 경우는 '상이한 정당으로 인식'하는 것으로 간주하여 이러한 인식의 차이가 어떤 요인과 관련이 있는지를 살펴보았다.

우선 새누리당과 더불어민주당의 명칭 변경에 대한 네 가지 서로 다른 유형의 응답자 분포를 살펴보자. 〈그림 1-1〉에 나타난 응답자의 분포를 살펴보면, 한나라당과 새누리당의 경우 응답자의 86.5%는 이들 두 정당이 동일한 정당이라고 간주하고 있다. 반면 5.7%는 두 정당이 정책적으로 차이가 있다고 응답하고 있으며, 6.8%는 인물에 차이가 난다고 응답하고 있다. 두 정당이 완전히 다른 정당이라는 응답은 단지 1.1%에 지나지 않았다. 따라서 한나라당과 새누리당에 대한 인식의 경우 한국 유권자의 절대 다수가 동일한 정당으로 간주하고 있음을 알 수 있다. 반면, 새정치민주연합과 더불어민주당은 한나라당과 새누리당의 경우와 비교할 때 상대적으로 동일한 정당이라고 간주하는 유권자의 비율이 낮다. 65% 정도의 응답자만이 새정치민주연합과 더불어민주당이 동일 정당이라고 인식하고 있는 반면, 나머지 35% 정도의 응답자는 정책이나 인물 등 다양한 측면에서 차이가 있다고 인식하고 있다.

보수적 성향의 한나라당이 새누리당으로 당명을 바꾼 경우와 진보적 성향의 새정치민주연합이 더불어민주당으로 당명을 바꾼 경우에 대해 유권자들이 보이는 이와 같은 상이한 반응은 앞에서 언급하였듯이 더불어민주당의 당명 변경이 비교적 최근에 이루어졌기 때문인 것으로 보인다. 새누리당이 당명을 바꾼 지 이미 4년여가 지난 시점이라 새누리당으로 당명을 바꾼 이후 유권자가 축적한 이미지는 한나라당과 별 차이가 없을 수 있다. 다시 말해, 한나라당에서 새누리당으로 당명이 변경되었음에도 불구하고 절대 다수의 유권자가 두 정당이 동일한 정당이라고 인식하고 있는 이유는 4년여의 시간 동안 새누리당의 행태가 기존 한나라당의 행태와 다르지 않았기 때문일 것이다. 이는 한국의 주요 정당이 당명을 변경한 이후에도 일정 시기 동안 명칭 변경 이전의 정당과 유사한 정책적 선호와 행태를 지속할 경우 유권자들 역시 당명의 변경으로부터 큰 차이점을 발견하지 못하는 경향이 있음을 함의한다. 또한 이러한 결과는 더불어민주당 역시 새정치민주연합에서 활동했던 인물 및 정책이 크게 바뀌지 않는 한 조만간 두 정당을 상이한 정당이라고 인식하는 유권자의 비율이 현저히 감소할 수 있음을 함의한다.

그러면 한국 유권자들이 명칭을 변경하기 이전의 정당과 이후의 정당에 차이가 있다고 인식하게 되는 요인은 무엇인가? 정당명칭이 정보의 단축키로 활용되기 위해서는 정당명칭의 변경이 명칭 변경 이전의 정당과 이후의 정당 간 차이를 낳을 것이라는 인식을 개발할 필요가 있을 것이다. 따라서 이와 같은 인식을 개발하는 것과 연관된 한국 유권자들의 속성을 살펴보는 것은 추후 한국 사회 내에서 정당명칭의 기능이 어떻게 변화할 것인지를 유추하는 데 도움을 줄 것으로 보인다. 이를 위해 본 연구에서는 유권자의 인구통계학적 속성과 정치적 성향 가운데 일반적으로 유권자의 정치적 인식에 중요한 영향을 미치는 것으로 알려진 몇 가지 요인을 선별하여 분석하였다.

1. 인구통계학적 속성: 성별, 연령, 거주지

우선, 정당명칭을 바꾼 두 사례에 대하여 성별에 따라 서로 상이한 정당이라고 인식하는 비율이 다른지를 살펴보았다. 〈그림 1-2〉는 남녀 모두에게서 한나라당에서 새누리당으로 당명을 바꾼 경우에 비해 새정치민주연합이 더불어민주당으로 당명을 바꾼 경우 두 정당이 서로 다른 정당이라고 인식하는 경향이 강하다는 점을 보여준다. 또한 한나라당이 새누리당으로 당명을 바꾼 경우에 대해서 남녀 간 인식의 차이가 통계학적으로 유의미하지 않은 반면, 새정치민주연합에서 더불어민주당으로 당명을 바꾼 경우 남성은 38.6%가 여성은 31.4%가 두 정당이 서로 다른 정당이라

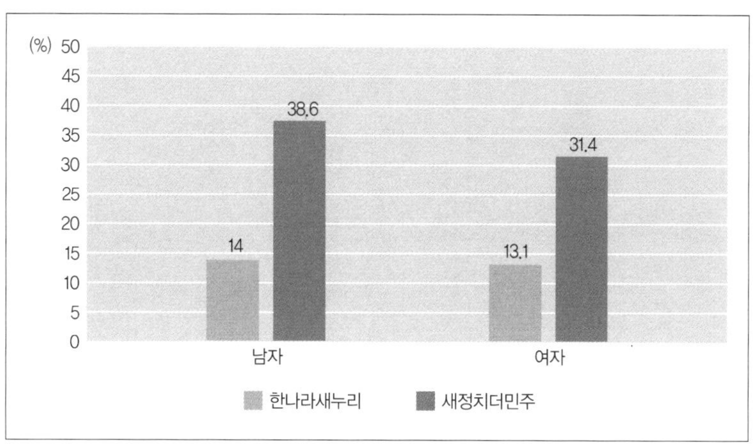

그림 1-2. 성별에 따른 차이 인식 비율

고 인식하고 있으며 이러한 남녀 간 비율의 차이는 통계학적으로도 유의미한 차이에 해당하였다. 따라서 새정치민주연합이 더불어민주당으로 당명을 바꾼 사례에 대해서는 남녀 모두 두 정당이 상이한 정당이라고 인식하는 비율이 상대적으로 높을 뿐 아니라 남녀 간에도 남성이 여성보다 두 정당을 상이한 정당이라고 인식하는 경향이 높다는 점을 알 수 있다.

둘째, 연령별로 한나라당에서 새누리당으로 당명을 바꾼 경우와 새정치민주연합에서 더불어민주당으로 당명을 바꾼 경우에 대한 인식은 서로 상반된 경향이 나타났다. 〈그림 1-3〉에 따르면, 한나라당에서 새누리당으로 당명을 바꾼 경우는 상대적으로 노년층에서 두 정당을 상이한 정당으로 인식하는 경향이 강함을 알 수 있다. 반면, 새정치민주연합에서 더불어민주당으로 당명을 바꾼 경우는 오히려 젊은 층에서 두 정당을 상이한 정당으로 인식하는 경향이 강하다. 따라서 한나라당과 새누리당의 경우

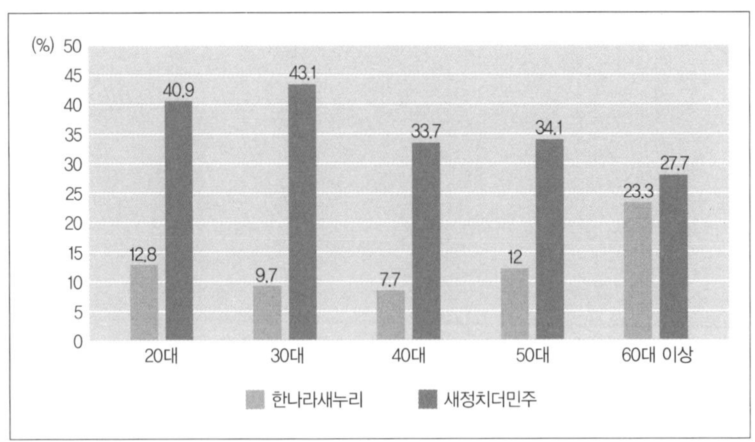

그림 1-3. 연령에 따른 차이 인식 비율

장기간에 걸쳐 축적된 정당에 대한 집합적 이미지가 정당 명칭의 변경으로 위기를 겪을 수 있다는 점을 보여주는 경우라고 할 수 있겠다.

셋째, 응답자의 거주지역별 정당명칭 변화에 대한 인식을 살펴본 〈그림 1-4〉는 전통적인 지지기반이었던 지역에서 당명의 변화에 민감하다는 점을 보여준다. 한나라당에서 새누리당으로 당명을 변화한 사례는 대구 경북에서 응답자의 21.4%가 두 정당이 서로 다르다고 인식하고 있음을 보여준다. 반면, 새정치민주연합에서 더불어민주당으로 당명을 변화한 사례는 광주 전라지역의 응답자 가운데 40.8%가 두 정당이 서로 다르다고 인식하고 있음을 보여준다. 이는 정당명칭을 정보의 단축키로 가장 효과적으로 이용했던 지역의 유권자가 정당이 명칭을 변경하면서 서로 다른 정당으로 인식하는 경향이 상대적으로 강하다는 사실을 입증한다.

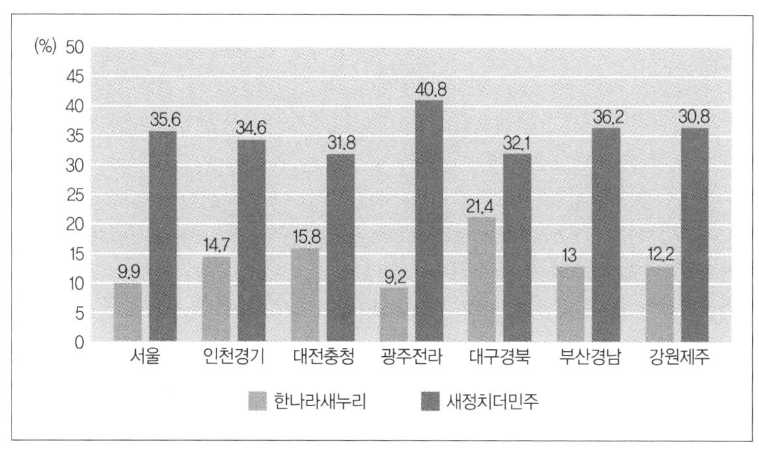

그림 1-4. 거주지역에 따른 차이 인식 비율

2. 정치적 요인: 정치이해도, 정당일체감, 이념성향

한국 유권자의 정당명칭 변경에 따른 정당에 대한 인식에 영향을 미칠 것으로 보이는 정치적 요인으로는 정치이해도와 정당일체감을 고려하였다. 우선 정치현상에 대해 이해도가 높은 유권자일수록 정당명칭을 정보의 단축키로 이용할 유인이 떨어질 것을 예상해볼 수 있다. 정치현상에 대한 높은 이해도는 다양한 정보에 접근하고 있을 뿐 아니라 그러한 정보를 비교적 효과적으로 이용하는 유권자의 능력을 나타낸다. 따라서 특정 정당이 명칭을 변경하는 것이 실질적으로 정당의 내적 변화를 유발하는 것인지를 평가할 수 있다. 새누리당의 경우 당명을 변경한 이후 4년여가 지난 시점에서 다수의 유권자가 한나라당과 동일한 정당으로 인식하고 있다. 이는 한나라당에서 새누리당으로의 당명 변화에도 불구하고 정당 내적으로 실질적인 변화가 수반되지 않았음을 함의한다. 그 결과 정치현상에 대해 이해도가 높은 유권자의 경우 한나라당에서 새누리당으로의 당명 변화는 형식적이고 명목적인 변화에 불과하다고 인식했을 가능성이 높다. 반면, 정치현상에 대한 이해도가 낮은 유권자는 이와 같은 새누리당으로의 당명 변화가 실질적인 정당 내적 변화를 수반하는 것으로 간주할 가능성이 높다.

더불어민주당의 경우는 이러한 이해와는 일정한 차이가 있을 수 있다. 왜냐하면, 더불어민주당의 경우 당명 변경 이후의 시점이 짧아 유권자가 다양한 정보원을 통해 인식을 발전시킬 수 있는 기회가 상대적으로 적었기 때문이다. 본 연구에서는 이와 같이 정치현상에 대한 이해도와 정당명칭 변경에 대한 유권자의 인식 간 연관성을 살펴보기 위해 '나는 한국이 당면하고 있는 정치문제에 대해 잘 이해하고 있다'는 주장에 동의한 경우를 정치이해도가 높은 집단으로, 동의하지 않는 경우를 정치이해도가 낮은 집단으로 간주하였다.

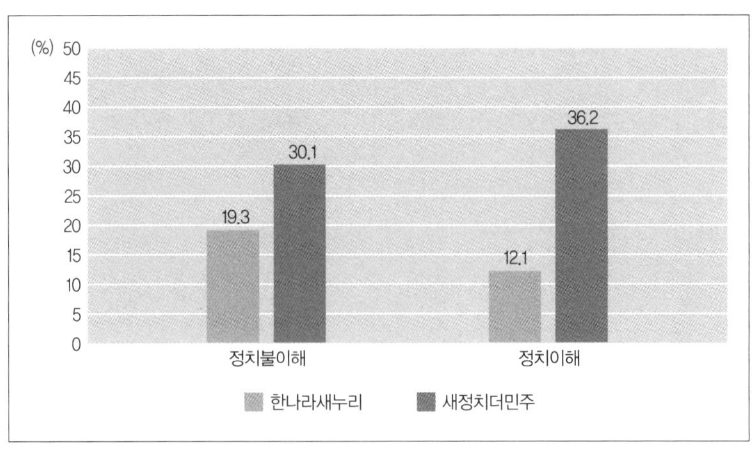

그림 1-5. 정치현상에 대한 이해도에 따른 차이 인식 비율

〈그림 1-5〉는 위와 같이 측정된 정치이해도에 따른 정당명칭 변경에 대한 인식의 분포를 보여준다. 〈그림 1-5〉의 새누리당의 사례는 위에서 제시된 예측에 부합한다. 정치현상에 대한 이해도가 높은 유권자일수록 한나라당과 새누리당이 상이한 정당이라고 인식하는 비율이 낮다. 반면, 더불어민주당의 경우 정치이해도가 높을수록 더불어민주당과 새정치민주연합이 상이한 정당이라고 인식하는 비율이 높다. 이와 같은 두 사례의 차별성은 정당명칭을 변경한 시점의 차이에서 기인하는 것으로 생각된다.

정치적 요인 가운데 두 번째 요인으로 정당일체감을 고려하였다. 〈그림 1-6〉의 분석결과는 명칭을 변경한 정당에 정당일체감을 지닐수록 명칭 변경 이전의 정당과는 상이한 정당이라고 평가하는 경향이 강하다는 점을 보여주었다. 설문조사의 시점이 2017년 대선 직전이기 때문에 새누리당에 대한 정당일체감은 직접적으로 파악할 수 없었다. 다만 새누리당의 일부 의원이 이탈하여 창당한 바른정당에 비해 기존 새누리당의 다수

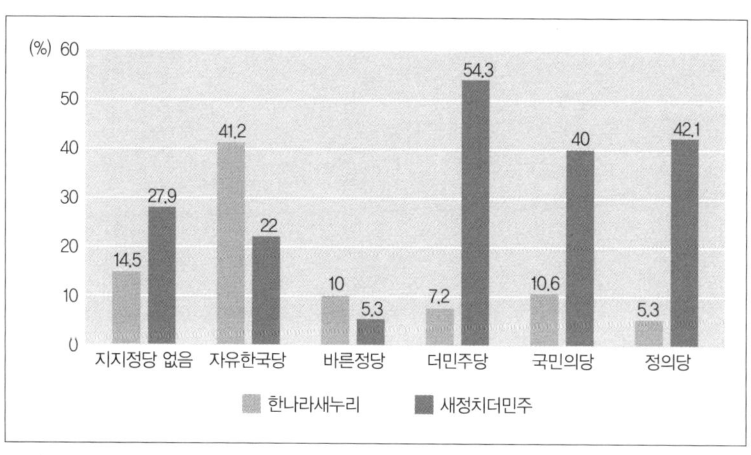

그림 1-6. 정당일체감에 따른 차이 인식 비율

의 의원 및 조직을 인계한 자유한국당에 대하여 정당일체감을 지닌 응답자를 새누리당에 정당일체감을 지닌 것으로 가정해볼 수 있을 것 같다. 흥미롭게도 자유한국당에 정당일체감을 지닌 응답자들의 41.2%는 한나라당과 새누리당이 서로 상이한 정당이라고 평가하고 있다. 반면, 바른정당에 정당일체감을 지닌 응답자들 가운데 단지 10%만이 한나라당과 새누리당이 상이한 정당이라고 평가하고 있다. 다시 말해 바른정당에 정당일체감을 지닌 유권자들의 절대 다수는 한나라당과 새누리당을 동일한 정당으로 간주하고 있는 것이다. 자유한국당의 지지자들과 바른정당의 지지자들 사이의 이와 같은 차이가 존재하는 명확한 이유를 밝히기 위해서는 체계적인 후속연구가 필요할 것으로 보인다. 다만 여기서는 자유한국당에 비해 바른정당이 기존의 보수성향 정당을 개혁할 필요성을 강조한다는 점에서 바른정당을 지지하는 유권자들이 기존의 보수정당으로 간주되던 한나라당과 새누리당을 유사한 과거의 정당으로 간주하고 그로부터 개혁을 꾀하는 정당을 바른정당으로 상정하면서 나타나는 현상이 아닐까 하는 가정적 진단을 제시한다.

〈그림 1-6〉에 드러난 또 한 가지 흥미로운 점은 더불어민주당에 정당일체감을 지닌 응답자의 54.3%가 더불어민주당과 새정치민주연합과는 서로 상이한 정당이라고 응답하고 있다는 점이다. 이는 자유한국당을 지지하는 유권자들이 상대적으로 높은 비율로 한나라당과 새누리당이 상이한 정당이라고 인식하고 있는 것과 유사하게 명칭이 변경된 이후의 정당에 대한 일체감이 강할수록 명칭 변경 이전의 정당과는 상이하다는 점을 강조하려는 경향이 강하다는 점을 함의한다. 다시 말해 명칭 변경을 통해

변화를 꾀하고 있는 정당에 대해 일체감을 지닌 유권자일수록 변화를 위한 정당의 시도를 높이 평가하며, 그 결과 명칭 변경 이전의 정당과는 차이가 있다는 점을 강조하는 경향을 보인다고 할 수 있다.

마지막으로 응답자들의 이념성향에 따른 명칭을 변경한 정당에 대한 인식의 차이를 살펴보았다. 특히 이념성향의 영향력은 두 가지 측면으로 세분화하였다. 하나는 진보, 중도, 보수와 같은 이념성향만을 고려한 것이고, 다른 하나는 진보와 보수의 구분 없이 이념적 극단성을 보이는 응답자와 이념적 온건성을 보이는 응답자를 구분하였다.

우선 〈그림 1-7〉의 왼쪽에서 새누리당의 사례의 경우 보수적 성향의 응답자일수록 새누리당과 한나라당이 상이한 정당이라고 평가하는 경향을 보여준다. 이와 대조적으로 새정치민주연합과 더불어민주당에 대한 인식은 진보적 성향의 응답자일수록 두 정당이 상이하다고 평가하고 있다. 이는 한국 유권자들이 본인의 이념성향과 유사한 이념성향을 지닌 정

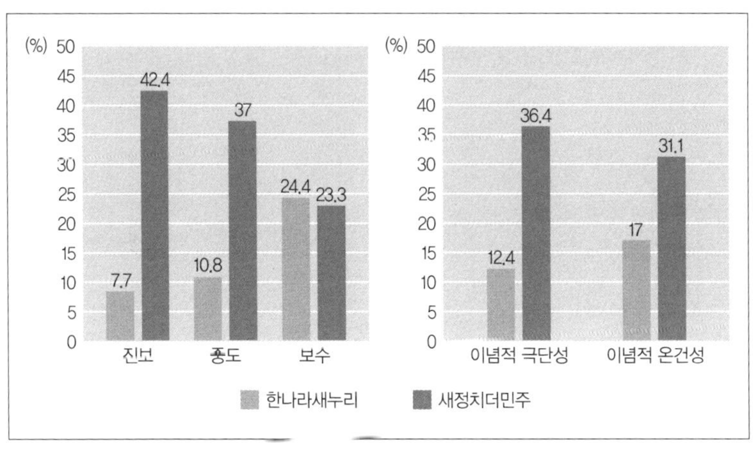

그림 1-7. 이념성향에 따른 차이 인식 비율

당이 명칭을 변경하는 경우 더욱 민감하게 반응한다는 것을 함의한다.

둘째, 〈그림 1-7〉의 오른쪽에서 진보와 보수를 구분하지 않고 이념적으로 극단적인 유권자 집단과 온건한 유권자 집단을 비교하고 있다. 새누리당의 경우 이념적으로 온건한 응답자일수록 한나라당과 새누리당을 상이한 정당으로 평가하는 경향이 강하다는 점을 알 수 있다. 반면, 더불어민주당의 경우 이념적으로 극단적인 응답자일수록 상대적으로 새정치민주연합과 더불어민주당이 상이한 정당이라고 평가하는 경향이 강하다는 점을 보여준다. 이러한 상반된 결과는 진보와 보수의 구분을 무시한 이념적 극단성의 강도가 정당명칭의 변경에 대한 유권자와 이해와 밀접한 연관성을 지니지는 않는다는 점을 함의한다.

글을 마치며

한국 사회의 정당은 상대적으로 매우 빈번히 명칭을 변경해왔다는 특징을 지닌다. 더욱 흥미로운 점은 진보와 보수의 이념성향을 대변하는 주요 정당은 명칭의 변경에도 불구하고 상당히 안정된 지지를 확보해왔다는 것이다. 이러한 한국 정당정치의 특징은 정당이 당명을 통해 유권자들이 정치현상 및 선거 후보들에 대해 지닌 빈약한 정보를 보완하는 단축키로서의 기능을 수행하는지에 의구심을 자극한다. 이는 서구 사회의 정당이 장기간 동안 유지되는 정당명칭을 통해 복잡한 현대사회의 유권자가 겪는 정보부족의 문제를 해소하는 데 기여할 뿐 아니라 유권자와 정당의 매개를 강화하는 것과는 상당한 차이가 있음을 의미한다.

본 연구는 이러한 인식을 바탕으로 한국 유권자들이 명칭이 변경된 정당에 대해 어떻게 인식하는지를 탐색하고자 하였다. 특히 한국 정당정치를 연구한 기존 문헌이 이와 같은 질문을 전혀 다루지 않았다는 점에서 추후 더욱 체계적인 분석에 도움이 될 수 있도록 다양한 잠재적 요인 가운데 일부를 선별적으로 검토하였다. 이러한 분석결과에 따르면, 한국 유권자들은 정당명칭의 변경에 대해 다음과 같은 반응을 보이는 것을 알 수 있었다. 첫째, 한국 유권자들은 이념적으로 보수적 성향을 지닌 정당에 비해 진보적 성향을 지닌 것으로 알려진 정당이 명칭을 변경할 때 더욱 민감히 반응하는 것으로 나타났다. 다시 말해 진보적 성향을 지닌 것으로 알려진 정당이 명칭을 변경하는 경우 명칭을 변경하기 이전의 정당과 이후의 정당을 동일하지 않은 정당으로 인식하는 경향이 상대적으로 강했다.

둘째, 한국 유권자들의 특정 정당에 대한 지지여부와 관련이 깊은 것으로 알려진 연령, 지역, 정당일체감, 이념성향과 같은 요인이 정당명칭의 변경에 따른 정당에 대한 이해에도 영향을 미치고 있는 것으로 나타났다. 젊은층 유권자는 새천년민주연합과 더불어민주당을 상이한 정당으로 간주하는 비율이 높은 반면, 노년층 유권자는 한나라당과 새누리당을 상이한 정당으로 간주하는 비율이 높았다. 지역적으로 대구경북지역의 유권자는 한나라당과 새누리당을 상이한 정당으로 간주하는 비율이 높은 반면, 광주전라지역의 유권자는 새정치민주연합과 더불어민주당을 상이한 정당으로 간주하는 비율이 높았다. 정당일체감과 이념성향 역시 유권자 본인이 일체감을 지니거나 이념적으로 유사한 정당이라고 간주하는 정당이 명칭을 변경하는 경우 상이한 정당으로 간주하는 경향이 강하였다. 이러한 결과는 한국 사회의 정당들이 명칭을 변경할수록 명칭변경 이전에 가능했던 정보의 단축키로서의 역할이 일부 약화될 수 있음을 함의한다. 또한 한국 사회의 정당들이 명칭을 빈번히 변경하는 경향을 고려할 때, 한국 유권자가 정당을 정보의 단축키로 활용할 가능성은 그만큼 약화될 것으로 예상할 수 있다.

결국 한국 유권자들은 자신과 상대적으로 더 연계성(linkage)이 높다고 생각하는 정당이 당명을 변경한 경험을 지닐 때, 당명을 변경하기 이전의 정당과 현재의 정당은 동일한 정당이 아니라고 생각하는 경향이 강하다는 점을 보이고 있다. 이러한 결과는 한국 정당들에게 두 가지 상반된 함의를 지닐 것으로 보인다. 첫째, 당명의 변경이 상이한 정당을 창출한다고 인식하는 일부 유권자의 존재는 유권자의 지지를 확보하는 데 실패하고 있는 정당에게 위험을 무릅쓰고 당명을 변경할 유인을 부여한다는 점이다. 다시 말해, 일부 유권자에게 당명의 변경은 현재 약화되고 있는 정당과는 다른 새롭게 출발하는 정당이라는 인식을 부여하는 것이다. 그리고 새로운 명칭을 통해 동원된 유권자는 이전의 정당과 명칭을 변경한 이후의 정당을 더 이상 동일한 것으로 간주하지 않는다. 둘째, 그러나 이와 같은 명칭 변경의 유인에도 불구하고, 절대 다수의 유권자는 당명의 변경이 정당 내 실질적 변화를 수반하지 않는다고 인식하는 경향이 강하다는 점을 유념할 필요가 있을 것 같다. 이는 당명의 변경이 단순히 정보의 단축키로서의 당명의 기능을 약화시킬 뿐 실제 유권자 지지의 변화에 유의미한 영향을 지니지 않는다는 점을 함의한다.

참고문헌

1. 국내 문헌

강원택. 2012. "제19대 국회의원의 이념성향과 정책태도." 『의정연구』 제16권 제2호, 5-38.

구본상. 2016. "서베이 기반 정치 엘리트 이념 측정방식에 대한 비판적 고찰: 국회의원 이념 지수 측정사례." 『한국정치학회보』 제50집 제4호, 127-150.

한정훈. 2016. "한국 유권자의 이념성향: 통일의 필요성 인식에 미치는 효과에 관한 사례분석." 『한국정치학회보』 제50집 제4호, 105-126.

2. 국외 문헌

Achen, Christopher. 1992. "Social Psychology, Demographic Variables, and Liner Regression: Breaking the Iron Triangle in Voting Research." *Political Behavior* 14(3): 195-211.

Aldrich, John. 1995. *Why Parties? The Origin and Transformation of Party Politics in America*. Chicago: University of Chicago Press.

Brady, Henry E., and Paul M. Sniderman. 1985. "Attitude Attribution: A Group Basis for Political Reasoning." *American Political Science Review* 79(4): 1061-1078.

Conover, Pamela Johnston, and Stanley Feldman. 1989, "Candidate Perception in an Ambiguous World: Campaigns, Cues, and Inference Processes." *American Journal of Political Science* 33(4): 912-940.

Converse, Philip. 1964. "The Nature of Belief Systems in Mass Publics." In *Ideology and Discontent*, ed. David E. Apter. New York: Free Press.

Cox, Gary, and Matthew McCubbins. 1993. *Legislative Leviathan: Party Government in the House.* Berkeley: University of California Press.

Fiorina, Morris. 1981. *Retrospective Voting in American National Elections.* New Haven: Yale University.

Gerber, Alan, and Donald Green. 1997. "Rational Learning and Partisan Attitude." *American Journal of Political Science* 42(3): 794-818.

Hobolt, Sara Binzer. 2007. "Taking Cues on Europe? Voter Competence and Party Endorsements in Referendums on European Integration." *European Journal of Political Research* 46(2): 151-182.

Huckfeldt, Robert, Jeffrey Levine, William Morgan, and John Sprague. 1999. "Accessibility and the Political Utility of Partisan and Ideological Orientations." *American Journal of Political Science* 43(3): 888-911.

Kiewiet, D. Roderick, and Mathew D. McCubbins. 1991. *The Logic of Delegation.* Chicago: University of Chicago Press.

Lau, Richard R., and David P. Redlawsk. 2001. "Advantages and Disadvantages of Cognitive Heuristics in Political Decision Making." *American Journal of Political Science* 45(4): 951-971.

Lodge, Milton, and Ruth Hamill. 1986. "A Partisan Schema for Political Information Processing." *American Political Science Review* 80(2): 505-520.

Lodge, Milton, Kathleen McGraw, and Patrick Stroh. 1989. "An Impression-Driven Model of Candidate Evaluation." *American Political Science Review* 83(2): 99-419.

Lupia, Arthur. 1994. "Shortcuts Versus Encyclopedias: Information and Voting Behavior in California Insurance Reform Elections." *American Political Science Review* 88(2): 63-76.

Lupia, Arthur, and Mathew McCubbins. 1998. The Democratic Dilemma: *Can Citizens Learn What They Need to Know?.* New York: Cambridge University Press.

Ray, Leonard. 2003. "When Parties Matter: The Conditional Influence of Party

Positions on Voter Opinions about European Integration." *Journal of Politics* 65(4): 978-994.

Schaffner, Brian F., and Matthew J. Streb. 2002. "The Partisan Heuristic in Low-Information Elections." *Public Opinion Quarterly* 66(4): 559-581.

Sniderman, Paul M., Richard A. Brody, and Philip E. Tetlock. 1991. *Reasoning and Choice: Explorations in Political Psychology*. Cambridge: Cambridge University Press.

Sniderman, Paul M. 2000. "Taking Sides: A Fixed Choice Theory of Political Reasoning." In *Elements of Reason: Cognition, Choice, and the Bounds of Rationality*. ed. Arthur Lupia, Mathew D. McCubbins, and Samuel L. Popkin. New York: Cambridge University Press.

Snyder, James M. Jr., and Michael M. Ting. 2002. "An Informational Rational for Political Parties." *American Journal of Political Science* 46(1): 90-110.

Snyder, James M. Jr., and Michael M. Ting. 2003. "Party Labels, Roll Calls, and Elections." *Political Analysis* 11(4): 419-444.

Squire, Peverill, and Eric R. A. N. Smith. 1988. "The Effect of Partisan Information on Voters in Nonpartisan Elections." *Journal of Politics* 50(1): 169-179.

Stokes, Donald E., and Warren E. Miller. 1962. "Party Government and the Saliency of Congress." *Public Opinion Quarterly* 26(2): 531-546.

Woon, Jonathan, and Jeremy C. Pope. 2008. "Made in Congress? Testing the Electoral Implications of Party Ideological Brand Names." *Journal of Politics* 70(3): 823-836.

02

사회재난과 정치 갈등

: 세월호 사건과 정당의 대응[1]

한의석 • 성신여자대학교

들어가며

다수의 설문조사에 따르면 우리 사회의 갈등이 더욱 심화되면서 사회통합의 수준도 낮아지고 있는 것으로 나타난다. 특히 주요 갈등 양상으로는 지역갈등, 계층갈등, 이념갈등 및 세대갈등을 들고 있는데, 그 배경에는

1. 이 글은 2017년 6월 9일 명지대SSK연구단 · 한국의회발전연구회 공동학술세미나에서 발표된 논문을 기초로 작성되었다.

사회적 양극화와 격차 확대 및 정치권의 대립 등이 자리잡고 있다. 또한 이처럼 구조적이고 장기적인 갈등과 함께, 정책이나 사건을 둘러싼 단기적인 갈등도 지속적으로 발생하고 있다. 예컨대 특정 정부에서 발생한 재난의 원인과 사후처리, 새롭게 채택한 정책을 둘러싼 갈등의 증폭과 해소가 반복적으로 되풀이되고 있다. 이러한 단기적 갈등은 구조적 갈등과 달리 극심한 대립 후 일정 기간이 지나면 완화되거나 소멸되었다는 특징을 보여주고 있다. 하지만 2014년 4월의 세월호 참사의 경우 1993년의 서해 페리호 참사(292명 사망)나 2003년의 대구지하철 화재 참사(193명 사망)와 달리 시간이 갈수록 정치·사회적 갈등이 더욱 심화되는 양상이 나타났다.[2] 그렇다면 왜 세월호 사건은 다른 사례와 달리 장기적인 갈등의 문제로 되었는가? 먼저 사건의 규모와 피해자들의 사회적 배경, 미디어를 통한 노출 효과 등이 다른 사례들과 확연히 구분된다는 점을 들 수 있다. 또한 정부의 대응이나 언론의 보도방식, 국회나 정당의 대응, 유가족 및 시민사회의 요구 등에서 다른 경우와의 차이점을 발견할 수 있을 것이다.

정치·행정학적 관점에서 재난과 이후의 수습 과정에 대한 연구는 주로 중앙 또는 지방 '정부'의 대응 과정이나 재난관리시스템, 관련법체계, 중앙-지방정부 관계나 재해 거버넌스, 시민사회의 역할 등에 중점을 두고 있다. 하지만 이러한 연구들은 재난으로 인한 사회갈등 문제들에 대해서는 거의 다루지 않고 있는데, 세월호 사건처럼 사회재난이 심각한 사회갈등으로 전환된 사례가 거의 없었기 때문일 것으로 추측된다. 다만 세월

2. 문화일보(2015년 4월 13일자).

호 사건 이후, 이를 다룬 미디어 관련 연구에서는 언론의 보도행태나 당파성 등에 대해 많은 논의를 하고 있다. 사회재난과 갈등을 이해하기 위해서는 다양한 관점에서의 분석이 필요하다. 이 글은 그 중 사회재난과 정당정치의 상호작용에 중점을 둔 시론적 연구로, 세월호 사건과 이에 대한 주요 정당의 대응을 통해 재난이 첨예한 사회갈등, 정치갈등으로 전환되는 과정을 이해하고자 한다.

사회재난과 정치

1. 사회재난과 갈등

자연재난이나 사회재난은 사건 그 자체로 뿐 아니라, 이후의 처리 과정을 둘러싼 다양한 논의 과정에서 대립과 갈등을 야기한다.[3] 예를 들어, 구호기금의 배분 절차와 방식에 대한 이해당사자들 간의 극심한 대립이 재난 수습과 사회 안정화의 지연을 야기하거나, 사고의 원인과 구조 과정에 대한 조사, 책임 소재 확인, 보상 등을 둘러싸고 사회적, 정치적 갈등이 심화되는 경우가 많다. 특히 사회재난의 경우 국가(정부)의 능력이나 정책에 대한 비판, 재난 이후의 처리과정은 물론 예방에 있어서 정부의 책임 정도 등에 대한 논쟁으로 확산되며, 보다 넓은 의미에서 정치·사회·경제 시스

3. 재난은 '자연재난'과 '사회재난'으로 구분할 수 있다. 재난이나 재해의 개념에 대해서는 양천수(2015)의 논문을 참고할 것.

템의 실패로 규정하여 사회전반의 행태에 대한 갑론을박의 계기가 되기도 한다. 특히 재난과 정부의 능력에 대한 평가, 선거에 미치는 영향과 관련된 사례 중 2005년 8월 미국 동남부 지역에서 발생한 허리케인 카트리나 재난이 있다. 당시 부시 정부의 대처가 미흡했던 점에 실망한 유권자들이 부시와 공화당에 대한 지지를 철회하게 되면서 정권교체가 이루어졌다는 것인데, '카트리나 모멘트(Katrina Moment)'라는 용어로 잘 알려져 있다.[4] 재난은 정부에 대한 사회 또는 시민들의 인식에만 영향을 미치는 것이 아니라, 사회 내부의 다양한 집단들 간의 갈등의 원인이 되기도 한다. 세월호 참사는 사회재난이 정치갈등, 이념갈등, 사회갈등으로 전환되어 극심한 사회적 대립을 야기한 대표적인 사건이다. 갈등의 심화에는 여러 가지 이유가 있겠지만, 일차적으로는 사고 이후의 대응, 원인 분석과 책임소재 등에 대한 논의가 합의에 도달하지 못하고 있기 때문이다. 보다 더 근본적으로는 각 행위자 또는 관련 집단이 사건을 바라보고 대응하는 과정에서 시각과 인식 차이가 존재하기 때문이라고 할 수 있다.

2. 사회갈등과 정당

사회갈등은 노사갈등이나 지역갈등과 같이 물질적인 자원의 배분을 둘

4. 고동현(2015, 96). 우리나라에서도 세월호 사건 이후 정책학적 관점은 물론 여러 사회과학 분야에서 재난이 가지는 정치, 사회, 경제, 문화적 의미와 영향에 대한 논의들이 활발해졌다. 정치학적으로는 국가시스템의 문제나 신자유주의적 정치경제 체제에 대한 비판 등이 제기되었으며, 특히 선거정치 관점에서의 연구가 있다(박원호 · 신화용 2014; 이현우 2015 등).

러싼 이익갈등(interest conflict)과 환경·세대갈등과 같이 이념이나 문화적 가치관, 세계관의 차이에서 비롯된 가치갈등(value conflict)으로 나눌 수 있다.[5] 그런데 이익갈등은 조정과 중재를 통한 해소 가능성이 상대적으로 높지만 가치갈등은 그렇지 못하다는 문제가 있다. 즉 이익갈등이 정부 (행정)기관이나 사법부 등을 통해 타협과 조정이 가능한 것이라면, 가치갈등은 근본적인 인식의 차이 등을 반영하기 때문에 '정치'의 영역에서 완화 방법을 모색해야 한다. 하지만 정치 활동의 중심인 정당은 사회갈등의 중재자라기보다는 촉진자로서 인식되는 경향이 있다. 명지대 미래정치연구소 의뢰로 한국리서치가 2017년 2월 실시한 '정당과 사회통합에 대한 국민인식조사'에 따르면 사회갈등 해소에 있어서 정당의 역할에 대해 불만족스럽다는 응답이 96.8%(만족하지 못한다 55.8%, 전혀 만족하지 못한다 41.0%)로 거의 대부분의 사람들이 사회갈등 완화에 있어서 정당의 역할에 회의적이었다. 또한 응답자들은 사회재난 이후 갈등을 증폭시키는 데 가장 큰 영향을 미치는 기관으로 정부(57.3%), 언론(19.6%), 정당(12.4%), 시민단체(10.5%) 순으로 꼽았으며, 사회갈등 해결에 적합한 기관으로는 정부(45.7%), 언론(23%), 시민단체(21.2), 정당(7.7%) 순으로 응답하였다. 이러한 결과는 정부, 국회, 법원, 언론사와 비교한 정당의 신뢰도가 최하위라는 점과도 연관된 것으로 보인다. 이러한 인식의 연장선에서 다수의 국민들은 정당을 갈등의 중재자라기보다 갈등을 조장하는 행위자로 바라보고 있다고 할 수 있다. 실제로 정당은 자신의 정치적 목적

5. 김호기(2011, 8); 조원빈(2016, 213-214).

을 달성하기 위한 전략적 선택과 자원동원 과정에서 사회갈등을 확대하고 재생산하는 경향이 있다.[6] 즉 이익의 표출과 집약을 주된 기능으로 하는 정당이 지지집단의 이익과 가치를 반영하려는 과정에서 정치적, 사회적 갈등이 심화될 가능성이 높다. 하지만 갈등해소와 사회통합은 국가와 사회를 연계하는 정당의 주요 기능으로, 가치갈등의 '정치'적 해결을 위한 중심 행위자로서의 정당의 역할이 과소평가되어서는 안 된다.

3. 리질리언스(resilience)와 프레이밍(framing)

사회재난의 정치적 측면을 이해하는 데 있어서 주목할 만한 두 가지 개념으로 정치적 리질리언스(resilience)와 프레이밍(framing)을 들 수 있다. 정치 차원에서 재난으로부터의 회복(복원)을 개념화하기 위해 정치적 리질리언스라는 용어가 제시되고 있는데, 이는 "재난을 정치적으로 흡수하고 적응하는 능력"으로 정치공동체가 위기를 흡수하고 견뎌낼 수 있는 능력이다.[7] 정치적 복원력이 강한 국가는 재난에 대해 효과적, 효율적으로 대응하고 쉽게 정치적 안정을 이룰 수 있지만, 정치적 복원력이 약한 국가에서는 사회재난의 수습이 지체되고, 이에 대한 불만이 선거에서의 집권당의 패배 또는 정권의 교체로 이어질 수 있다는 것이다.[8] 결국 정치적 리

6. 박경미(2009).
7. 임석준 · 이준우(2013, 20).
8. 정치적 리질리언스에 영향을 미치는 요인으로 정부의 능력, 국제협력, 사회자본 등을 꼽을 수 있다(임석준 · 이준우 2013, 26).

질리언스는 주로 정부의 대응 능력과 재난 수습 과정에 대한 시민들의 지지를 의미하는 것인데, 재난이 갖는 정치적 의미와 영향력을 강조하고 있다는 점에서 중요한 개념이다.

재난과 정치의 관계를 이해하기 위해 필요한 또 하나의 개념으로 프레이밍이 있다. 프레이밍에 대한 연구는 사회학, 정책학 등 다수의 분야에서 이루어지고 있지만 미디어 연구에서 가장 많이 활용되고 있는 것으로 보인다.[9] 프레이밍은 자신의 경험에 기반하여 세계를 인식하고 해석하는 것으로 정치적, 사회적 현실이 단순하게 규정되어 전달되는 것이 아니라, 각각의 행위자들에 의해 다른 선택과 해석이 이루어짐으로써 의사소통 과정에서 쟁점(issues)에 대한 해석이 협상되고 수정될 수 있다는 것을 의미한다.[10] 따라서 정책형성이나 정치과정에 있어서 행위자들이 자신의 이념이나 가치관에 근거하여 상황을 재구성하고 해석할 수 있으며, 자신에게 유리하도록 전략적으로 활용할 수도 있다는 데 의의가 있다.[11] 예컨대 허리케인 카트리나 재난의 경우, 자연재난이었지만 미국 사회가 가지고 있던 전통적인 문제인 인종차별과 경제 불평등 문제가 불거지면서 정치·사회적 쟁점이 되었고, 일부 비판자들은 지방정부의 부패나 비효율성 문제를 제기하였다. 이는 정치인들이 재난을 통해 자신들이 오랫동안 주장하고 지지해왔던 어젠다를 발전시키고, 자신의 관점에서 현상을 프

---

9. 프레이밍의 개념에 관해서 Goffman, Erving. 1974. Frame Analysis: An wssay on the organization of experience. New York: Harper & ROW. Entman, Robert M. 1993. Framing: Toward clarification of a fractured paradigm. Journal of Communication. 43(4): 51-58. 등의 연구가 대표적이다.
10. 주영기(2013, 593-594); Matthes(2012, 249).
11. 강민아·장지호(2007, 25-28).

레이밍한다는 점을 보여주고 있다.[12] 카트리나 이후 부시 정부의 재난복구 계획에는 공화당의 친기업적 성향이 잘 나타나 있다. 재난 이후 추진된 'Gulf Opportunity Zone' 법안은 기업의 경쟁력 강화에 중점을 두었고, 조세감면이나 규제 폐지를 통해 기업 활동의 기회 확대를 지원한 반면, 지역사회의 복구와 재건에는 실질적으로 기여하지 못했다는 비판을 받았다.[13] 그러한 선택은 전략적일 수도 있지만, 동시에 평상시 자신들의 시각을 반영하고 있다고 할 수 있다. 결국 정치적 관점에서의 프레이밍이란 이념과 세계관의 차이를 반영하는 동시에 정치 전략으로써 문제의 진단과 해석, 처방의 차이를 낳는다는 데 의미가 있다. 이러한 프레이밍의 차이가 현실정치에서 극단적으로 나타나는 것을 '진영논리'라고 부를 수도 있을 것이다. 예를 들어 채진원은 진영논리를 "자신의 집단과 타인집단의 경계를 배타적으로 구분하여 상대와 맞서 이기기 위해 필요한 이념적·정파적 논리와 태도 그리고 전략전술을 제공하는 하나의 '이념적 틀'과 '패러다임'"이라고 정의하고 있다.[14]

12. McKiven(2007).
13. 고동현(2015, 104-105).
14. 채진원(2014. 313).

세월호 참사와 정당의 대응

1. 세월호 참사의 전개과정

2014년 4월 15일 인천에서 출발하여 제주도로 향하던 여객선 세월호가 4월 16일 진도 앞바다에서 침몰하였다. 탑승객 476명 가운데 172명만이 구조되었는데, 특히 제주도로 수학여행을 가던 단원고 학생들의 피해가 컸다. 재난 발생 이후 초기에는 구조와 수습, 추모에 대한 논의가 중심이 되면서 갈등의 정도가 낮았지만, 이후 원인규명과 구조실패, 책임소재와 보상에 대한 논의가 시작되면서 갈등이 심화되었다. 특히 사후 처리 과정은 무엇보다도 정치의 역할이 중요한 단계라고 할 수 있는데,[15] 국가의 책임과 세월호 특별법에 대한 논의가 구체화되면서 여야 정치권의 공방이 가열되었고, 재난갈등이 이념갈등으로 진화해 보수-진보에 따라 국민여론이 형성되어 대립하게 되었다.[16] 이러한 맥락에서 박명림은 '진영논리에 따라 국가의 무능과 책임을 호도, 회피, 면책하려는 이념적 시도가 세월호 참사의 세 번째 비극'이라고 비판하였다.[17] 언론 또한 갈등을 증폭시키는 역할을 했다는 비판을 피할 수 없는데,[18] 조선일보와 한겨레신문 보도 내용을 분석한 연구에 따르면, 세월호 특별법이라는 정치적 어젠다를 통해 양 언론사는 보수와 진보 진영의 대표자로서 자신과 의견을 함께하

15. 박명림(2015, 12-13).
16. 김태원 · 정정주(2016, 206); 문화일보(2015년 2월 2일자); 박명림(2015, 14).
17. 박명림(2015, 11).
18. 박종희(2016)

는 정당을 중점 보도하고 이견을 보이는 상대방에 대해 재난보도 프레임이 아닌 정치적 투쟁 프레임을 제시했다고 주장하였다.[19]

세월호 참사 이후 갈등의 전개 과정을 시기별로 구분할 때, 이 글은 2014년 5월 19일 대통령 담화 이후 2015년 4월 16일 세월호 참사 1주년까지를 갈등확대기로 구분하는 관점을 채택하여[20] 해당 시기 주요 정당들의 대응을 분석하고자 한다. 이 시기에는 정부와 여당, 세월호 유가족과의 갈등이 심화되었으며, 일반국민들 사이에서도 특례입학, 보상금 문제 등이 부각되면서 부정적 인식이 증가하는 추세를 보여주었다. 특히 사고수습과 책임 공방 단계를 거치고 난 후 '세월호 특별법'이 제정되는 과정에서 정치적, 사회적 논쟁이 심화되면서 정치적 담론화 단계에 접어들게 되었다.[21] 또한 정부와 야당의 갈등 심화는 물론 여당 내에서 정부에 대한 비판이 제기되기도 하였다. 한 연구기관의 2015년 조사에 따르면 최근 7년 사이 갈등이 가장 심각한 해로 2014년이 꼽혔는데, 응답자들은 '세월호 참사 진상요구 조사'를 가장 심각한 갈등 요인으로 지적하였다.[22]

19. 김태원 · 정정주(2016, 220).
20. 강현철(2016, 138-140)
21. 김태원 · 정정주(2016, 204-206).
22. 단국대 분쟁해결연구센터 설문조사(문화일보 2015년 2월 2일자).

표 1-2. 세월호 사건의 전개 과정(1년)[23]

일자	사건
2014. 4. 16	세월호 침몰
2014. 5. 19	대통령 세월호 참사 대국민 담화
2014. 6. 4	지방선거
2014. 7. 30	재보궐 선거(15개 선거구)
2014. 10. 31	'세월호 3법(세월호특별법, 정부조직법, 유병언법)' 일괄타결
2014. 11. 7	'4·16세월호참사 진상규명 및 안전사회 건설 등을 위한 특별법'
2014. 11. 11	정부, 세월호 수색중단 선언
2015. 1.	세월호 진상조사위원회의 조직과 예산 규모 관련 내부 갈등
2015. 3.	야당대표, 세월호 특별조사위 조직을 대폭 축소한 시행령안 비판 정부, 안전혁신 마스터플랜 발표 야당원내대표, 세월호 참사 추모관 설립에 대한 불만 표시 세월호 피해가족과 시민단체, 입법예고된 시행령(안) 폐기와 선체인양 촉구 및 농성 여당원내대표, 세월호 1주기 전 이양에 대한 정부 계획 촉구
2015. 4.	4·16가족협의회와 세월호 참사 국민대책회의, 시행령 폐기와 온전한 인양을 촉구하는 도보 행진 중앙재난안전대책본부, 세월호 인양 결정

2. 정당의 대응

앞서 언급한 바와 같이 사회재난과 정치의 관계에 대한 연구는 그리 많지 않다고 할 수 있으며, 정치학적 관점에서 세월호 사건에 관한 연구는 사회재난으로서의 세월호 사건이 선거에 미치는 영향을 중심으로 이루어

23. 강현철(2016, 133)의 〈표 2〉 세월호 참사 갈등 경위를 저자가 재구성.

졌다.[24] 예를 들어, 이현우(2015)의 연구는 세월호 사건 이후 치러진 지방 선거에서 유권자들이 여당 및 야당을 어떻게 평가하였는지를 분석하고 있다. 반면 정당이 사회재난 이후의 갈등 전개 과정에서 어떻게 역할하였는지에 대한 분석은 거의 이루어지지 않고 있는데, 세월호 사건 당시 주요 정당(새누리당과 새정치민주연합)과 소속 정치인들의 대응을 통해 재난 이후 각 정당의 재난 인식이 어떻게 다른지, 재난 수습을 위해 제시하는 과제는 어떠한 차이가 있는지를 분석하는 것은, 사회재난 이후 갈등의 완화 또는 사회 통합의 차원에서 정당정치가 미치는 영향을 이해하는 데 출발점이 될 것이다. 이를 위해 세월호 참사 발생 이후부터 참사 1주기인 2015년 4월 16일까지의 기간으로, 국회의 위원회회의록(19대국회: 제324회국회~제332회국회)과 새누리당과 새정치국민연합의 세월호 관련 논평, 보도자료 등을 비교·분석하였다.[25]

이 시기 각 정당의 대응 양상은 기본적으로 '책임회피'의 정치로 이름 붙일 수 있다. 국가(정부)의 책임을 강조하는 새정치민주연합에 대해 새누리당의 경우 정부의 책임보다는 기업, 즉 청해진해운과 유병언 회장의 책임을 강조하였다. 예를 들어, 안전행정부 장관이었던 유정복의 경우 방송과의 인터뷰에서 '세월호 침몰 사고로 인해서 그 어느 누구도 책임으로부터 자유로운 사람이 있겠습니까?'라고 발언하였고,[26] 이완구 원내대표는 '60년 압축 고도 성장과정에서 쌓인 적폐가 적나라하게 드러난 우리의 자화

24. 박원호·신화용(2014); 이현우(2015) 등.
25. 2014년 4월부터 2015년 4월까지, '세월호'를 키워드로 하여 국회회의록 및 대변인 논평·보도지료를 검색하였음
26. 2014년 5월 13일 새정치민주연합 부대변인 김진욱 논평.

상이 아닌가 생각한다'고 하였다.[27] 마찬가지로 새누리당의 이승훈 청주시장 후보는 '이번 사건은 새누리당의 문제도 아니고 과거로부터 쌓였던 것으로'라고 언급하였는데,[28] 이러한 관점은 책임소재를 확대하여 한국 사회 전반적인 시스템의 문제로 현 정부의 책임을 최소화하려고 하는 의도를 드러내는 발언들이다. 또한 새누리당의 윤상현 사무총장은 '세월호 특별법에 반드시 들어가야 할 내용이 있는데, 그것은 유병언 일가의 … 중략 … 1997년 부도처리가 됐던 세모가 1999년 청해진해운으로 어떻게 살아났는지 … 중략 … 유병언 일가와 관련된 사람들의 부정부패, 비리 반드시 낱낱이 조사해야 한다'고 주장하였다.[29] 새누리당은 2014년 5월 23일자 논평에서도 청해진해운이 구원파 및 세모유람선과 연관되어 있으며, 파산직전이던 세모그룹이 1999년 김대중 정부 시절 되살아났다고 지적하고 있다.[30] 또한 서청원 의원은 '영국에서처럼 기업살인죄를 도입하는 방향도 검토해야 된다'고 하면서 청해진해운 책임론을 강하게 제기하였다.[31] 이처럼 새누리당과 소속 정치인들은 세월호 참사의 주된 책임 소재로 청해진해운을 들고 있으며, 과거 정부의 잘못된 정책에서 기인한 사고임을 주장하고 있다. 반면 새정치민주연합과 소속의원들은 정부책임론을 강하게 제기하고 있다. 전병헌 원내대표는 '이 와중에도 정부의 무능과 무책임을 반성하기는커녕 다른 곳으로 상황을 돌리고'라고 새누리당의 대응

27. 2014년 5월 13일 세월호사고대책특위 연석회의 주요내용.
28. 2014년 5월 20일 새정치민주연합 부대변인 김정현 논평.
29. 2014년 6월 10일 세월호사고대책특위 연석회의 주요내용.
30. 2014년 5월 23일 새누리당중앙선거대책위원회 부대변인 김영택 논평.
31. 2014년 5월 14일 제324회 국회 2차 안전행정위원회회의록.

을 비판하고 있으며,[32] 신경민 최고위원은 '세월호가 침몰할 때까지는 사고였지만, 긴급구조와 실종자 구조는 전적으로 정부가 저지른 사건이다'라고 지적하고 있다.[33]

각 정당은 책임회피와 함께 상대방에 대한 비난을 계속하는 모습를 보여주었는데, 특히 2014년 6·4 지방선거를 앞두고 세월호 사건의 정치화에 대해 서로 비방하는 행태가 나타났다. 당시 정치권에서 세월호 참사를 선거를 위한 정치 프레이밍으로 삼으면 안 된다는 의식이 강하게 존재했다는 주장도 있지만,[34] 세월호를 선거 및 정치에 이용하려 한다는 상호 비방이 많았다. 예를 들어 새누리당의 홍문종 사무총장은 '일부에서는 세월호 침몰 사고를 정치적으로 이용해 사회적 갈등과 분열을 조장하고 있다'고 주장하였다.[35] 새누리당은 지방선거를 앞두고 새정치민주연합의 송영길 인천시장을 비난하기도 하였으며,[36] 세월호 관련 국정조사에 대해서 조원진 세월호국정조사특위 간사는 '가장 우려했던 부분이 야당이 정치적, 정략적으로 국정조사를 이용한다'고 주장하였다.[37] 새정치민주연합의 경우에도 '유정복 후보의 세월호 책임회피에 대해', '세월호 참사를 선거에 악용하지 말라', '유정복 후보는 세월호 참사의 책임을 지고 국민 앞에 사죄해야 한다'는 등의 논평을 제시하였다(부록 1).

---

32. 2014년 4월 23일 새정치민주연합 제14차 최고위원회 및 여객선침몰사고 대책위원장단 연석회의 모두발언.
33. 2014년 4월 25일 새정치민주연합 제4차 최고위원-여객선 침몰사고 대책위원장단 회의 모두발언.
34. 김태원·정정주(2016, 217).
35. 2014년 5월 13일 세월호사고대책특위 연석회의 주요내용.
36. 2014년 5월 19일 새누리당상근부대변인 최정우 논평.
37. 2014년 6월 10일 세월호국정조사대책회의 주요내용.

사건의 책임 소재 및 정치적 공방과 함께 정책적 관점에서 강조하는 부분도 양당이 차별화된 모습을 보여주었다. 집권당인 새누리당 소속 의원들은 정부 당국자들에게 세월호 참사로 인한 경기침체와 경기활성화에 대한 대책을 강하게 요구하였다. 새누리당의 주호영 정책위의장은 '세월호 사건의 여파로 여러 가지 경제적 분위기가 많이 얼어붙어 민생경제의 여러 가지가 어렵다'고 지적하였다.[38] 또한 박명재 의원은 '경제가 살아나는데 세월호 침몰로 인해 가지고, 참사로 인해서 경제가 어렵다고 그럽니다'라고 주장하였고,[39] 안종범 의원도 '지금 세월호 사고 이후에 우리 내수가 상당히 어려운 지경에 처해 있습니다'라고 언급하였다.[40] 반면 새정치민주연합의 경우 이에 비판적인 시각을 보이며 규제완화의 문제점을 지적하였다. 우원식 사고대책위원장은 '세월호 참사는 기업의 이윤을 극대화하겠다는 탐욕과 경제활성화라는 명분으로 규제완화를 전면에 건 정부가 만났을 때 … 중략 … 사고의 근본 원인 중 하나는 해운업계의 요구를 반영할 무분별한 규제 완화와 부실한 규제 적용이었다'라고 주장하였고,[41] 문재인 의원도 '규제는 탐욕이나 사익에 대응해서 우리 공익을 지키기 위한 공동선을 위해서 필요한 것이거든요. 기업들의 돈벌이를 위해서 안전에 관한 규제를 계속해서 완화해 온 것이 국가의 재난예방과 또 재난관리능력을 크게 약화시켰다는 점인데'라고 언급하면서,[42] 규제완화에 대

38. 2014년 6월 10일 세월호국정조사대책회의 주요내용.
39. 2014년 5월 19일 제325회국회 1차 기획재정위원회회의록.
40. 2014년 5월 19일 제325회국회 1차 기획재정위원회회의록.
41. 2014년 5월 7일 8차 최고위원-여객선 침몰사고 대책위원장단 연석회의 모두발언.
42. 2014년 5월 19일 제325회국회 1차 기획재정위원회회의록.

한 비판적 시각을 보여주었다. 이처럼 각 정당이 전략적 이해의 관점에서 상대방에 대해 비난하는 한편, 동일한 사건의 원인과 해결책을 두고 상반된 관점에서 바라보고 있음을 알 수 있다.

나가며

세월호 참사는 사회재난이 물리적 피해를 입히는 재난으로서만 끝나는 것이 아니라 사회갈등, 정치갈등을 심화시키는 중요한 정치적 사건임을 보여주고 있다. 정치 영역은 사회재난 이후의 사회적 안정, 회복(resilience)에 중요한 요인이지만, 이 분야에 대한 연구는 그리 많이 이루어지지 않았다. 세월호 사건에서 나타나듯이 정당의 긍정적 역할에 대한 기대와 달리, 실제에 있어서 정당은 갈등을 심화시키는 행위자인 것으로 보인다. 이는 각 정당의 전략적 이해(interest)로 인한 문제일 수 있으며 동시에 이념과 세계관의 차이에서 비롯된 것이라고 할 수 있다. 프레이밍(framing)은 이러한 차이를 규정하는 개념이라고 할 수 있는데, 새누리당과 새정치민주연합의 구별되는 대응은 정당이 갈등의 촉진자로서 기능할 가능성이 더 높다는 점을 보여준다. 그렇지만 정당은 재난 수습과 회복의 과정에서 책임과 비난의 대상이 될 수밖에 없는 정부의 소극적 대응에 대한 견제자로서, 그리고 적어도 이론적으로 재난에 대한 인식과 대응을 결정하는 논의의 장을 제공하는 사회 안정과 통합의 핵심적 행위자일 수밖에 없다. 이러한 측면에서 정치가 추구해야 하는 것과 실제 정치에서 행해지는 것의 괴리가 존재하고 있음을 알 수 있는데, 현실 정치에서 갈등 조정자로서의 정당의 역할과 방법을 모색하기 위해 사회갈등과 정당정치의 관계에 대한 지속적인 연구가 필요할 것이다.

〈부록 1〉

새누리당 논평

일자	논평
2014. 5. 7	이시종 충북도지사는 세월호 사고를 악용한 조문선거, 조문정치를 중단하기 바란다
2014. 5. 19	송영길 인천시장은 더 이상 세월호 참사를 정치에 이용하지 말라!
2014. 5. 23	세월호 참사를 정치적으로 악용하는 야권 인사들
2014. 9. 20	경찰은 세월호 유가족 폭행사건을 신속하고 공정하게 수사해주길 바란다

*새누리당은 논평보다 '세월호사고대책특위 연석회의' 내용의 보도자료 형식 배포를 선호한 것으로 보인다.

새정치민주연합 논평

일자	논평
2014. 4. 29	홍문종 사무총장에게 국민의 안전은 없고, 대통령의 심기 걱정만 있는가?
2014. 4. 29	박근혜정부와 MBC는 '국민 애도분위기'에 재뿌리지 마라
2014. 5. 2	'하나의 작은 움직임이 큰 기적을' 거부한 윤상현 원내수석부대표에 대해
2014. 5. 4	이 와중에 '박심 마케팅'이라니
2014. 5. 13	유정복 후보의 세월호 책임회피에 대해
2014. 5. 20	국정원의 세월호 참사 인지 경위의 전모는 분명히 밝혀져야 한다
2014. 5. 20	세월호 참사가 집권당에게는 큰 불행이라는 새누리당 청주시장 후보
2014. 5. 21	세월호 참사를 대통령 홍보에 이용한 청와대 홍보 동영상에 대해
2014. 5. 23	새누리당은 세월호 참사를 선거에 악용하지 말라
2014. 5. 28	KBS 길환영 사장은 끝까지 세월호 참사 유가족에게 사과하고 사퇴하지 않겠다는 것인가
2014. 6. 3	유정복 후보는 세월호 참사의 책임을 지고 국민 앞에 사죄해야 한다
2014. 7. 2	조원진 새누리 간사 세월호 녹취록 파징에 내한 물타기를 중지하라
2015. 3. 31	세월호 '면죄부 특별조사'를 철회하라
2015. 4. 3	대통령은 '성역없는 세월호 특별조사' 결단해야
2015. 4. 18	세월호 유가족이 진실을 알리려는 게 그렇게도 두려운가?

참고문헌

1. 국내 문헌

강민아·장지호. 2007. "정책결정과정의 프레이밍에 대한 담론 분석: 방사성폐기물처리장 입지 선정과정을 중심으로." 『한국행정학보』. 41권 2호, 23-45.

강현철. 2016. "정책네트워크 관점에서 본 세월호 참사 갈등과정 분석." 『GRI연구논총』. 18권 2호, 129-152.

고동현. 2015. "사회적 재난으로서 허리케인 카트리나: 정부 실패와 위험 불평등." 『한국사회정책』. 22집 1호, 83-119.

김태원·정정주. 2016. "세월호 참사에 대한 시기별 뉴스 프레임 비교 연구." 『사회과학연구(충남대)』. 27권 1호, 199-224.

김준석. 2015. "초당적 타협의 대명제와 지지정당의 이해관계 사이의 갈등." 『분쟁해결연구』. 13권 3호.

김호기. 2011. "한국 민주주의의 그늘과 사회통합의 제고: 정치사회학적 시각." 『한국과 국제정치』. 27권 2호, 1-24.

박경미. 2009. "정당정치와 사회갈등 재생산의 동학: 북아일랜드의 민족갈등을 중심으로." 『분쟁해결연구』. 7권 1호, 113-133.

박명림. 2015. "세월호 정치의 표층과 심부 – 인간, 사회, 제도." 『역사비평』. 110호, 8-36.

박원호·신화용. 2014. "2014년 지방선거에 세월호 사건이 미친 영향: 정부대응과 정당대응 평가를 중심으로." 『한국정치학회보』. 49집 1호, 247-268.

박종희. 2016. "세월호 참사 1년 동안의 언론보도를 통해 드러난 언론매체의 정치적 경도." 『한국정치학회보』. 50집 1호, 239-269.

양천수. 2015. "위험·재난 및 안전 개념에 대한 법이론적 고찰." 『공법학연구』. 16권

2호, 187-216.

이현우. 2015. "2014년 지방선거에 세월호 사건이 미친 영향: 정부책임과 정당대응평가를 중심으로." 『한국정치학회보』. 49집 1호, 247-268.

임석준·이진우. 2013. "재난과 정치적 리질리언스." 『국제정치연구』. 16집 2호, 18-35.

조원빈. 2016. "정치사회제도에 대한 신뢰와 사회갈등." 정치·정보연구. 19권 1호, 209-242.

주영기. 2013. "한국 신문의 정치적 성향에 따른 기후변화 뉴스 프레이밍 차이 연구." 『언론과학연구』. 13권 3호, 591-626.

채진원. 2014. "진영논리의 극복과 중도정치에 대한 탐색적 논의." 『민주주의와 인권』. 14권 1호, 307-343.

2. 국외 문헌

Gasper, John T. and Andrew Reeves. 2011. "Make It Rain? Retrospection and the Attentive Electorate in the Context of Natural Disasters." *American Journal of Political Science* 55(2): 340-355.

Matthes, Jörg. 2012. "Framing Politics: An Integrative Approach." *American Behavioral Scientist* 56(3): 247-259.

McKiven, Henry M. Jr. 2007. "The Political Construction of a Natural Disaster: The Yellow Fever Epidemic of 1853." *Journal of American History* 94(3): 734-742.

3. 웹사이트

국회회의록 검색사이트 http://likms.assembly.go.kr/record/mhs-10-010.do

새누리당(현 자유한국당) 논평·보도자료 http://www.libertykoreaparty.kr/web/news/briefing/delegateBriefing/mainDelegateBriefingView.do

새정치민주연합(현 더불어민주당) 논평·브리핑 http://theminjoo.kr/briefingList.do

제2부

사회 자본과 정치참여

03

사회적 자본과 정치참여

: 사회적 자본은 개인의 촛불집회와 태극기집회 참여를 이끌었는가?

정수현 · 명지대학교

서론

사회적자본(social capital)은 시민들의 정치참여에 기여하는가? 만일 그렇다면, 그 이유는 무엇인가? 모든 종류의 사회적자본이 정치참여와 관련이 있는 것인가, 아니면 특정 형태의 사회적자본만이 정치참여를 증진시키는가? 거꾸로 사회적자본은 모든 정치참여를 촉진시키는가 아니면 특정한 정치참여와 연관이 있는가? 이 글은 이러한 질문들에 대답하기 위해서 2017년 3월 명지대학교 미래정치연구소가 한국리서치와 함께 실시한 『정당과 사회통합에 대한 국민의식조사』 자료를 가지고 개인 수준에서 사회적자본이 2016년 말부터 2017년 초까지 이어진 촛불집회와 태극기집회에 미친 영향력에 대한 연구결과를 보고하고자 한다.

사회적자본은 사람들의 관계와 그 속에서 생성된 규범으로 구성된 것(Woolcock and Narayan 2000)으로서 원래 사회학자들이 개인이나 사회의 경제적 부를 설명하기 위해 도입한 개념이었다. 부르디외(Pierre Bourdieu)와 린(Nan Lin)은 개인의 연결망(networks)이 경제적 부를 제공하는 기능에 초점을 맞추면서 사회적자본이 경제적 불평등을 계승하는 수단이 된다고 주장한다. 상류층에 속하는 사람들일수록 경제적 이익에 도움이 되는 연결망이나 사회적 위치에 있을 가능성이 높고, 자신의 후손들에게 이런 부의 축적에 도움이 되는 인간관계를 전달할 수 있기 때문이다(Bourdieu 1986; Lin 2001). 이와는 다르게 콜만(James Colman)은 집단의 규범적 차원에서 사회적자본이 어떻게 개인이 부를 축적할 수 있는 토대를 마련해주는지 설명하였다. 콜만에 따르면 사회적자본이 개인과 개인 간에 신뢰와 상호호혜의 규범을 강화시킴으로써 상거래의 거래비용을 낮추고 개인과 (개인이 속한) 공동체의 부를 증진시키는 요인이 된다. 또한 학부모 간에 강한 연결망이 조직되면 자신과 타인의 자녀를 함께 선도해가는 규범과 역량이 높아지면서 이는 공동체의 자녀 교육을 향상시키는 결과를 가져온다(Coleman 1988; 1990). 이러한 생각은 사회 구성원 간의 신뢰가 국가의 경제발전을 가져온다는 후쿠야마(Francis Fukuyama)의 주장으로 이어진다(Fukuyama 1995).

정치학계에서 사회적자본에 주목한 것은 퍼트남(Robert Putnam)의 저서와 논문들에 의해서였다. 퍼트남은 집단의 규범과 신뢰를 강조한 콜먼의 사회적자본의 개념을 알몬드(Gabriel A. Almond)와 버바의 시민문화에 접속시켜 민주주의 발전과 쇠락을 설명하고자 하였다(Almond and Verba 1963; 정수현 2017). 우선 1993년 저서에서 북부 이탈리아가 남부 이탈리아에 비해서 경제적으로나 정치적으로 발전할 수 있었던 원인으로 르네상스 시대 이후 잘 축적된 사회적자본을 지적하였다. 이후 연구에서는 이러한 결과를 미국 사회에 적용해 투표율과 정치참여도의 하락 등으로 대변되는 미국 민주주의의 위기가 개인이 자발적 결사체에 대한 참여도가 적어지면서 발생한 사회적자본의 감소에서 초래되었다고 주장한다(Putnam 1993; 1995a; 1995b; 2000). 이러한 퍼트남의 주장은 1990년대 중반 이후 유명 정치인과 저널리스트들이 많이 인용하면서 대중적으로 잘 알려졌고, 이후 사회적자본은 사회학과 정치학뿐만 아니라 금융과 경영 분석 등 다분야에서 널리 사용되는 개념이 된다.

그러나 사회적자본이 다양한 분야의 현상을 설명하는 변수로 소개되면서 그 개념이 모호해졌고, 사회적자본은 충분한 경험적 분석이나 인과관계에 대한 검토 없이 민주주의와 경제발전 등에 긍정적인 영향을 미치는 요인으로 설명되는 경우가 흔히 발생한다(김상준 2004). 이러한 문제점은 애당초 퍼트남이 사회학으로부터 사회적자본이라는 개념을 차용해서 정치적 현실을 분석하는 데 확대 적용했을 때부터 발생했다. 앞에서 밝혔듯이 사회학에서는 개인의 부와 불평등을 설명하기 위해 개인의 연결망에 주안점을 두고 사회적자본이라는 용어를 사용했지만 퍼트남은 보다 거시적 차원에서 사회 구성원들 간에 형성된 공동체 문화와 규범들이 어떻게 국가의 민주주의의 발전을 가져오는지 설명하기 위해서 사회적자본이라는 개념을 차용하였다. 그 과정에서 개인의 연결망이 가지는 중요성보다는 신뢰와 상호호혜와 같이 연결망에서 파생된 규범적 특성들이 더욱 부각된다. 더욱 큰 문제는 사회적자본에 대한 지나친 낙관론이 팽배하였다는 것이다. 가령 퍼트남은 초기 연구에서 백인우월주의 단체의 참여와 같이 민주주의를 저해할 수 있는 사회적자본이 존재할 수 있다는 사실을 간과하기도 했으며,[1] 사회적자본의 증가가 자동적으로 정치참여의 증가를 가져오는 것처럼 주장하였다. 그러나 사회적자본은 그 종류와 외부적 환경과의 상호관계에 따라 다른 정치적 결과가 산출될 수 있기 때문에 어떠한 조건에 의해서 어떤 사회적자본이 정치참여를 증진시킬 수 있는지를 규명하고 확인하는 작업이 필요하다.

본 연구는 이런 문제의식을 가지고 2017년 3월에 미래정치연구소가 한국리서치와 함께 전국 유권자 1,000명을 대상으로 실시한『정당과 사회통합에 관한 국민 인식조사』자료를 가지고 개인의 사회적자본을 결속형 연결망, 교량형 연결망, 지역규범과 사회신뢰로 분류하고 이들이 어떻게 촛불집회와 태극기집회 참여에 영향을 미쳤는지 회귀분석을 통해 분석하였다. 그 결과 교량형 연결망과 사회신뢰가 강한 개인일수록 촛불집회의 참여도가 증가한 반면, 결속형 연결망과 지역규범이 강한 개인일수록 태극기집회의 참여도가 증가하였다. 다시 말해서, 현대 민주주의 사회와 깊은

1. 훗날, 퍼트남 역시 사회적자본에 어두운 측면이 있음을 인정하였다(Putnam 2000).

연관성을 가진 사회적자본은 시민들의 촛불집회 참여를 이끌어내는 원동력이 되지만 전통 공동체 사회와 밀접한 관계를 가진 사회적자본은 태극기집회 참여를 부추기는 요인으로 작용한 것이다.

이러한 연구결과를 보고하는 이 글의 구성은 다음과 같다. 먼저, 사회적자본의 개념 정의와 측정 방식에 대해서 논의하도록 하겠다. 다음으로 사회적자본을 구성하는 개별 요소들이 정치참여에 미치는 효과를 분석하기 위해서 사용한 연구모형과 변수들을 설명하겠다. 다음으로 결속형 연결망, 교량형 연결망, 지역규범, 사회신뢰가 어떻게 시민들의 촛불집회와 태극기집회 참석 여부에 영향력을 미쳤는지 회귀분석 결과를 보고하겠다. 마지막으로 본 연구의 결론과 이 연구가 가지는 의의에 대해서 논의하도록 하겠다.

이론적 논의

1990년대 이후 사회적자본이라는 용어가 널리 퍼진 이유는 퍼트남이 미국 민주주의의 위기를 사회적자본의 감소에 의한 결과라고 대중들에게 단순하고 이해하기 쉽게 설명했기 때문이다. "볼링을 혼자 친다(bowling alone)"라는 말이 함축하듯이 퍼트남은 정치에 대한 무관심과 낮은 정치참여의 원인을 시민들과의 연대와 신뢰가 적어지는 데에서 찾았다(Putnam 1995b; 2000). 이는 1990년대 중반 미국 사회의 보수화와, 시장과 국가를 대신하는 공동체의 중요성이 강조된 시대 경향이 맞물리면서 정치인들이나 언론인들을 통해 대중들에게 잘 알려진다.

퍼트남에 따르면 사회적자본이란 시민적인 연계와 신뢰와 같은 집단 규범으로 구성되어 사회의 거래비용을 낮추고 효율성을 개선시킬 수 있는 사회조직의 특성이다(Putnam 1993, 167). 정치적인 측면에서 퍼트남은 규범적 가치를 강조한 콜만의 사회적자본의 개념을 알몬드와 버바의 시민문화에 접목시켰다. 퍼트남은 이탈리아에 대한 연구에서 북부가 남부보다 시민들의 사회참여가 활발하고 구성원들 간에 상호호혜적인 규범과 신뢰가 잘 구축되어 있었기 때문에 경제적으로나 정치적으로 발전할 수 있었다고 분석한다(Putnam 1993). 보다 구체적으로 수평적 연결망이 잘 조직되고 시민들의 정치참여와 신뢰 및 상호호혜의 규범이 강한 사회일수록 경제 발전과 민주주의의 활성화가 용이해졌다는 것이다(Putnam 1995a).

이러한 퍼트남의 사회적자본에 대한 인식은 시민의 덕목과 공동체 생활을 강조한 알몬드와 버바의 시민문화와 두 가지 측면에서 유사하다. 첫째, 퍼트남과 알몬드와 버바 모두 민주주의 체제에서 사회의 구성원들이 가지는 핵심 가치가 민주주의의 질을 결정할 것이라고 믿었다. 사회적자본과 시민문화는 개인들의 태도를 반영하는 것이지만, 이를 개인들이 다른 구성원들과 공유한다는 점에서 정치적인 중요성을 가진다. 둘째, 사회적자본 역시 시민문화와 같이 장기간 사회적으로 축적된 역사적 결과물로, 단기간에 변하기는 힘들다. 가령 퍼트남은 북부 이탈리아의 민주주의 발전의 토대가 되는 시민 참여의 전통이 중세시대부터 갖추어졌다고 주장한다(Putnam 1993; Almond and Verba 1963; Jackman and Miller 1998).

하지만 모든 사회적자본이 민주주의 사회에 긍정적인 영향력을 주는 것은 아니다. 가령 이념적으로 극단적인 경향과 배타성이 강한 일베에 참여하는 사람들이 더욱 많아진다면 사회에 대한 신뢰와 정치적 관용이 증가하기보다는 사회 구성원들 간의 갈등과 반목만이 증가할 것이다. 이처럼 개인은 인종차별이나 무정부주의, 테러, 사회폭력 등을 양산하는 단체들에 참여할 수 있으며 이런 사회적 연결망은 사회통합을 저해하고 사회에 대한 불신을 높임으로써 민주주의 체제에 위협으로 작용한다.

이러한 문제의식을 가지고 2000년대 이후 많은 연구들은 사회적자본을 결속형(bonding)과 교량형(bridging)으로 분류하고 사회적자본이 그 형태에 따라 민주주의 체제에 긍정적인 영향력뿐만 아니라 부정적인 영향력도 미친다고 주장한다(Putnam 2000; Grootaert et al. 2004; 소진광 2004; 이현우·이지호·한영빈 2011; 정수현 2017). 결속형 사회적자본은 혈연, 지연, 인종, 종교 등의 인구사회학적 기반을 토대로 형성된 것으로, 배타적이고 폐쇄적인 내부지향적 경향이 강하다. 이는 한편으로는 집단 내 구성원들 간의 규범과 연대의식을 강화시키는 데 기여하지만, 다른 한편으로는 파벌주의와 부패, 타집단에 대한 혐오를 증가시키기도 한다. 교량형 사회적자본은 인구사회학적으로 공통점이 적은 다양한 계층의 사람들로 구성되었으며, 개방적이고 외부지향적인 경향이 강하다. 이로 인해 사회에 존재하는 상이한 태도와 견해들을 포용하는 속성을 가지긴 하지만 구성원들 간의 이질성이 크기 때문에 결속형 사회적자본보다 내부 규범과 결속력이 약한 경향이 있다(이현우·이지호·한영빈 2011).

〈표 2-1〉은 사회적자본이 정치참여에 미친 영향력을 분석한 세 편의

한국 논문의 변수들을 정리한 것이다. 각 논문은 대체적으로 퍼트남이 주장하는 사회적자본의 개념에 맞추어 사회적자본의 요소들을 독립변수에 포함시켰다. 좀 더 구체적인 특징들을 살펴보면 다음과 같다. 첫째, 세 편의 논문 모두 일반적인 사회신뢰(혹은 개인간 신뢰)를 사회적자본의 한 요소로서 간주했다. 하지만 민영·주익현(2007)은 다른 두 논문들과는 달리 정부신뢰를 독립변수로 삼지 않았다. 둘째, 민영·주익현(2007)과 이숙종·유희정(2010)은 개인의 연결망을 독립변수에 포함시켰지만 송경재(2007)는 이를 포함시키지 않았다. 셋째, 송경재(2007)만이 사회 이익을 위한 개인의 희생이라는 상호호혜적인 규범을 사회적자본의 한 요소로 간주하였다. 넷째, 사회적자본을 결속형과 교량형으로 분류해 정치참여에 미치는 영향력을 분석한 논문은 없었다.

본 논문은 이런 선행연구들의 문제점을 보완하기 위해서 사회적자본을

표 2-1. 사회적자본이 정치참여에 미친 영향

일자	민영·주익현(2007)	송경재(2007)	이숙종·유희정(2010)
종속변수	• 정치적 관심 • 정치적 신뢰 • 투표참여 • 서명운동 • 정치토론 • 정당활동 • 집회 및 시위	• 시민참여 I: 회원, 기부금, 자원봉사 • 시민참여 II: 청원, 진정, 서명, 집회	• 선거참여: 2007 대선투표, 2008 총선투표 • 비선거참여: 공직자 또는 정치인 접촉, 정당원 활동, 집회 또는 시위 참여
독립변수 (사회적자본)	• 사회적 신뢰 • 시민적 연계망: 반상회, 향우회, 동창회, 시민단체, 동호회, 환경운동, 소비자운동, 여성운동 등 총 10개의 활동에 참여하는 빈도	• 신뢰: 개인간 신뢰, 정부 신뢰 • 호혜성과 규범: 사회 이익을 위한 개인의 희생	• 신뢰: 사회신뢰(한국사회 전반에 대한 신뢰), 정부신뢰(국회, 행정부, 사법부에 대한 신뢰) • 네트워크: 일차참여(동창회, 향우회, 종친회 참여), 이차참여(시민단체, 사회봉사단체, 지역사회단체 참여)

구성하는 연결망, 규범, 신뢰의 요소들을 가급적 종합적으로 고려해서 정치참여에 미치는 영향력을 분석했으며 전체연결망을 결속형 연결망과 교량형 연결망으로 분리해서 각 연결망이 정치참여에 미치는 영향력이 어떻게 다르게 나타나는지 살펴보았다.

연구설계와 변수설정

사회적자본이 정치참여에 어떠한 영향을 미쳤는지 알아보기 위해서 2017년 4월 명지대학교 미래정치연구소가 한국리서치와 함께 전국 유권자 1,000명을 대상으로 실시한 『정당과 사회통합에 관한 국민 인식조사』 결과를 분석하였다. 분석에 사용한 두 개의 모형은 아래와 같다. 다음에서는 변수들을 연구모형에 포함시킨 이유와 측정방식에 대해 설명하도록 하겠다.

〈모형 1〉

촛불집회 / 태극기집회 참여

$$= \beta_0 + \beta_1 \text{전체연결망} + \beta_2 \text{지역규범} + \beta_3 \text{사회신뢰} + \beta_4 \text{정부신뢰} + \beta_5 \text{자유한국당} + \beta_6 \text{더불어민주당} + \beta_7 \text{국민의당} + \beta_8 \text{바른정당} + \beta_9 \text{정의당} + \beta_{10} \text{정치이념} + \beta_{11} \text{연령} + \beta_{12} \text{성별} + \beta_{13} \text{거주지역} + \varepsilon$$

〈모형 2〉

$$\text{촛불집회 / 태극기집회 참여}$$
$$= \beta_0 + \beta_1\text{결속형연결망} + \beta_2\text{교량형연결망} + \beta_3\text{지역규범} + \beta_4\text{사회신뢰}$$
$$+ \beta_5\text{정부신뢰} + \beta_6\text{자유한국당} + \beta_7\text{더불어민주당} + \beta_8\text{국민의당}$$
$$+ \beta_9\text{바른정당} + \beta_{10}\text{정의당} + \beta_{11}\text{정치이념} + \beta_{12}\text{연령} + \beta_{13}\text{성별}$$
$$+ \beta_{14}\text{거주지역} + \varepsilon$$

표 2-2. 기술통계

변수	관측수	평균	표준편차	최솟값	최댓값
정치참여 (종속변수)					
촛불집회 (참석=1)	1000	0.264	0.441	0	1
태극기집회 (참석=1)	1000	0.042	0.201	0	1
연결망					
전체 연결망	1000	6.614	6.281	0	44
결속형 연결망	1000	2.452	3.052	0	20
교량형 연결망	1000	4.162	4.112	0	24
규범/신뢰					
지역규범	1000	11.586	2.312	5	20
사회신뢰	1000	2.704	0.501	1	4
정부신뢰	1000	9.711	5.669	0	30
정당일체감					
자유한국당	1000	0.052	0.222	0	1
더불어민주당	1000	0.231	0.422	0	1
국민의당	1000	0.051	0.220	0	1
바른정당	1000	0.020	0.140	0	1
정의당	1000	0.038	0.191	0	1
정치이념	1000	5.256	2.113	0	10
연령	1000	45.798	14.159	19	70
성별 (여성=1)	1000	0.511	0.500	0	1

주: 거주지역 변수 결과는 표에서 생략

1. 종속변수

종속변수는 1) 촛불집회 참가 여부와 2) 태극기집회 참가 여부이다. 변수측정을 위해서 촛불집회와 태극기집회 참석에 관한 질문에 "참여한 적이 있다"고 응답했으면 1의 값을, "참여한 적이 없다"고 응답했으면 0의 값을 부여했다. 이처럼 촛불집회와 태극기집회의 참가여부를 종속변수로 선택한 것은 다음과 같은 이유이다. 첫째, 두 집회는 설문조사가 실시된 기간을 전후로 해서 시민들이 가장 높은 관심사를 가진 박근혜 탄핵여부와 관련된 정치참여이다. 둘째, 각각의 집회가 서로 상반된 정치적 입장을 표명했기 때문에 사회적자본의 영향력이 동일하게 작용하고 있는지 조사하기에 용이했다. 셋째, 촛불집회와 태극기집회와 같은 정치시위에 대한 참가는 투표보다 적극적이고 비용이 높은 정치행태로서 사회 전체에 큰 영향력을 미칠 수 있다(Krishna 2002). 〈표 2-2〉에 나타나는 기술통계의 평균값을 참조하면 촛불집회에 참여한 적이 있는 응답자의 수는 264명이며 태극기집회에 참여한 적이 있는 응답자의 수는 42명이다. 이를 통해 태극기집회보다 촛불집회에 더 많은 시민들이 참여했음을 알 수 있다.

2. 독립변수

독립변수는 개인의 사회적자본을 구성하는 요인들로서 연결망, 규범, 신뢰를 연구모형에 포함시켰다. 우선, 연결망에 관련된 변수들은 "작년

(2016년) 한 해 동안 다음과 같은 조직과 모임에 얼마나 자주 참석하셨습니까?"라는 질문에 대한 대답을 이용해 만들어졌다. 설문문항에 있는 조직과 모임은 1) 반상회, 2) 주민협의회, 3) 향우회, 4)종친회, 5) 동창회, 6) 동호회, 7) 자원봉사단체, 8) 시민사회단체, 9) 종교모임, 10) 노동조합, 11) 직업, 직능, 상거래 단체 등이었으며 응답자는 각 모임마다 "1–2회", "3–4회", "5–6회", "7회 이상", "전혀 참석하지 않음" 등을 선택할 수 있었다. 전체연계망은 11개 조직과 모임 모두에 참석한 빈도수의 대답을 합해서 만들어졌고 그 중에서 반상회, 주민협의회, 향우회, 종친회, 동창회의 참석 빈도수에 대한 대답만을 합해서 만든 변수가 결속형연계망이며, 동호회, 자원봉사단체, 시민사회단체, 종교모임, 노동조합, 직업, 직능, 상거래 단체의 참석 빈도수의 대답을 합해서 만든 변수가 교량형연계망이다.

다음으로 이웃과의 관계로 형성된 지역규범을 연구모형에 포함시켰다. 지역규범은 "대부분의 이웃주민들은 서로에 대해 관심을 가지고 있다.", "대부분의 이웃 주민들은 동네나 지역 활동에 자발적으로 참여하려고 한다.", "대부분의 이웃 주민들은 내가 어렵거나 도움이 필요할 때 나를 기꺼이 도와주려고 한다." "이웃 주민들 중에는 나를 이용하고자 하는 사람들이 있다"는 네 가지 의견에 대한 "동의 혹은 반대하는 정도"를 더한 값이다.[2]

마지막으로 신뢰에 관한 변수로서는 사회신뢰와 정부신뢰가 있다. 사회신뢰는 "선생님께서는 일반적으로 사람들을 신뢰할 수 있다고 생각하

2. "이웃 주민들 중에는 나를 이용하고자 하는 사람들이 있다."는 다른 세 가지 의견들과 반대의 입장이기 때문에 역의 값을 구해서 다른 세 가지 의견에 대한 값과 더했다.

십니까?"라는 질문에 대한 답으로서 4점 척도이며 값이 클수록 신뢰 수준이 높은 것을 의미한다. 정부신뢰는 행정부, 입법부, 사법부에 대한 신뢰를 더한 값으로서 각 질문에 대한 답은 10점 척도로 측정되었다. 사회신뢰의 평균값은 2.704로서 응답자들은 대체적으로 사람들을 신뢰하는 것으로 나타나지만, 정부신뢰의 평균값은 9.711로서 정부에 대한 회의적인 시각이 강했다(〈표 2-2〉 참조).

3. 통제변수

응답자의 정치적 성향과 인구사회학적 요인이 미치는 영향력을 통제하기 위해서 응답자의 정당일체감, 이념, 연령, 성별을 연구모형에 포함시켰다. 첫째, 정당일체감은 "어느 정당을 지지하고 계십니까?"라는 질문에 대한 대답을 이용해서 측정하였다. 〈표 2-2〉에 나타나듯이 자유한국당, 더불어민주당, 국민의당, 바른정당, 정의당에 정당일체감을 나타낸 응답자의 수는 각각 52명, 231명, 51명, 20명, 38명이었다. 둘째, 이념은 "매우 진보를 0, 중도를 5, 매우 보수를 10이라고 할 때, 이념성향은 어디에 가깝다고 생각하십니까?"라는 질문에 대한 대답을 이용해서 측정하였다. 분석의 편의를 위해서 개인의 이념 값을 매길 때에는 실제로 응답자가 선택한 값을 역으로 전환시켰다. 그러므로 이념 변수에서 0은 매우 보수를, 10은 매우 진보를 의미한다. 이념의 평균값은 5.256으로, 응답자들의 이념성향은 대체적으로 중도에 위치한다는 것을 알 수 있다. 셋째, 연령은 응답자의 만 나이를 의미하는 것으로, 응답자의 평균 연령은 46세였다. 다섯째, 성별은 남성의 경우 0의 값을, 여성의 경우 1의 값을 부여했다. 여섯째, 응답자의 현재 거주지역을 가변수로 연구모형에 포함시켰다.

분석결과

사회적자본이 촛불집회와 태극기집회 참석에 가지는 효과를 알아보기 위해서 로지스틱 회귀분석을 이용했다. 분석결과는 〈표 2-3〉에 나타나 있다. 분석결과에 대한 해석을 용이하게 하기 위해서 회귀계수 대신 승산비(odds ratio)를 표 안에 표시하였다. 변수의 승산비가 1보다 크면 촛불집회와 태극기집회 참석에 긍정적인 영향력을 미쳤다는 것이며, 변수의 승산비가 1보다 작으면 촛불집회와 태극기집회 참석에 부정적인 영향력을 미쳤다는 것이다.

첫째, 개인의 사회연결망이 커질수록 촛불집회와 태극기집회에 참석할 가능성이 커진 것으로 나타났다. 전체 연결망 점수가 하나씩 증가할 때마다 촛불집회와 태극기집회에 참석할 가능성은 1.06배와 1.09배씩 커졌으며, 이 결과가 귀무가설을 지지할 유의확률은 각각 0.001, 0.01보다 적었다. 하지만 전체 연결망을 결속형 연결망과 교량형 연결망으로 분리하면 각 연결망이 집회 참여에 미치는 영향력은 다르게 나타나는 것을 알 수 있었다. 교량형 연결망 점수가 하나씩 증가할 때마다 촛불집회에 참석했을 가능성은 1.08배씩 증가한 데 반해서 결속형 연결망 점수는 촛불집회 참

표 2-3. 로지스틱 회귀분석 결과

	촛불집회		태극기집회	
	모형 1	모형 2	모형 1	모형 2
연결망				
전체 연결망	1.06***(0.01)		1.09**(0.03)	
결속형 연결망		1.03(0.03)		1.09(0.06)
교량형 연결망		1.08**(0.03)		1.08(0.05)
규범/신뢰				
지역규범	0.97(0.04)	0.97(0.04)	1.25*(0.12)	1.25*(0.12)
사회신뢰	1.44*(0.26)	1.44*(0.26)	1.03(0.49)	1.03(0.49)
정부신뢰	0.95**(0.01)	0.95**(0.01)	1.03(0.79)	1.03(0.04)
정당일체감				
자유한국당	0.18(0.19)	0.18(0.19)	3.94**(1.90)	3.93**(1.90)
더불어민주당	2.71***(0.53)	2.73***(0.53)	0.57(0.38)	0.57(0.38)
국민의당	1.78(0.61)	1.79(0.62)	0.78(0.87)	0.78(0.38)
바른정당	1.15(0.91)	1.16(0.92)	0.92(1.06)	0.92(1.06)
정의당	5.37***(2.15)	5.25***(2.11)		
정치이념	1.20***(0.06)	1.19***(0.06)	0.68***(0.07)	0.68***(0.07)
연령	0.98**(0.01)	0.98**(0.01)	1.02(0.02)	1.02(0.02)
성별 (여성=1)	0.93(0.16)	0.91(0.15)	0.78(0.29)	0.79(0.31)
분석개체수	1,000	1,000	805	805
Pseudo R2	0.19	0.19	0.31	0.31

주1: *p<.05, **p<.01, ***p<.001.

주2: 괄호 밖에 있는 숫자는 승산비(odds ratio)이며 괄호 안에 있는 숫자는 표준오차.

주3: 거주지역 변수 결과는 표에서 생략

주4: 태극기집회가 종속변수일 경우 정의당 변수는 완전공선성의 문제로 분석결과에서 생략됐음.

석 여부에 별다른 영향력을 미치지 못했다. 이는 교량형 연결망보다는 결속형 연결망이 사회적인 정치참여를 증가시킨다는 가설을 지지하는 증거이다. 하지만 교량형 연결망뿐만 아니라 결속형 연결망 역시 유권자들의 태극기집회 참석 가능성을 높이지는 못했다.

둘째, 개인의 지역규범이 강할수록 태극기집회에 참석했을 확률이 높아졌다. 응답자의 지역규범이 1점씩 커질 때마다 태극기집회에 참석할 가능성은 1.25배씩 증가했다. 하지만 지역규범은 촛불집회 참석 여부에는 별다른 영향을 미치지 못했다.

셋째, 응답자의 사회신뢰가 높을수록 촛불집회에 참석할 가능성이 커졌지만 응답자의 정부신뢰가 높으면 촛불집회에 참석할 가능성은 낮아졌다. 다시 말해서, 촛불시회에 참석한 많은 사람들이 정부에 대해서는 불신을 보였지만 사회 전체에 대해서는 강한 신뢰를 나타냈다는 것이다. 반면에 사회신뢰와 정부신뢰 모두 태극기집회 참석 여부에는 별다른 영향력을 미치지 못했다.

넷째, 촛불집회와 태극기집회 참석에 통계적으로 유의한 효과를 보인 통제변수들을 보면 다음과 같다. 우선 자유한국당에 정당일체감을 가진 사람일수록 태극기집회에 참석했을 가능성이 증가했다. 자유한국당을 지지한다고 대답한 응답자들이 다른 응답자들보다 태극기집회에 참석했을 확률은 2.94배나 높았다. 반면에 더불어민주당과 정의당에 정당일체감을 가진 사람일수록 촛불집회에 참석했을 가능성이 증가했다. 더불어민주당과 정의당을 지지한다고 대답한 응답자들이 다른 응답자들보다 촛불집회에 참석했을 확률은 각각 2.71배와 5.37배나 높았다. 다음으로 유권자의 이념성향이 진보적일수록 촛불집회에 참석할 가능성은 높아졌지만 태극기집회에 참석할 가능성은 낮아졌다. 응답자의 진보적인 성향이 한 단계씩 증가할 때마다 촛불집회에 참석한 확률은 1.2배가량 증가한 데 반해 태극기집회에 참석할 확률은 0.7배씩 감소했다. 끝으로 연령이 높아질수록 촛불집회에 참석할 가능성이 감소한 것으로 나타났다.

결론

본 연구는 촛불집회와 태극기집회라는 서로 상반된 성격을 가진 두 개의 정치집회 참여에 있어서 사회적자본이 그 형태에 따라 어떻게 다른 영향력을 미치는지 밝혀냈다. 현대 민주주의 체제와 밀접한 관계를 가진 교량형 연결망과 사회신뢰는 시민들의 촛불집회의 참여를 부추기는 요인으로 작용한 반면에, 전통적인 공동체 사회의 근간이 되는 결속형 연결망과 지역규범은 태극기집회의 참여를 높이는 역할을 하였다. 전체적인 차원에서 사회적자본이 정치참여를 높이는 것은 사실이지만, 사회적자본의 형태에 따라 시민들이 참여하는 정치집회의 성격이 변할 수 있다는 것을 나타내는 결과이다.

그렇다면 과연 사회적자본은 민주주의 발전에 도움이 될 것인가? 극우성향의 인종혐오 집회처럼 모든 형태의 정치참여가 민주주의에 도움이 되지는 않을 것이다. 하지만 그렇다고 해도 박근혜 대통령의 탄핵을 반대한 태극기집회를 반민주적 정치행태로 단언하는 것은 문제가 있다. 민주주의는 표현과 결사의 자유와 시민들의 다양성을 존중하는 관용의 정치에 기반을 두고 있기 때문에 태극기집회 역시도 다양한 이념적 성향을 가진 정치참여의 한 형태로 이해할 수 있기 때문이다. 일단 이 연구는 사회적자본의 종류에 따라 정치참여의 행태가 변화할 수 있다는 것을 보여주고 있으며 앞으로 보다 미시적인 수준에서 사회적자본과 정치참여, 민주주의의 관계를 규명하는 많은 연구들이 필요할 것이다.

참고문헌

1. 국내 문헌

김상준. 2004. "부르디외, 콜만, 퍼트남의 사회적 자본 개념 비판."『한국사회학』38집 6호, 33-95.

민영·주익현. 2007. "사회자본의 민주주의 효과: 미디어 이용과 사회자본이 정치적 관심과 신뢰 및 참여에 미치는 영향."『한국언론학보』51권 6호, 190-217.

송경재. 2007. "한국의 사회적 자본과 시민참여."『국가전략』13권 4호, 101-127.

이숙종·유희정. 2010. "개인의 사회자본이 정치참여에 미치는 영향."『한국정치학회보』44집 4호, 283-313

이현우·이지호·한영빈. 2011. "사회자본(Social Capital) 특성이 지역주의에 미치는 영향: 결속형과 교량형을 중심으로."『한국정치학회보』45집 2호, 149-171.

정수현. 2017. "왜 사회적자본인가?" 윤종빈·정수현 외.『국민의 참여가 민주주의를 살린다』, 101-119. 서울: 푸른길.

2. 국외 문헌

Almond, Gabriel A., and Sidney Verba. 1963. *The Civic Culture: Political Attitudes and Democracy in Five Nations.* Princeton, NJ: Princeton University Press.

Bourdieu, Pierre. 1986. "The Forms of Capital." in *Handbook of Theory and Research for the Sociology of Eduction,* edited by J. G. Richardson, 241-258. Westport, CT: Greenwood Press.

Coleman, James S. 1988. "Social Capital in the Creation of Human Capital." *American Journal of Sociology* 94: S95-S121.

___. *Foundations of Social Theory.* Cambidge, MA: Harvard University.

Fukuyama, Francis. 1995. *Trust: The Social Virtues and the Creation of Prosperity.* New York: The Free Press.

Jackman, Robert W. and Ross A. Miller. 1998. "Social Capital and Politics." *Annual Review of Political Science* 1: 47-73.

Krishna, Aniruth. 2002. "Enhancing Political Participation in Democracies: What is the Role of Social Capital?." *Comparative Political Studies* 35(4): 437-460.

Lin, Nan. 2001. *Social Capital: A Theory of Social Structure and Action.* New York, NY: Cambridge University Press.

Portes, Alejandro. 1998. "Social Capital: Its Origins and Applications in Modern Sociology." *Annual Review of Sociology* 24: 1-24.

Putnam, Robert D. 1993. *Making Democracy Work: Civic Traditions in Modern Italy.* Princeton, NJ: Princeton University Press.

______. 1995a. "Bowling Alone: American's Declining Social Capital." *Journal of Democracy* 6 (1): 65-78.

______. 1995b. "Tuning In, Tuning Out: The Strange Disappearance of Social Capital in America." *P.S.: Political Science and Politics* 28(4): 1-20.

______. 2000. *Bowling Alone: The Collapse and Revival of American Community.* New York, NY: Simon & Schuster Paperbacks.

Woolcock, Michael and Deepa Narayan. 2000. "Social Capital: Implications for Development Theory, Research and Policy." *The World Bank Research Observer* 15(2): 225-249.

04

20대 총선에서 나타난 여성의 정치의식과 투표참여 그리고 효능감

: 사회적 자본 접근법을 중심으로[1]

송경재 · 경희대학교

민주주의와 여성의 정치참여

정치학에서 여성정치는 중요한 부분을 차지하고 있다. 이에 여성정치학에 관한 운동적인 관점이 도입된 20세기 이래 오랜 기간 동안 학문적 논

1. 이 글은 2016년 6월 23일 여성가족부가 후원하고 (사)21세기여성정치연합의 〈제20대 국회의원 선거와 여성정치참여〉 세미나에서 발표한 초고를 정리하여 2016년 『아시아여성연구』 제55권 2호에 게재한 논문이다. 출판을 위해 연구자는 논문의 부분 수정과 추가적 논리보완을 수행하였음을 밝혀둔다.

의가 진행되었고 그 성과 역시 매우 풍부하다. 아울러 여성의 권익신장이 현실화되면서 당위적인 차원과 학문의 공간이 아닌 현실에서의 여성 정치참여 역시 시대적인 요구가 되었다. 상식적으로 판단해도, 지구상 인구의 절반이라고 할 수 있는 여성들이 적극적으로 정치에 관여하고 스스로 자신들의 이해와 관심, 이익을 정치적으로 대표할 수 있다는 것은 민주주의 차원에서 중요하다. 이른바 민주적 대표성이 강화되고 성적인 차이에서 오는 과소대표의 문제를 해소할 수 있기 때문에 민주주의가 내용적으로 더욱 풍부해질 것이기 때문이다. 그러나 여성의 정치적 역할에 대한 인식은 높아지고 있지만 현실은 그렇지 못하다. 이에 선진 민주주의 국가에서도 이 문제를 해결하기 위한 고민을 다양하게 진행하고 있으며, 여성의 정치참여는 민주주의의 주요한 원리인 대표성(representative)의 문제와 맞물려 정치의제가 된지 오래다.

민주주의 원리에 따른 규범적인 대표성 문제만이 아니라도 여성의 정치참여가 제한되면 사회적으로 유용한 자원인 여성의 능력을 활용하지 못한다. 인적자원으로서의 여성은 정치적 자원으로 효율적인 활용을 할 경우 보다 좋은 정치인의 등장을 위한 경쟁이 촉진된다는 점에서 의미가 있다(Amy 1993, 100-102). 여성의 정치참여는 공직에 대한 경쟁을 증대시키고 궁극적으로 보다 나은 대표를 선출할 수 있는 가능성을 증대시킨다. 이는 여성의 계발뿐만 아니라, 사회적으로도 유용한 자원의 개발과 활용이라는 측면에서 이익이 될 수 있다(엄태석 2006, 52-53).

이와 같이 정치적으로나 사회적으로도 중요한 의미가 있는 여성의 정치참여는 아무리 강조해도 지나치지 않다. 그런 맥락에서 사회의 절반이

넘는 정치행위자인 여성들이 정치참여를 통해 사회적 가치를 스스로 배분할 수 있는 정치구조의 형성은 무엇보다 중요하다. 이러한 입장을 반영하여 선진 민주주의 국가에서는 여성의 정치참여를 확대하기 위한 실험을 진행 중이다. 특히 유럽 국가들에서는 1차 세계대전 이후 여성들의 정치적 권리와 참정권이 확대되면서 다양한 성평등 정책이 제시되었으며, 정치적인 측면에서도 여러 제도적 실험을 계속하고 있다. 특히 프랑스는 가장 선진적으로 남녀동수 내각을 실현하기도 했다. 프랑수아 올랑드(Francois Hollande) 대통령은 내각의 각료들을 남녀 각각 17명으로 채웠다. 2001년에 통과된 파리테 법(la parité: 일명 남녀동수법)에 의해 남녀동수 내각을 구성했다. 나아가 총리 산하의 국가기구인 성평등최고회의(Haut Conseil à l'égalité entre les femmes et les hommes)를 운영하여 2017년까지 공공분야의 여성 비율을 50%, 민간기업 여성 임원 비중 40%라는 장기 목표를 세우고 정책 제안과 심의를 하고 있다(이하나 2015). 이러한 움직임은 비단 프랑스만이 아니다. 1990년대 이후 여성 국회의원 비율이 40%가 넘는 스웨덴은 정당 내에서 할당제를 도입하기도 했다(김민정 2014, 203-241).

현대 민주주의 국가들은 인구의 절반 이상을 차지하는 여성들이 자신들의 이해관계를 대변할 수 있는 정치적 기회를 확보하기 위한 다양한 제도 마련에 고민 중이다. 한국도 이러한 문제를 직시하고 여성의 정치참여와 권리를 강화하기 위한 여러 제도적 대안을 모색해 왔다. 이에 학계와 시민단체 중심으로 여성 정치참여와 관련한 교육과 법적 지위를 향상시키기 위한 여론 환기와 함께 여성이 정치에 참여할 수 있는 제도적 방안에 대한 논의도 활발하다(이소영, 2013, 256; 송경재, 2015, 2에서 재인용). 그럼에도 불구하고 한국사회에서 정치영역에서의 여성참여는 더딘 것이 사실이다. 2016년 세계경제포럼(WEF)이 발표한 성격차지수(Gender Gap Index)에 따르면, 우리나라는 전체 조사 국가 144개국 중 116위이다. 이는 전년도인 2015년 145개국 중 115위와 큰 차이가 없는 수준이다.[2] 특히 세부지표 중 관리직 비율(114위), 장관 여성비율(128위) 등은 낮은 여성의 사회정치적 현실을 보여준다.

이처럼 여성의 정치참여와 정치 불평등 구조는 어제 오늘의 일이 아니며, 전 세계적인 문제로 인해 많은 연구자들의 관심이 집중되는 분야이기도 하다. 이 글에서는 열악한 한국 여성의 정치참여 현실을 직시하고, 2016년 20대 총선에서 나타난 여성의 정치의식과 정치참여 특성을 성별비교와 정치참여 수준을 측정할 수 있는 신뢰와 호혜성, 규범의 시민의식인 사회적 자본 접근법(social capital approach)을 통해 분석하고자 한다. 세부적으로는 첫째, 성별 정치의식의 차이를 사회적 자본의 주요 변인으로 비교분석하였다. 둘째, 좀 더 심화된 분석으로 투표참여에서 중요한 변인의 하나인 정치 효능감(political efficacy)을 조작적으로 정의하여, 20대 총선에서 나타난 남성과 여성의 정치 효능감의 차이를 살펴보았다. 마지막으로, 20대 총선에서 조사된 시민의식을 사회적 자본 측정변인으로 조

2. 성격차지수와 성불평등지수와 관련한 정확성 논란은 존재한다. 유엔개발계획(UNDP)의 성불평등지수(GII · Gender Inequality Index)의 순위는 23위이고, 세계경제포럼의 성격차지수(GGI) 순위는 115위이다. 이에 따라 학계에서는 통계의 세부지표가 다른 데 대한 몰이해와 자의적 이용이란 비판도 있다. 이 논쟁에 대한 자세한 내용은 정용인. 2016. "한국여성의 지위 통계 23등과 115등, 뭐가 맞나." 『주간경향』 1180호. 서울: 경향신문사 참조.

작적 정의하여 여성의 시민의식과 투표참여 원인을 분석했다.

연구방법론은 여성 정치의식을 사회적 자본의 주요 변인으로 조작적 정의한 설문결과를 바탕으로 계량적 연구방법론(quantitative research method)을 적용한다. 설문조사 단계는 20대 총선 직후인 2016년 4월 19일부터 21일까지 3일 동안 RDD(Random Digit Dialing) 방식으로 생성한 유무선 전화면접조사 방식으로 진행했다. 설문은 전국에 거주하는 만 19세 이상의 성인남녀 703명을 조사했다. 설문표집 방법은 성별, 연령별, 지역별 인구 비례에 따른 할당추출법을 사용하였고, 조사는 ㈜리서치앤리서치에서 주관했다. 표본의 오차는 95% 신뢰수준에서 ±3.7% 포인트를 기록했다. 수집된 표본은 사회과학 통계프로그램인 SPSS ver. 22.0을 이용하여 빈도분석과 교차분석, 독립표본 t-test, 다중회귀분석 등의 통계기법을 사용했다.

이론적 논의

1. 사회적 자본

연구에서 여성의 정치의식을 분석하기 위한 이론틀은 정치학자 로버드 퍼트남(Putnam 1993; 2000)이 소개해 널리 알려진 사회적 자본을 적용하고자 한다. 사회적 자본의 개념 정의는 "사회조직의 특성으로 신뢰(trust), 규범(norm), 수평적 네트워크(horizontal network)로 이루어진

공공재(public goods)로서 협력적 행동을 촉진하여 사회 효율성을 향상시키는 것"이다(Putnam 1993, 167-173; 2000). 개념 정의에서 중요한 것은 사회적 자본 구성 요소인 신뢰, 규범, 수평적 네트워크이다. 퍼트남과 그의 동료들은 사회적 자본이 시민의식인 신뢰와 규범을 바탕에 두고, 조직적인 체계로서의 수평적인 네트워크를 구축할 때 이른바 무형의 자본이 형성될 수 있다고 보았다. 이후 많은 후속연구를 통해 사회적 자본 접근법은 시민특성을 분석하고 구성 변인에 따라 시민의식을 평가할 수 있는 유용한 이론 프레임이 되었다(Diamond 1999; Norris 2002; 이동원·정갑영·채승병·박준·한준 2010; 송경재 2015). 사회적 자본 이론에 따르면, 신뢰와 협력, 호혜성의 규범 등의 정치의식이 축적되면 그 결과로서 사회적 자본이 구축된다. 그리고 사회적 자본의 구성요소인 신뢰와 협력이 가능하면 시민참여도 활발해지고 바람직한 시민문화를 형성한다는 것이 사회적 자본 선순환 효과(virtuous circle effect) 논의의 출발이다(이동원 외 2010; Diamond 1999, 226).

사회적 자본이란 용어를 언급하지는 않았지만 사회적 자본 접근법의 기원은 공동체 민주주의 논의에서 시작된다. 19세기 초반 토크빌(Tocqueville 2003)은 그의 저서인 *Democracy in America*에서 시민사회의 중요성과 자발적인 결사체 참여를 미국 민주주의의 토대라고 평가한 바 있다. 토크빌은 건국 초기 미국사회의 건강한 민주주의 가치와 시민의식 형성, 자발적 참여가 민주주의의 모태가 될 것을 예견했다. 그의 선지적인 예견은 이후 많은 후속 연구자들에 의해 계승되어 이른바 공동체적인 전통을 중시하는 시민민주주의 또는 공동체 민주주의로 연계된다. 그리고 후대의 학자들은 토크빌의 초기 미국 시민들의 민주주의 의식과 참여를 시민문화로 해석하기도 한다(Almond and Verva 1965).

사회과학계에서 퍼트남 이전의 사회적 자본 이론의 발전은 브르뒤에(Bourdieu)와 콜만(Coleman)의 공헌이 크다. 프랑스 학자 부르뒤에(1986, 248-249)는 자본 형태를 물질 자본, 문화 그리고 사회적 자본으로 구분했다. 그는 사회적 자본을 인지적이고 잠재적이며 사회적으로 축적이 가능한 것이라고 보았다. 이어 사회학자 콜만(1990)은 사회적 자본의 주요 구성요소 중의 하나인 일반화된 신뢰(generalized trust)에 주목하고 사회적 자본이 사회적 관계에서 공공재적인 속성을 가지며 시민참여와 밀접한 인과성이 있다고 분석하였다(송경재 2015에서 재인용).

한편 사회적 자본과 관련한 실효성 논란도 존재한다. 사회적 자본이 개념적으로 모호하고 무형의 사회적 자본에 따라 민주주의가 공고화된다는 가정에 의문이 많다(이동원 외 2010, 125). 첫째, 사회적 자본의 개념화와 측정(measure)의 어려움이다. 사회적 자본은 다층적 개념이라서 국가나 사회적인 특성, 종교, 경제 수준 등 영향을 미치는 변인이 많다. 따라서 이럴 경우 다른 형태의 사회적 자본이 나타나기 때문에 이를 비교하기 어렵다(Stolle and Rochon 1998). 둘째 비판은 사회적 자본의 기본이라고 할 수 있는 결사체와 공동체가 많다고 해서 시민참여가 활성화되지 않는다는 비판이다. 예컨대, 히틀러 치하 독일에서 조류 탐사회나 합창단 등의 결사체는 파시즘에 이용되기도 했다. 그리고 한국도 권위주의 시기에 관변조직들이 권력유지에 동원되기도 했다(박찬욱 2004, 16).[3] 셋째 비판은 퍼트남(2000)의 주장과 다르게 미국의 결사체와 공동체 수가 감소하는 것이 아니라 통계에 잡히지 않는 새로운 결사체 유형인 스포츠 동호회와 친목모임 형태의 시민결사체 참여율이 증가하고 있다는 연구도 존재한다는 비판이다(Skocpol 2003; Norris 2002; Newton 1997, 575-586). 이러한 비판에도 불구하고 사회적 자본이 주목을 받는 이유는 사회적 자본이 결사체의 증가, 시민참여의 민주주의 효과에 일정한 긍정적 영향이 있기 때문이다. 때문에 여전히 개별 국가 단위에서, 그리고 UN, OECD 등 국제기구에서 사회적 자본의 중요성을 강조하고, 사회적 자본 형성과 축적을 위한 다양한 연구를 진행하고 있는 것이다.

2. 여성의 사회적 자본과 정치참여

이러한 사회적 자본을 여성의 정치의식과 정치참여 문제와 결합한 연구는 그렇게 많지는 않다. 사회적 자본에 대한 논의가 논쟁적이기 때문에 아직 확장된 여성의 사회적 자본 연구가 활발하지 못한 것도 한 원인이다. 한편, 초기 여성의 사회적 자본 연구는 정치학적인 연구보다는 주로 네트워크의 속성에 관한 결과물이 많다(박희봉·이희창 2006에서 재인용). 사회적 관계망과 사회적 자본 활용도면에서 남성과 여성의 차이에 주목한

3. 이에 대해 사회적 자본의 형성과 축적을 위해서는 공동체나 결사체, 시민단체 수의 증가보다는 이들이 어떤 정치사회적 기능을 하는지가 더욱 중요하다는 분석도 있다. 대표적으로 버만(Berman)은 시민사회 발전과 제도적인 조응 속에서 사회적 자본이 축적되는 것이지, 단순히 시민단체가 많다고 해서 사회적 자본이 높다는 해석은 틀릴 수 있다고 지적한다. 그런 맥락에서 버만은 시민사회와 정치적 제도와의 긍정적인 결합이 중요하다고 보았다(Berman 1997, 567-572).

연구결과들이다. 피셔와 올리커(Fischer and Oliker, 1983)는 직장생활에서 성별 사회적 자본 차이를 분석했다. 그들은 사회적 자본 형성에 있어서 남성이 여성에 비해 직장동료와의 연계성이 높다고 분석했다. 그리고 한손과 프래트(Hanson and Pratt 1991)는 여성일수록 동성과의 관계에서 강한 연계(strong ties)에 기반한 네트워크가 존재한다고 증명했다. 이와 같이 초기 여성의 사회적 자본 연구는 주로 남성과 여성의 사회관계 속에서의 남성 네트워크와 여성 네트워크의 차이 분석에만 한정되었다.

연구가 활성화된 이후 성별 사회적 자본의 특성과 차이에 관한 비교 연구는 1990년대부터 등장한다. 좀 더 구체적으로 미국의 〈일반사회조사(General Social Survey)〉나 〈세계가치조사(World Values Survey)〉가 활성화되면서, 시민의식에 관한 기초 데이터에 근거한 여성의 사회적 자본 연구가 등장한다. 대표적으로 무어(Moore 1990)는 남성과 여성의 사회적 자본의 차이를 비교분석했다. 무어는 사회조사 데이터를 바탕으로 남성들은 높은 사회적 자본 수준을 가지고 있으나 여성들은 상대적으로 낮은 사회적 자본 수준에 머물러 있다고 발표했다.

최근 정치학에서 여성의 사회적 자본 연구는 잉글하트와 노리스의 연구가 대표적이다(Inglehart and Norris 2003). 이들은 〈세계가치조사 2001〉을 활용한 분석에서 남성과 여성은 근본적으로 자원 불평등으로 지식과 기술, 문화, 태도 차이가 발생하고, 참여유형별로도 차이가 존재한다고 주장했다. 연구에서 여성들은 가족, 친구, 동료들 간의 사회적 네트워크가 강한 특성을 가진다고 증명했다. 이를 구체적으로 살펴보면, 여러 사회참여 중에서 남성이 높은 시민참여를 보이는 것은 정당참여(여성 38%:

남성 62%), 스포츠나 레크리에이션(여성 38%:남성 62%), 평화운동(여성 42%:남성 58%), 전문적인 결사체활동(여성 43%:남성 57%), 노동조합(여성 47%:남성 53%), 지역 커뮤니티 활동그룹(여성 48%:남성 52%) 등이 통계적으로 유의하다($p<0.01$). 한편 여성은 제3세계 개발과 인권(여성 52%:남성 48%), 교육, 예술, 음악 또는 문화 활동(여성 53%:남성 47%), 건강과 관련한 자원봉사(여성 56%:남성 44%), 사회복지(여성 58%:남성 42%) 등이 통계적으로 유의하다($p<0.01$). 이들의 연구는 사회적 자본 형성과 사회참여 사이의 젠더 격차가 존재하며, 성별로 사회적 네트워크에 따른 결사체, 공동체 활동유형과 참여방식의 차이가 나타난다고 보았다.

한편 국내에서는 박희봉과 이희창(2006)이 사회적 자본을 적용하여 여성의 사회적 자본 연구를 시작했다. 물론 이전에도 사회적 자본의 중요성에 관한 연구는 사회과학계에서 진행되었으나 이들은 정치의식 차원에서 체계적인 실증분석을 시도했다. 이들은 여성의 사회적 자본이 낮은 이유와 특성, 그리고 여성들이 가정과 직장, 사회에서 어떤 역할을 하는지를 파악하기 위해 한국, 중국, 일본 여성의 사회적 자본을 비교했다. 그 결과 선행한 해외의 연구결과와 유사하게 남성이 여성보다 사회적 자본이 높게 형성된다는 결과가 도출되었다(박희봉·이희창 2006, 127-128). 최근에는 여성의 정치적 네트워크 구축이 정치의식화와 정치참여를 증가시킨다는 연구도 발표되었다. 임원정규(2008)는 정치의식 성숙과 교육에 따라 여성 정치네트워크가 구축되면 다양한 활동으로 인한 여성의 사회적 자본 형성과 참여도 활성화된다고 분석했다. 서헌주와 김경숙, 송미영(2010, 220-222) 등도 여성정치 네트워크의 구축이 여성의 사회적 자본을 활성화하여 정치의식화에 도움이 되고 정치참여도 확대된다고 보았다. 특히 이들은 한국과 일본의 여성정치 네트워크를 분석하여 한국 여성의 정치의식화와 참여를 증대시키기 위해서는 정치네트워크를 통한 사회적 자본의 축적과 활성화가 중요하다고 제언하고 있다. 최근에는 송경재(2015)가 한국 여성의 사회적 자본을 측정하였다. 그는 설문자료를 바탕으로 남성과 여성의 신뢰와 호혜성의 규범의 특성을 비교하고, 남성에 비해 여성들이 저신뢰와 세대, 이념적인 분극화의 특징을 가지고 있다고 분석했다. 그리고 여성의 비관습적인 참여(unconventional participation)가 활발한 것은 참여의 비제도화에 의한 것이며 이는 민주주의의 위험요인이 될 수 있다고 강조했다.

이상 다양한 여성의 사회적 자본 연구에도 불구하고 구체적으로 사회적 자본과 정치의식, 정치참여의 인과성 규명에 관한 연구는 활발하지 않은 것이 사실이다. 여성 정치네트워크의 강화(임원정규 2008; 서현주·김경숙·송미영 2010) 또는 여성과 남성 간의 참여방식의 차이(Inglehart and Norris 2003)를 다루고 있는 연구결과들이 주를 이루고 있다. 실제 여성 사회적 자본의 특징이 무엇이고 여성 사회적 자본의 요소들 간의 성별 차이는 무엇인지에 대한 실증적인 분석은 드문 것이 사실이다. 이 글에서는 한국 여성의 정치의식 수준을 층위별로 파악하기 위해 사회적 자본 접근법을 활용하여 해석하고자 한다. 아울러 여성 사회적 자본 형성이 정치참여에 어떤 인과성이 있는지, 그리고 여성의 정치 효능감 분석을 통해서 정치의식, 참여행태와의 관계에 대해 다각적인 분석을 시도하고자 한다.

연구 설계와 분석

1. 연구 설계

연구를 위해서 먼저 사회적 자본의 요소별 문항을 설계했다. 문항은 선행연구를 바탕으로 변수를 설정하고 이를 조작적으로 정의했다. 문항설계는 〈세계가치조사〉, 퓨리서치센터(The Pew Research Center), 삼성경제연구소의 사회적 자본 시민의식 설문조사 문항을 참조하여 작성했다.[4]

설문설계를 위해서 독립변인인 사회적 자본 세부 변인을 선행 연구를 반영하여 조작화하였다. 첫째, 신뢰(trust)는 사회적 자본의 핵심요소라고 할 수 있다(Uslaner 1997; 송경재 2015). 퍼트남은 신뢰가 개인적 차원에서 형성되지만 시민사회 차원으로 확산되기 때문에 사회적 자본에서 가장 중요하다고 했다. 그리고 그는 정부와 정치제도에 관한 신뢰가 사회적 자본에서 중요하다고 지적했다(Putnam 2000, 22-24). 주커(Zucker 1986) 역시 신뢰를 개인이나 집단의 특성에 대한 신뢰, 상호관계에서 형성되는 과정에 기초한 신뢰, 그리고 제도에 대한 신뢰로 구분했다. 주커의 신뢰에 대한 분석은 개인과 집단이 일반화될 수 있는 타자에 대한 신뢰를 강조했다(최항섭·김희연·강현아·박찬웅·배영·배영자·윤민재·조현석 2008, 47-69). 그러나 신뢰는 무형의 의식이기 때문이 시기적으로 다르게 측정하기 어려운 점이 있다. 따라서 일반적인 신뢰 수준을 측정하기 위

4. 〈세계가치조사〉와 퓨리서치센터는 시민의식과 참여의 다양한 유형화와 정치적 행위 간의 인과성에 대한 설문조사를 정기적으로 시도하고 있다.

해서는 신뢰의 영역을 구분해서 측정해야 한다. 이동원 외(2010)는 신뢰가 집단 내 결속형 신뢰(bonding trust)가 아닌 집단 간의 일반화된 신뢰가 더 중요하다고 강조했다. 이유는 집단 내의 신뢰는 결속적인 외부 배타성을 가질 수 있기 때문이다. 본 연구에서는 우슬러너(1997)와 이동원 외(2010), 퍼트남(2000), 최항섭 외(2008) 그리고 송경재(2010; 2014; 2015) 등의 선행 설문자료를 참조하여 신뢰의 층위적 구분을 적용하였다. 먼저, 타인을 얼마나 믿을 수 있는지를 파악할 수 있는 일반화된 타인신뢰를 측정했고, 공적신뢰는 신뢰를 제공하거나 보증하는 제도 및 공공신뢰를 측정했다(이동원 외 2010). 일반화된 타인신뢰는 ⅰ) 지나가는 타인에 대한 일반화된 신뢰로, 공적신뢰는 ⅱ) 현 정부를 포함한 역대정부의 신뢰를 각각 측정했다.[5]

두 번째, 측정 변인은 공동체에 대한 호혜성의 규범이다. 홍영란 외(2007, 10)는 호혜성 규범을 관용과 연관해서 해석하여 주로 학교나 지역사회에 관한 관용으로 측정한 바 있다. 그리고 뉴턴(Newton 1997, 575-586)은 호혜성이란 보상이 미래의 불특정한 시기에 되돌아오며, 미지의 타인으로부터 주어질 수도 있다는 가정에서 성립되는 개념으로 정의했다(이동원 외 2010). 그런 차원에서 본다면 사회적 자본의 구성요소로서 많은 호혜성의 규범을 조작화할 수 있다. 연구에서는 사회적 자본 변인으로 많이 적용하고 있는 공동체 이익과 개인의 이익이란 부분에 주목했다. 호

5. 설문문항은 다음과 같다. 선생님께서는 길에서 마주치는 사람들이나 지나가는 사람들을 신뢰하십니까, 신뢰하지 않습니까?(1=전혀 신뢰하지 않는다, 4척도)와 선생님께서는 현 정부를 포함한 역대정부를 신뢰하십니까, 신뢰하지 않습니까?(1=전혀 신뢰하지 않는다, 4척도)이다.

혜성의 규범을 조작화할 때 이 요소가 중요한 것은 개인적인 이해관계와 공동체의 이해관계가 충돌할 경우 자신이 희생할 수 있는지를 파악하는 데 좋은 지표이기 때문이다(송경재 2015에서 재인용). 이 변인은 대가를 바라지 않고 자신의 이익을 포기할 수 있는 이익 충돌의 차이로 측정할 수 있다. 이에 기초하여 호혜성의 규범을 ⅰ) 공동체 이익을 위한 개인이익 희생 여부를 통하여 측정했다(Putnam 2000).[6]

종속변수로서 정치참여는 정치적 관심에서 청원 보이콧, 파업, 시위 등에 이르기까지 광범위하게 적용할 수 있지만, 연구에서는 2016년 20대 총선에서 정치적 참여, 즉 투표참여를 측정변인으로 했다. 그 이유는 본 연구가 20대 총선에서 나타난 남성과 여성유권자의 참여적인 특징을 분석하기 때문이다. 이에 연구에서는 ⅰ) 20대 4.13 국회의원 선거에 투표했는지 여부를 질의했다.[7]

이상의 변인들을 바탕으로 선행연구에서 확인된 사회적 자본과 정치참여 간의 관계에 대한 가설이 한국에도 적용 가능한지 확인할 필요가 있다. 잉글하트와 노리스(Inglehart and Norris 2003)는 남성과 여성의 신뢰와 호혜성의 규범이 여러 정치참여 간의 차이를 만든다고 밝힌바 있다. 남성은 여성들에 비하여 많은 사회활동에서 대인간의 신뢰가 높지만, 여성은 지역 커뮤니티에서의 신뢰와 공동체적인 이해관계가 많다고 증명했다. 한국에서도 송경재(2015)의 연구에 따르면, 남성과 여성의 사회적 자본의

6. 선생님께서는 본인이 속한 공동체의 이익과 개인의 이익이 충돌할 경우 어느 쪽이 더 중요하다고 생각하십니까?(1=공동체가 매우 중요하다, 4척도).

7. 선생님께서는 이번 4.13 국회의원선거에 투표하셨습니까, 투표하지 않으셨습니까?(1=투표하지 않았다).

구성요소인 신뢰와 호혜성의 규범의 차이를 분석하면서 신뢰는 큰 차이가 발견되지 않는다고 증명한 바 있다. 이를 다시 확인하기 위해 이 논문의 연구가설은 다음과 같다.

연구가설 1 : 남성과 여성의 사회적 자본은 차이가 있을 것이다.

두 번째 연구 가설은 성별 정치참여에 따른 효능감의 차이를 살펴 볼 것이다. 정치 효능감은 일반적으로 "자신의 정치적 행동이 갖거나 혹은 가질 수 있는 정치과정에 미치는 영향력에 대한 개인의 감정"을 지칭한다(Campbell, Gurin, and Miller 1954; 이정기 2011, 73-109). 물론 많은 학자들이 지적하는 바와 같이 정치 효능감이 개인의 영향력에 대한 감정을 측정하기 때문에 다양하게 조작화할 수 있다. 기존 선행 연구에서는 여러 정치적 의사표시나 행동에 대한 기분, 만족감 등을 측정하는 다양한 변수들이 개발되어 있다. 이 연구에서는 ⅰ) 남성과 여성 간의 정치참여에 있어서 효능감의 차이를 투표행위를 측정변인으로 분석하고자 한다.[8]

연구가설 2 : 여성과 남성 간 정치참여 효능감 차이는 있을 것이다.

세 번째 연구가설은 앞서 연구자들이 제시한 사회적 자본의 형성과 축적이 정치참여에 인과성이 있다는 연구결과를 증명하고자 한다. 퍼트남

8. 선생님께서는 본인의 투표를 통해서 사회현안에 영향을 미칠 수 있다고 생각하십니까? 영향을 미칠 수 없다고 생각하십니까?(1=전혀 영향을 미칠 수 없다, 4척도).

(1993; 2000)과 후쿠야마(1999), 노리스(2002) 등은 사회적 자본의 형성이 투표참여에 양(+)의 인과관계가 있다고 이탈리아와 미국, 유럽 국가들의 실증 자료를 통해 증명했다. 잉글하트와 노리스(2003)는 구조적인 사회적 자본 변인을 투입하여 남성과 여성의 사회적 자본의 차이와 투표참여 간의 인과성을 규명했다. 연구에서는 남성과 여성들의 사회공동체 참여가 사회경제적 요인들에 의해 차이가 존재하고 있음을 규명했다. 이 연구에서는 신뢰와 호혜성의 규범이 성숙한 사회적 자본이 축적되면 시민참여가 증가한다는 토크빌과 퍼트남의 주장이 한국에서 적실성이 있는지를 파악하고자 한다. 이 연구에서는 이러한 선행연구를 바탕으로 한국에서의 여성 사회적 자본변인과 투표참여 간의 인과성에 대해 증명하고자 한다.

사회적 자본 형성의 사회경제적인 특성을 살펴보기 위해 ⅰ) 연령, ⅱ) 학력, ⅲ) 소득수준 변인을 통제변인으로 측정했다. 변인별 차이에 따라 사회적 자본이 어떤 특성을 가지고 있는지 살펴보는 것은 의미 있을 것이다. 특히, 정치발전론자인 립셋(Lipset 1960)에 따르면, 경제적 요인인 사회의 부, 산업화, 도시화, 교육 등에 의하여 측정되며, 이는 정치의 민주주의를 촉진한다고 보았다. 연구에서는 성별 차이를 살펴보기 위한 통제변인으로 사용할 것이다.

연구가설 3 : 사회적 자본 요소들은 여성의 투표에 영향을 미칠 것이다.

2. 연구 분석

1) 표본 개요

표본의 개요는 다음과 같다. 성별 분포는 남성 349명(49.6%), 여성 354명(50.4%)이다. 연령대별 구분은 2016년 1월 기준 인구통계학적인 비중을 고려하여 19~29세 124명(17.6%), 30대 128명(18.2%), 40대 146명(20.8%), 50대 140명(19.9%), 60대 이상 165명(23.5%)으로 구성되었다. 최근 증가하고 있는 50대 이상의 인구를 표본추출에 반영했다. 학력은 중졸 이하 92명(13.1%), 고졸 174명(24.8%), 대재/대졸 380명(54.0%), 대학원재학 이상 54명(7.6%), 모름/무응답 3명(0.5%)으로 대재/대졸이 가장 높은 비중을 차지하고 있다. 소득은 200만 원 이하 136명(19.4%), 201~400만 원 201명(28.7%), 401~600만 원 169명(24.7%), 601~800만 원 50명(7.0%), 801만 원 이상은 69명(9.8%), 모름/무응답 78명(11.1%)이다.

2) 분석

가. 남성과 여성의 사회적 자본 구성요소별 차이

연구가설에서 설정한 남성과 여성의 사회적 자본의 차이는 통계기법 중의 하나인 교차분석(cross-tabulation)으로 검증했다. 교차분석 결과, 신뢰변인은 남성과 여성의 통계적인 차이가 발견되지 않았으나, 호혜성의 규범은 통계적으로 유의한 차이가 발견되었다(Pearson x^2=10.854, p=0.028). 첫째, 신뢰변인 중에서 일반화된 타인신뢰는 남성과 여성의

표 2-4. 표본 개요

구분		빈도	비율(%)	비고
합계		703	100.0	
성	남성	349	49.6	평균 1.50 표준편차 0.500
	여성	354	50.4	
연령	만19-29세	124	17.6	평균 3.13 표준편차 1.418
	30대	128	18.2	
	40대	146	20.8	
	50대	140	19.9	
	60대 이상	165	23.5	
학력	중졸 이하	92	13.1	평균 2.58 표준편차 0.831
	고졸	174	24.8	
	대재/대졸	380	54.0	
	대학원재 이상	54	7.6	
	모름/무응답	3	0.5	
소득	200만원 이하	136	19.4	평균 5.12 표준편차 2.835
	201~400만원	201	28.7	
	401~600만원	169	24.1	
	601~800만원	50	7.0	
	801만원 이상	69	9.8	
	모름/무응답	78	11.1	

차이가 존재하지 않았다(Pearson x^2=0.475, p=0.924). 결과에서도 확인되지만 남성과 여성의 일반화된 타인신뢰 수준이 거의 일치하고 있는 것으로 나타났다. 유의수준 값이 0.924로 차이가 발견되지 않았다. 구체적인 데이터를 살펴보면, 남성이 62.7%, 여성이 64.1%로 집계되어 남성과 여성 모두 '신뢰하지 않는다'는 응답이 높았다. 이는 한국사회에서 일반화

표 2-5. 남성과 여성의 일반화된 타인신뢰 차이

구분	일반화된 타인신뢰 : 지나가는 타인신뢰				총계
	전혀 신뢰하지 않는다	별로 신뢰하지 않는다	약간 신뢰한다	매우 신뢰한다	
남성	43 (13.5%)	157 (49.2%)	102 (32.0%)	17 (5.3%)	319
여성	47 (14.4%)	162 (49.7%)	103 (31.6%)	14 (4.3%)	326
전체	90 (14.0%)	319 (49.5%)	205 (31.8%)	31 (4.8%)	645

*Pearson x^2= 0.475 p=0.924

된 신뢰수준이 전반적으로 낮다고 지적한 후쿠야마(Fukuyama 1999) 등의 선행 연구결과와 동일한 결과이다.

둘째, 신뢰변인 중에서 공적신뢰 역시 남성과 여성의 차이가 발견되지 않는다(Pearson x^2=1.343, p=0.719). 남성과 여성의 공적신뢰의 차이도 없지만 모두 '신뢰하지 않는다'는 응답이 매우 높은 것으로 집계되었다. 특히 앞서 일반화된 타인신뢰보다 '신뢰하지 않는다'는 응답 비율이 남성과 여성 모두 높아서 한국의 공적신뢰 하락 경향을 확인할 수 있었다. 이러한 시민들의 낮은 정부신뢰는 남부 이탈리아와 북부 이탈리아를 비교

표 2-6. 남성과 여성의 공적신뢰 차이

구분	공적신뢰 : 역대 정부 신뢰				총계
	전혀 신뢰하지 않는다	별로 신뢰하지 않는다	약간 신뢰한다	매우 신뢰한다	
남성	80 (24.0%)	146 (43.8%)	86 (25.8%)	21 (6.3%)	333
여성	70 (21.1%)	159 (47.9%)	84 (25.3%)	19 (5.7%)	332
전체	150 (22.6%)	305 (45.9%)	170 (25.6%)	40 (6.0%)	665

*Pearson x^2= 1.343 p=0.719

한 퍼트남(1993)의 연구 결과와 같이 미래의 바람직한 시민의식의 구축이라는 차원에서 준법정신이나 법치주의 확립에 있어서 제약요인이 될 것이다.

셋째, 호혜성의 규범 변인은 앞서의 신뢰변인들과는 달리 남성과 여성 간의 통계적인 차이가 발견된다(Pearson x^2=10.854, p=0.028). 특히 남성들에게서 '공동체보다 개인이익이 중요하다'는 응답이 높은 것으로 나타났다. 남성들은 '개인이익이 중요하다'는 응답이 28.1%인데 비해 여성은 21.7%로 집계되었다. 이는 남성들이 여성들보다 더 공동체보다 개인이익 지향적임을 알 수 있다. 이에 대한 의미는 후술하겠지만, 경제적인 문제, 사회에서 개인생활 증가, 1인 가구 증가 등과 결합한다면 한국사회의 한 단면을 확인할 수 있다. 그러나 이러한 개인이익 지향성은 정치의식의 형성에서 공동체성을 감소시킨다는 점에서 토크빌적인 공동체주의적인 시각에서는 바람직하지 않다고 할 수 있다.

표 2-7. 남성과 여성의 호혜성의 규범 차이

구분	호혜성의 규범 : 공동체와 개인이익 중요					총계
	공동체가 매우 중요하다	공동체가 더 중요한 편이다	개인이 더 중요한 편이다	개인이 매우 중요하다	모름/무응답	
남성	96 (27.5%)	142 (40.8%)	76 (21.8%)	22 (6.3%)	12 (3.4%)	348
여성	93 (26.3%)	156 (44.1%)	65 (18.4%)	12 (3.4%)	28 (7.9%)	354
전체	189 (26.9%)	298 (42.5%)	141 (20.1%)	34 (4.8%)	40 (5.7%)	702

*Pearson x^2= 10.854 p=0.028

나. 남성과 여성의 정치 효능감 차이

다음으로 남성과 여성의 정치 효능감 차이를 살펴보았다. 이를 증명하기 위해서 남성과 여성 두 집단 간 독립표본 t-test 통계 기법을 사용했다. 분석결과 첫째, 남성과 여성의 정치 효능감 차이는 상당히 크고 통계적으로 유의한 것으로 산출되었다($t=-2.958$, $p=0.003$). 여성의 투표를 통한 사회현안 영향도를 측정한 정치 효능감은 평균이 3.1555포인트이고, 남성은 2.9722포인트이다. 이는 여성들이 남성들보다 투표를 통한 정치 효능감이 높음을 알 수 있다.

둘째, 남성과 여성의 정치 효능감의 차이가 매우 크고 남성과 여성 모두 중앙값을 넘는 효능감을 느끼고 있는 것으로 나타났다. 4-point scale이므로 중앙값은 2.5포인트이다. 남성은 이러한 중앙값보다 높은 수준을 보이고 있으나, 여성은 3.1555포인트로 매우 높은 수준이다. 이는 여성들이 매우 강한 투표참여의 정치 효능감을 느끼고 있음을 알 수 있다.

표 2-8. 남성과 여성의 정치 효능감 차이

	구분	N	평균	t	p
정치 효능감 (투표를 통한 사회현안 영향도)	남성	343	2.9722	-2.958	0.003 (**)
	여성	341	3.1555		

*† <0.1, * <0.05, ** <0.01, *** <0.001

다. 사회적 자본과 여성의 정치참여

다음으로 분석할 것은 사회적 자본에 따른 여성의 정치참여가 어떻게 결정될 것인가이다. 분석에서는 여성들만 2차 표본을 추출하여 여성 정치참여를 결정하는 요인은 무엇인지를 살펴보았다. 그리고 이 글에서는 정치의식을 사회적 자본의 변인들로 측정하고자 조작화하였으므로 변인들 간의 종속변수에 미치는 영향력을 분석하고자 한다. 이 분석을 위해서는 2개 이상의 독립변인을 모델에 투입(enter)한 최소자승법(OLS) 회귀분석을 실시하였다. 분석방법은 먼저 사회경제변인인 연령, 학력, 소득을 통제변인으로 설정하여 투입하고 신뢰, 호혜성의 규범을 순차적으로 투입하는 위계적 회귀분석을 실시한다. 세 가지 유형의 모델 모두 더빈-왓슨(Durbin-Watson) 계수는 2.0에 근접하여 잔차들 간의 상관관계는 존재하지 않아 회귀모형은 적합하다고 할 수 있다. 그리고 예측변인 간 다중공선성(multicollinearity) 가정을 진단한 결과, 공차한계가 기준값인 0.10보다 크게 나타나 다중공선성은 없는 것으로 나타났다.

통제변인을 투입한 모델 I 분석결과, 회귀모델의 적절성은 유의미한 것으로 나타났다($F=8.938$, $p<0.001$). 그리고 모델 설명력을 나타내는 조정된 $R^2=0.064$로 도출되었다. 통계적으로 유의미한 변인은 연령($p<0.001$)과 학력($p<0.05$)으로 연령과 학력이 높을수록 여성들의 투표참여율은 높은 것으로 나타났다. 그리고 종속변수에 대한 영향력을 나타내는 표준화 계수 β는 연령이 0.278, 학력 0.128로 집계되었다.[9]

둘째, 통제변인과 신뢰변인을 투입한 모델II의 모델 적절성은 역시 의미가 있었다($F=3.575$, $p<0.01$). 그러나 채택된 변인들은 앞서의 모델

9. 표준화 계수 β가 가지는 의미는 독립변수가 1단위로 변화할 때 종속변수가 변하는 비율을 나타낸다. 결과는 연령이 0.278단위 높을수록 종속변수인 여성의 투표참여도 비례적으로 증가한다는 것을 알려준다.

Ⅰ과 같이 통제변인인 연령($p < 0.001$)과 학력변인($p < 0.1$)이었다. 그러나 신뢰는 여성의 제도적인 투표참여 인과변인으로 채택되지 못했다. 이는 모델Ⅳ와 연계하여 해석한다면 신뢰가 여성의 투표참여에 중요한 변인이 아님을 확인할 수 있다.

셋째, 통제변인과 함께 호혜성의 규범변인을 투입한 모델Ⅲ의 적절성은 의미가 있었다($F = 3.606$, $p < 0.01$). 모델Ⅲ에서 채택된 독립변인들은 통제변인인 연령($p < 0.001$)이다. 그러나 호혜성의 규범 변인은 여성의 투표참여 특히 20대 총선과정에서는 주요한 인과변인이 되지 못했다.

넷째, 모델Ⅳ는 통합모델로서 사회적 자본과 통제변인을 모두 투입하여 여성의 투표참여에 어떤 영향이 있는지를 확인하였다. 모델의 적실성을 확인할 수 있는 F값은 5.898($p < 0.001$)로 통계적으로 유의하다. 모델 설명력을 나타내는 조정된 $R^2 = 0.087$로 집계되었다. 분석결과 여성들은 연령이 높을수록($p < 0.001$), 학력이 높을수록($p < 0.05$), 그리고 공동체의 이익을 선호할수록($p < 0.001$) 투표에 적극적으로 참여했다.

그리고 모델Ⅳ의 영향력을 나타내는 β값은 연령 0.228, 학력 0.125, 공동체이익 중요 0.231로 집계되었다. 주목해야 할 것은 정치의식 변인으로 설정한 호혜성의 규범이 투표참여와 큰 인과성을 보인다는 점이다. 이는 호혜성의 규범 중 영향력이 가장 높은 변인은 연령으로 0.367포인트이며 소득 0.150포인트, 학력 0.128포인트 만큼 종속변수에 영향을 주고 있다.

표 2-9. 여성의 사회적 자본과 투표참여 위계적 회귀분석 요약

	4.13총선 투표참여 Ⅰ				4.13총선 투표참여 Ⅱ				4.13총선 투표참여 Ⅲ				4.13총선 투표참여 Ⅳ			
	B	표준 β	t	Sig	B	표준 β	t	Sig	B	표준 β	t	Sig	B	표준 β	t	Sig
(상수)	1.478		14.559	***	1.511		10.865	***	1.529		12.691	***	1.738		11.853	***
통제변인																
연령 (5-point scale)	0.070	0.278	4.845	***	0.062	0.242	3.751	***	0.062	0.236	3.664	***	0.059	0.228	3.618	***
학력 (4-point scale)	0.061	0.128	2.250	*	0.055	0.109	1.762	†	0.022	0.052	0.782		0.063	0.125	2.073	*
소득 (5-point scale)	-0.002	-0.010	-0.171		-0.005	-0.018	-0.018		0.015	0.067	1.119		-0.001	-0.004	-0.061	
신뢰																
일반화된 타인신뢰					0.003	0.029	0.006						-0.011	-0.024	-0.405	
역대 정부신뢰 (1=전혀 신뢰하지 않는다)					0.000	0.025	0.001						-0.015	-0.034	-0.605	
호혜성의 규범																
공동체 이익과 개인 이익 중요(1=공동체 이익 중요)									0.003	0.010	0.196		-0.087	-0.231	-4.073	***
N	349				308				354				308			
F(Sig)	8.938 (***)				3.575 (**)				3.606 (**)				5.898 (***)			
Adj R^2	.064				.040				.029				.087			

*† <0.1, *<0.05, **<0.01, ***<0.001

연구의 요약과 함의

이 연구에서는 20대 총선에서 표출된 여성들의 정치의식을 사회적 자본을 사용하여 분석했다. 분석결과 여성들의 정치의식은 변인별로 남성과 일정한 차이가 존재하며 각기 다른 투표참여와 정치행태가 나타날 수 있음을 알려준다. 그리고 선행 퍼트남(1993; 2000)이나 스카치폴(2003) 등 기존의 연구자들이 지적한 남성과 여성을 구분하지 않는 일반화된 결론과는 달리 여성들의 정치의식을 좀 더 세밀하게 분석할 필요성이 있음을 확인할 수 있었다. 이상 연구가설을 검증하면 〈표 2-10〉과 같이 요약할 수 있다.

분석결과를 바탕으로 다음과 같은 여성 정치의식과 참여의 함의를 도출할 수 있다. 첫째, 남성과 여성 사회적 자본의 가장 큰 차이는 호혜성의 규범 즉 공동체 이익지향과 개인 이익지향의 차이에서 발견된다. 일반적으로 사회적 자본은 신뢰와 협력, 그리고 규범 등의 변인으로 측정한다.[10] 분석 결과 한국의 사회적 자본의 성별 차이는 호혜성의 규범에 따라 확연히 달라짐을 파악할 수 있다. 상대적으로 남성이 개인 이익지향성이 강하게 나타나고 있다. 이는 1997년과 2008년 경제위기 이후 남성들의 회사와 지역에 관한 충성도가 약화되고 최근 등장한 개인화 경향이 반영된 것으로 추론할 수 있다. 통계청에 따르면, 국내 1인 가구 비율은 1975년 4.2%

10. 물론 사회적 자본의 한 구성요소로서 네트워크의 형태와 강도 등을 측정하기도 하나 이는 정형화된 집단 분석에서 사용하며, 결속형과 연계형(bonding/bridging) 사회적 자본을 분석한 연구들이 주를 이룬다. 이에 대한 자세한 논의는 Woolcock & Narayan(2000) 등의 연구를 참조 바람.

표 2-10. 연구가설 검증 결과

구분	연구 가설	검증	설명
1-1	남성과 여성의 신뢰는 차이가 있을 것이다.	기각	• 일반화된 타인신뢰와 공적신뢰 모두 남녀 간의 차이 없음.
1-2	남성과 여성의 호혜성의 규범은 차이가 있을 것이다.	채택	• 호혜성의 규범은 남녀 간 차이 존재. • 여성이 공동체 이익 지향성이 강함.
2	여성과 남성 간 정치참여 효능감의 차이는 있을 것이다.	채택	• 정치효능감은 남녀 간의 차이 존재. • 여성이 강한 정치 효능감을 가지고 있음.
3	사회적 자본 요소들은 여성의 투표에 영향을 미칠 것이다.	신뢰 변인 기각 / 호혜성의 규범 변인 채택 (통합모델Ⅳ)	• 통합모델Ⅳ의 분석결과, 여성들의 공동체 이익지향성이 강할수록 투표참여가 높아지는 것을 확인. • 여성은 고연령, 고학력층이 적극적 투표 참여층. • 통합모델을 제외한 신뢰변인, 호혜성의 규범 변인만을 투입한 경우(모델Ⅱ와 Ⅲ)는 통계적으로 유의하지 않음.

에서 2010년 23.9%로 5.7배 급증하였다(통계청 국가통계 포털 http://kosis.kr). 그리고 청년층 중에서 '혼밥족', '혼술족' 등의 '나홀로족(myself generation)'이 증가하고 있음을 감안하면 이러한 현상이 남성들에게 보다 강한 영향을 미치고 있다고 해석할 수 있다(세계일보 2016년 6월 6일).

둘째, 여성의 정치참여를 결정하는 정치의식 요인 역시 호혜성의 규범이며 이는 공동체 이익지향성이 강할수록 투표에 적극적이다. 그리고 연령과 학력이 중요한 정치참여의 변인으로 도출되었다. 학력변인은 많은 학자들의 지적대로 여성이 점차 정치 교육화되고 사회에서의 역할 증대에 따라 선순환하면서 나타난 것이라 해석할 수 있다. 잉글하트와 노리스(2000)의 지적대로 여성의 교육수준이 높아지면 가정과 사회에서 역할변화가 나타나고 사회문제에도 적극적이라는 연구결과가 한국에도 증명된 것이라 할 수 있다(송경재 2014, 67-96). 다만 통합모델을 제외한 신뢰변인, 호혜성의 규범변인만을 투입한 경우(모델Ⅱ와 Ⅲ)에는 사회적 자본 변인들이 모두 채택되지 않았다. 이는 호혜성 규범변인이 통합모델에서는 주요한 투표참여 변인으로 채택되지만, 개별변인은 여성의 제도적인 투표참여에 영향이 없음을 의미한다.

다음으로 여성의 공동체 이익지향성에 관해서는 다층적 해석이 필요하다. 공동체 이익지향성은 중요한 사회적 자본 요소이다. 여성들이 개인 이익보다 공동체 이익을 지향한다는 결과는 공동체적 가치를 중시하는 토크빌적인 공동체주의 입장에서는 긍정적인 부분이다(Edwards and Foley 2001). 하지만 공동체 이익지향성이 자칫 내적인 결속형(bonding)으로 나타난다면 오히려 집단 이기주의화될 가능성도 존재한다. 그런 차원에서 본다면, 공동체성이 오히려 사회적 자본 형성과 시민의식에 긍정적인 영향이 있다고 단정하기 어렵다. 하지만 아쉽게도 이번 조사에서는 공동체 성격과 관련한 보완적 조사가 부족했다. 따라서 공동체의 성격에 관한 후속연구의 필요성이 있다. 그랬을 때 보다 정확한 여성들의 공동체 지향성에 관한 의미가 해석될 수 있을 것이다.

셋째, 여성 정치 효능감의 강화는 이중적인 해석의 여지가 있다. 먼저, 여성들이 남성에 비해 투표를 통한 사회현안에 대한 영향도가 상대적으로 강하나는 섬이다. 이는 의미있는 결과이지만 다른 측면으로는 사회현안에 대한 영향이 오로지 투표라는 정치행위로만 한정될 수 있다는 점에서 다른 시각으로 해석할 수 있다. 이 결과는 일상 시기에는 여성의 정치적 영향력이 낮다는 반증일 수 있다. 그런 맥락에서 이 결과는 여성들이 투표를 통한 사회현안 참여의 기대감 반영이기도 하지만, 반대로 기존 정치질서에서 여성의 사회현안에 관한 영향이 매우 적기 때문에 오로지 투표참여를 통해 한정된 기대감을 표시한 것이라는 해석도 가능하다.

이상을 종합하면, 한국의 여성들의 호혜성의 규범 특히 공동체 이익지향성이 강하게 작용하고 있으며, 여성들의 정치 효능감도 높게 나타나고 있음을 확인했다. 이 특징을 반영한다면 정당과 정책결정권자 입장에서는 여성정체성에 부응하는 다양한 여성친화적인 공약이나 정책이슈의 마련을 통한 여성의 참여를 확대할 수 있는 방안을 마련하는 것이 필요하다. 특히 공동체 이익지향성이 강하다는 특징은 여성의 정치사회화와 조직, 동원의 좋은 동인이 될 것이다.

연구를 마치기에 앞서, 논문의 한계와 후속연구의 필요성을 지적하고자 한다. 첫째, 여성의 정치의식이 다양화되고 참여형태 역시 복합적인데 비해 이 연구에서는 다른 많은 변인을 포함하지 못하는 한계가 있다. 둘째, 분석결과에 대한 회귀방정식의 설명력을 나타내주는 결정계수(R^2)가 너무 낮다. 물론 회귀방정식은 일관된 방향성이 있지만, 결정계수가 높지 않다는 것과 다양한 변인을 고려하지 못한 것은 본 연구가 보완할 과제라고 할 수 있다. 셋째, 여성의 공동체 지향성을 좀 더 엄밀히 파악하기 위해서는 앞서 지적대로 공동체 또는 네트워크, 결사체의 유형에 관한 후속 연구가 필요할 것이다.

참고문헌

1. 국내 문헌

경제희. 2013. “18대 대선과 유권자의 후보 선택”. 『선거연구』 3권 1호.

김명숙. 2015. “지방정치에서의 여성참여 현황과 확대방안 –지방선거 참여를 중심으로–”. 『대한정치학회보』 23권 2호, 77–108.

김민정. 2014. “한국 여성의 정치적 대표성 확대를 위한 여성할당제의 효과”. 『페미니즘 연구』 14권 2호, 203–241.

김원홍·김혜영. 2012. 『제19대 총선과 남녀 유권자의 정치의식 및 투표행태에 관한 연구 – 여성후보 출마지역을 중심으로』. 서울: 한국여성정책연구원.

김은경. 2016. “여성의원의 의정활동, 양과 질의 문제”. 한국여성정책연구원 편. 『젠더리뷰』 2016년 봄호. 서울: 한국여성정책연구원.

박지영·조정래. 2016. “선거구제와 여성대표성: 기초의회 여성의원을 중심으로”. 『지방행정연구』 30권 3호, 205–238.

박찬욱. 2004. 『미국의 정치개혁과 민주주의』. 서울: 오름.

박희봉·이희창. 2006. “여성 사회자본 형성 특징과 결과 – 한·일·중 3국의 여성 사회자본”. 한국정책과학학회 학술대회 발표논문집. 125–152.

서현주·김경숙·송미영. 2010. “한·일 여성 정치네트워크 비교 고찰을 통한 정치참여 확대 방안에 관한 연구”. 『여성연구』 78권 1호, 201–227.

송경재. 2015. “사회적 자본과 여성의 정치참여”. 『한국정치연구』 24집 2호, 1–24.

______. 2014. “정보화 시대의 여성 정치참여: 행동하는 여성의 등장?”. 『국가전략』 20권 4호, 67–96.

______. 2010. “한국의 사회적 자본과 시민참여 2 : 사회적 자본과 시민참여 동학의 변화”, 『국가전략』 16권 4호, 125–150.

엄태석. 2006. "선거제도가 여성의 정치참여에 미치는 영향에 관한 연구 - 2006 지방선거를 중심으로." 『충북지방자치학회보』, 3집.

이동원·정갑영·채승병·박준·한준. 2010. 『제3의 자본』. 서울: 삼성경제연구소.

이소영. 2013. "2012 한국 여성 유권자의 정치적 정향과 투표행태". 『한국정치학회보』 47집 5호.

이우진. 2014. "성과 세대의 정치경제". 『재정학연구』 7권 1호, 1-40.

이정기. 2011. "온·오프라인 공간에서의 '저항적(대안적) 정치참여'에 관한 연구 - 미디어 이용량, 미디어 신뢰도, 정치신뢰도, 정치효능감이 저항적(대안적) 정치참여 경험과 의도에 미치는 영향을 중심으로". 『미디어, 젠더 & 문화』 18권, 73-109.

이하나. 2015. "동수법은 성평등 위한 강력하고 효과적 수단." 여성신문 http://www.womennews.co.kr/news/view.asp?num=86328(검색일: 2016년 9월 10일).

임원정규. 2008. "18대 총선평가와 여성의 정치세력화." 18대 총선평가와 지역운동의 방향모색 토론회 발표논문.

정용인. 2016. "한국여성의 지위 통계 23등과 115등, 뭐가 맞나". 『주간경향』 1180호.

최항섭·김희연·강현아·박찬웅·배영·배영자·윤민재·조현석. 2008. 『IT를 통한 사회적 자본 축적 방안 연구』. 과천: 정보통신정책연구원.

홍영란 외. 2007. 『사회적 자본 지표개발 및 측정에 관한 연구』. 서울: 한국교육개발원.

2. 국외 문헌

Almond, G. A. and Verba, S. 1965. *The Civic Culture*. Boston: Little Brown & Co.

Amy, Douglas J. 1993. *Real Choices New Voices*. New York: Columbia University Press.

Bourdieu, Pierre. 1986. "Forms of Capital" In J. Richardson, ed. *Handbook of Theory of Research for the Sociology of Education*. 241-258. Westport, C.T.: Greenwood Press.

Campbell, A., P. Converse, W. E. Miller, and D. E. Stokes. 1960. *The American*

Voter. New York: Wiley.

Coleman, James. 1990. *The Foundations of Social Theory*. Cambridge, Massachusetts: Harvard University Press.

Diamond, Larry. 1999. *Developing Democracy: Toward Consolidation*. Baltimore and London: The Johns Hopkins University Press.

Edwards, Bob, and Foley, Michael W. 2001. "Civic Society and Social Capital: A Primer" In Edwards, Bob, Foley, Michael, and Diani, Mario (ed.), *Beyond Tocqueville*. Hanover and London: Tufts University.

Fischer, Claude & Oliker, Stacey. 1983. "A Research Note on Friendship, Gender, and the Life Cycle." *Social Forces* 62: 124-132.

Fukuyama, Francis. 1999. *The Great Disruption*. New York: Free Press.

Hanson, Susan & Pratt, Geraldine. 1991. "Job Search and the Occupational Segregation of Women". *Annals of the Association of American Geographers* 81: 229-253.

Inglehart, Ronald and Norris, Pippa. 2003. *Rising Tide: Gender Equality and Cultural Change Worldwide*. Cambridge: Cambridge University Press.

Lazarsfeld, Paul. F., Berelson, Bernard, and Gaudet, Hazel. 1944. *The People's Choice; How the Voter Makes Up His Mind in a Presidential Campaign*. New York: Colombia University Press.

Lin, Nan. 2000. "Inequality in Social Capital". *Contemporary Sociology* 29(6): 785-795.

Lipset, Martin. 1960. Political Man: *The Social Bases of Politics*. New York: Doubleday.

Moore, Gwen. 1990. "Structural Determinant of Men's and Women's Personal Network". *American Sociological Review* 55(5): 726-735.

Newton, Kenneth. 1997. "Social Capital and Democracy". *American Behavioral Scientist* 40(5): 575-586.

Norris, Pippa. 2002. *Democratic Phoenix: Reinventing Political Activism*. Cambridge, UK: Cambridge University Press.

Putnam, Robert. 1993. *Making Democracy Work: Civic Traditions in Modern Italy.* Princeton: Princeton University Press.

__________. 2000. *Bowling Alone: The Collapse and Revival of American Community.* New York: Simon Schuster.

Skocpol, Theda. 2003. *Diminished Democracy: From Membership to Management in American Civic Life.* Oklahoma: University of Oklahoma Press.

Stolle, Dietlind and Rochon, Thomas R. 1998. "Are All Associations Alike?". *American Behavioral Scientist* 42(1): 47-65.

Tocqueville, Alexis. 2003. *Democracy in America.* Indianapolis: Hackett.

Uslaner, E. M. 1997. *Faith, Hope and Charity. Unpublished Manuscript.* College Park: University of Maryland.

Woolcock, M. & Narayan, D. 2000. "Social Capital: Implications for Development Theory, Research and Policy". *World Bank Research Observer* 15(2): 225-249.

Zucker, L. G. 1986. "Production of Trust: Institutional Sources of Economic Structure, 1840-1920". *Research in Organizational Behavior* 8: 53-111.

3. 웹사이트

세계일보. 2016년 6월 6일 http://www.segye.com/content/html/2016/06/06/20160606000937.html?OutUrl=naver(검색일: 2016년 6월 14일).

통계청 국가통계 포털 http://kosis.kr/(검색일: 2016년 6월 13일).

05

SNS 활용과 정치참여

: 한국 제20대 총선 분석[1]

박영득 · 연세대학교

이재묵 · 한국외국어대학교

서론

정치참여에 대한 고전적 접근에 따르면 유권자들이 정치에 자신의 목소리를 내는 행위는 필연적으로 일단의 비용을 수반한다(자원론적 접근으로는 Verba et al. 1972를, 합리적 선택 접근의 입장에서는 Riker and

1. 본 원고는 연구방법논총 제2권 1호에 게재된 논문을 축약 및 수정한 것이다.

Ordeshook 1968을 참조할 수 있다). 특히 선거를 중심으로 생각해보면 유권자들은 정당이나 후보자가 어떠한 공약을 내세우고 있는지를 알기 위해서 노력을 쏟아야 하고, 투표장으로 가기 위해 시간을 들여야 하며, 자신의 정치적 의견을 형성하고 그것이 타인에게 효과적으로 알려지도록 하기 위해서 일련의 행위들을 해야만 한다. 시위나 사회운동에 참여하는 비선거적 참여도 마찬가지로 인지적 자원이 요구된다는 사실은 동일하다. 요컨대 정보에 대한 접근과 의견의 전파에 대한 인지적, 물리적 제약들은 유권자들의 정보취득 비용을 증가시키며 결과적으로 행위의 비용 또한 동시에 증가시키는 것이다. 그러나 21세기를 살아가는 유권자들의 삶 속에서 가장 큰 변화라고 할 수 있는 정보통신기술(ICTs: Information Communication Technologies)의 발달은 이러한 정보관련 비용들을 현저히 감소시킴으로써 시민들의 정치참여에 필요한 제반 비용을 감소시킬 것이라는 전망을 가질 수 있게 했다.

소규모 지인들 간의 관계망을 형성하기 위해 시작된 소셜 네트워크 사이트(이하 SNS: Social Networking Sites)의 사용자가 급증함과 동시에 규모가 광범위해지면서 현대인의 삶에 한 부분으로 자리매김한 지금, 인터넷 연구 초기의 기대들은 시민들의 정치적 삶의 다양한 부분에 주목할 필요가 있다. 민주주의 국가에서 시민들이 정치에 참여하는 방법은 오직 투표만으로 국한되어 있지 않고 시위에 참여하는 등 집단적이고 더욱 강도 높은 행동 또한 가능하기 때문이다. 인터넷 매체가 일반적으로 정보비용의 감소를 통해 참여의 비용을 줄이고, 그에 따라 정치참여를 자극할 수 있다는 설명논리가 SNS의 활용이 정치참여에 미치는 영향을 논하면서도 동일하게 적용될 수 있는 것인지 이론적으로 숙고할 필요가 있다.

이에 본 연구는 한국의 20대 총선에서 SNS의 이용이 정치참여에 대해 어떠한 영향을 미쳤는지를 분석한다. 구체적으로 정치참여를 선거참여(electoral participation)와 비선거 참여(non-electoral participation)로 나누어 SNS가 두 정치참여의 유형에 대해 각각 다른 영향력을 미치는지를 살펴본다.

이론적 논의

1. SNS와 정치참여

매체가 개인의 정치적 행위에 어떠한 영향을 어떻게 미칠 것인지는 각 매체가 어떠한 구조를 가지고 있는지에 따라 매우 상이하다. 즉 동일한 내용의 콘텐츠도 어떠한 구조를 가진 매체에서 공유되고 소비되느냐에 따라 그 영향은 달라진다(McLuhan 1994). 예컨대 포털 사이트나 인터넷 뉴스 서비스 등 상대적으로 오래된 인터넷 매체와 SNS와 같은 상대적으로 최근의 인터넷 매체가 상이한 의사소통의 구조를 제공하고 있다면, 그 매체를 이용하는 행위의 정치적 효과 또한 동일하지는 않을 것이라고 기대할 수 있다.

SNS가 매체로서 가지는 특성 중에서 특히 여타 인터넷 매체와 구분되는 것은 개인을 기초단위로 하는 소통구조를 가지고 있다는 것이다. 이는 말 그대로 시민들이 스스로를 네트워크로 조직화할 수 있는 가능성을 제공한다. 인터넷 커뮤니티와 같은 경우에도 기초 단위는 개인이라고 할 수 있으나 이들은 인터넷상에서 익명화된 존재이지만 SNS에서 이루어지는 상호작용은 기존의 지인을 중심으로 확장된 네트워크 속에서 이루어지는데다 상당부분 개인의 프로필을 공개한 상태에서 이루어진다는 점에서 네트워크의 강도가 더욱 강하다. 요컨대 SNS 이용자는 정치정보를 더 손쉽게 취득하는 것뿐만 아니라 자신이 접한 어떤 의견이 구체적으로 누구의 의견인지, 그리고 그에 찬성 또는 반대하는 사람이 누구인지를 더욱 명확하게 알 수 있다. 그렇기 때문에 SNS 이용자들은 네트워크 안에 속해 있는 타인들과 그들의 의견을 더욱 긴밀하게 지각하게 되며, 이는 더 높은 수준의 상호 신뢰와 연대감을 형성하는 데 도움을 준다.

이러한 SNS의 매체적 특성은 특히 비제도적 정치참여, 달리 말하면 비선거적 정치참여에 대해 동원효과를 만들어낸다. 2011년 중동의 시민혁명은 SNS의 동시적인 의견교환과 그 광범위성에 의해 증폭될 수 있었고(조희정 2011), 유사한 맥락에서 케냐(Kenya)에서의 비제도적 정치참여를 원활하게 하는 데 도움을 주고 있다(Ndavula and Mberia 2012). SNS의 정치적 동원효과는 권위주의 국가나 부분적 민주주의 국가(partial democracies)뿐만 아니라 선진 민주주의 국가(advanced democracies)에서도 나타난다. 인터넷 매체 이용자들 중 SNS 이용자들의 정치참여를 비교하는 연구전략은 SNS의 동원효과를 더욱 뚜렷하게 드러낸다. 예를 들어, 미국 SNS의 사용자와 비사용자의 정치참여를 비교분석한 연구는 인터넷 사용자들 중 SNS 이용자 집단이 SNS를 이용하지 않는 집단보다 비선거적 정치참여, 즉 항의형 참여에 더욱 적극적으로 나서고 있다는 것을 경험적으로 보여주었다(송경재 2014). 또한 SNS 이용자들은 일반 인터넷 이용자들에 비해 정치정보를 더욱 적극적으로 습득하려 함과 동시에 온라인 정치 토론 참여, 제도적·비제도적 정치참여에 더욱 적극적으로 나선다는 사실 또한 제시되고 있다(송경재 2011).

2. 정치참여의 유형과 SNS

민주주의 국가에서 유권자가 정치과정에 영향을 미치는 가장 대표적이고 강력한 방법은 투표에 참여하는 것이다. 그러나 민주주의에서 시민들에게 허락된 정치적 권리는 단지 투표장만으로 국한되는 것이 아니다. 개별 시민들은 동료시민들을 설득하고 스스로를 조직화할 수 있다. 정부는 물론, 기업 등 비정부적 조직에 대해서도 각자의 불만족에 대해 항의한다. 요컨대 정치참여에 대한 고전적 연구들이 분류하듯 정치참여는 투표참여를 그 대표로 하는 선거 참여(electoral participation)와, 불매운동과 같이 사회운동에 참여하거나, 정부에 항의하는 시위에 참여할 수도 있고 정당이나 시민단체와 같은 조직에 가입함으로써 정치과정에 영향력을 미치는 비선거적 참여(non-electoral participation)로 나뉜다.

각각의 정치참여 유형에 대해 SNS는 어떠한 영향력을 가지고 있는지 이론적으로 생각해볼 필요가 있다. 왜냐하면 투표참여와 비선거적 참여는 단지 '무엇을' 하는지만 다른 것이 아니라 '어떻게' 하느냐도 다르기 때문이다. 투표참여의 경우 어디까지나 개인적인 행위이다. 다시 말해 개인이 투표하기 위해 반드시 여러 사람들을 조직해야 할 이유는 없다. 반면 비선거적 참여, 예컨대 시위나 사회운동의 경우 집단적인 행위로, 함께 참여할 사람들을 필요로 한다. 또한 투표참여는 비선거적 참여에 비하여 훨씬 규범성이 강하다. 민주주의 사회에서 선거의 중요성은 모든 구성원들에게 충분히 주지되어 있으며, 투표에 참여하는 것이 바람직하다는 인식은 널리 공유되고 있다. 마지막으로 비선거적 참여는 투표에 비해 훨씬 높은 비용을 필요로 하는 행위이다. 예컨대 시위 등은 투표에 비해 훨씬 더 많은 시간을 할애해야 하며, 시위 현장에서 예견치 못한 일이 발생할 수도 있다는 것 또한 감수해야 한다.

인터넷이나 SNS와 같은 뉴미디어의 활용이 정치참여에 영향을 미칠 것이라는 이론적 기대는 서론에서 언급한 것처럼 뉴미디어가 전통적 대중매체에 비해 훨씬 저렴한 정보비용으로 공공문제에 관한 정보에 접근 가능하게 해준다는 점에 기반하고 있다. 그러나 보통의 인터넷 매체가 정보에 대한 접근 및 유통에서 그 특징을 가지고 있다면 SNS는 관계적인 매체라는 특징을 갖는다는 점에서 다른 인터넷 매체들과 구분될 수 있다. 즉 SNS는 다른 인터넷 매체와 마찬가지로 정보의 공유와 확산이 가능함과 동시에, 사회적 관계를 지향하는 목적으로 이용되고 있다는 점은 특징적이다. 또한 일반적인 인터넷 매체가 비대면 관계에 있는 사람들을 중심으로 약한 연대를 형성한다면 SNS는 대면관계가 형성된 사람들 사이에서의 강한 연대를 형성할 수 있다.

SNS의 매체로서의 속성은 특히 비선거 정치참여 행위를 자극하는 데 크게 기여할 수 있다. 이러한 가능성은 2011년 중동지역에서 나타난 중동 시민혁명에서 확인되었다(조희정 2011).[2] SNS를 통해 시민들은 자신들의 지인이 사회적 문제에 대해 어떠한 생각을 가지고 있는지를 서로 확인할 수 있고 의견을 교환할 수 있다. 이러한 요소는 전통적 대중매체는 물론, 온라인 커뮤니티, 포털사이트 등 여타 인터넷 매체와 구분되는 특성이다. SNS를 제외한 여타 인터넷 매체도 시민들 간 관계망을 형성하고 정보를 공유하며, 의견을 교환하는 장이 되기는 하지만 개별 사용자들 간의 관계의 긴밀도는 SNS가 훨씬 강하다. 개인으로서 행하는 투표와 달리 집단적으로 참여하는 시위와 같은 정치참여에서 보다 긴밀한 관계에 있는 동료 시민의 메시지의 동원효과는 더욱 두드러질 수 있다는 것이다.

송경재, 임정빈, 장우영이 강조하는 SNS에서의 커뮤니케이션의 몇 가지 특징 중 가장 눈여겨볼 만한 특징은 SNS는 정보의 수용자가 자발적으로 참여하는 개방적 커뮤니케이션이 이루어지는 공간이라는 것이다. 이들은 SNS가 개인 기반의 사회적 연결망을 제공하기 때문에 자발성이 더욱 뚜렷하게 나타난다고 본다. 또한 SNS에서 정보의 유통을 담당하는 것이 개별 이용자들이라는 사실에 주목할 필요가 있다(송경재 외 2016, 157). 즉 시민들 간 자발적인 조직화와 의제의 확산, 동의 등을 필요로 하는 비선거 정치참여는 SNS 상에서 이루어지는 커뮤니케이션의 특성이 정치에 가져다주는 효과에 의해 활성화될 수 있다. 예컨대 시위에 참여하려

2. 조희정(2011)은 SNS가 중동 시민혁명을 가능케 한 '조건'은 아니지만 혁명을 '가속화'할 수 있는 매개체로서의 역할을 했다고 분석했다. 이에 따르면 SNS가 사회변동에 직접적인 효과를 가지는 것은 아니지만 시민들의 사회적 관계망이 형성·확장되고 여론을 형성하는 매개적 효과를 수행했다고 볼 수 있다.

는 동기를 가지고 있다 하더라도 그러한 동기를 실행으로 옮기기 위해 함께 참여할 동료 시민을 찾고, 자신과 같이 참여하고자 하는 동료 시민들이 자신의 주변에도 있다는 것을 SNS를 통해 지속적으로 확인함으로써 시위 참가에 관여되는 여러 심리적 장벽들을 제거할 수 있다는 것이다.

집합자료를 사용한 국가 간 비교연구에 따르면 인터넷 매체의 이용이 투표참여에는 유의미한 영향력을 미치지 않지만, 비선거적 참여(보이콧 운동 등)에는 유의미한 영향력을 표출하고 있다는 것을 보여준 바 있다(정재관 2013). 정재관에 따르면 인터넷 매체 활용이 비선거적 참여에 직접적인 영향력은 표출하고 있지 않지만, 인터넷 이용과 사회자본(social capital)의 형성과는 긴밀하게 연결되어 있으며 이러한 영향력이 간접적으로 비선거적 참여로 이어지고 있다(정재관 2013 155).

SNS가 가지는 매체로서의 특징, 즉 SNS 상에서의 커뮤니케이션의 자발성과 관계성은 시민들을 비선거적인 정치적 행동에 더욱 쉽게 참여할 수 있도록 돕는다. 공공정보를 얻는 도구로서 SNS를 많이 활용함으로서 정치정보를 자신의 지인들이 자발적으로 공유하는 정보와 그들의 의견을 통해 접할 수 있다는 것을 의미하기 때문이다. 그러나 투표참여의 경우 SNS가 특별히 기여할 수 있는 부분은 크지 않다. 다시 말해 시민들이 광범위하게 자발적 조직화를 이루고 연대감을 형성하며, 그로 인해 운동에 참여하는 것은 SNS를 통해서 '약간의 도움'을 받는 정도가 아니라 그로 인해 '가능한' 정도의 기여를 보일 것으로 기대할 수 있겠으나, SNS가 투표참여의 비용을 현저하게 감소시킨다든지 아니면 효용을 매우 크게 한다는 이론적 기대를 하기는 어렵다. 왜냐하면 투표소에 가서 한 표를 행사하는 행위에 수반하는 여러 과정은 시위, 사회운동 등에 비해 현저히 개인적인 행위이기 때문이다.

SNS 이용의 정치참여에 대한 효과

SNS 이용빈도와 정치참여의 관계를 살펴보기 위해 일련의 통제변수를 포함하여 로지스틱 회귀분석을 시행하였다. 우선 〈표 2-11〉은 투표참여를 종속변인으로 한 로지스틱 회귀분석의 결과이다. 통제변인들을 먼저 살펴보면 연령이 높을수록, 소득이 높을수록 투표하는 경향이 높다. 교육수준이 높은 유권자는 상대적으로 투표할 확률이 낮은 반면, 정치지식은 통계적으로 매우 견고한 긍정적 영향력을 표출하고 있다. 정당일체감을 가진 유권자는 어떠한 정당에 대해 정당일체감을 갖든지 무당파 유권자에 비해 투표참여에 더욱 활발하다는 점을 우선 확인할 수 있다. 정당과 이웃의 동원효과는 나타나지 않았으며 정당 간 정책차이에 대한 인식과 투표 의무감은 투표참여를 자극하는 요인임이 확인되었다. 로지스틱 회귀분석 결과 SNS 이용빈도는 투표참여에 유의미한 영향력을 보이고 있지 않으며 계수의 크기 또한 매우 작다는 사실이 관측되고 있다.[3] 통제변인에 대한 분석을 통해 생각해보면, 〈표 2-11〉에서 확인했던 SNS와 투표참

3. 본 연구와는 구체적인 조작정의나 분석전략이 상이하기는 하지만 정재관(2013)의 최근 연구에서도 이러한 경향이 발견된 바 있다. 정재관은 집합데이터를 통한 국가 간 비교연구를 통해 인터넷 이용과 투표참여 간에는 유의미한 영향력이 발견되지 않는다는 것을 보고하였다.

표 2-11. 투표참여의 결정요인

구분		종속변인: 투표참여	
		(1)	(2)
연령		0.399*** (0.084)	0.396*** (0.079)
성별		−0.208 (0.183)	−0.207 (0.183)
소득		0.162* (0.069)	0.163* (0.070)
교육수준		−0.254† (0.143)	−0.252† (0.145)
이념		0.011 (0.049)	0.010 (0.049)
정치지식		1.374*** (0.367)	1.377*** (0.369)
지역	호남	0.705* (0.276)	0.702* (0.277)
	TK	0.102 (0.272)	0.101 (0.272)
	PK	0.040 (0.246)	0.043 (0.247)
정당일체감	새누리당	0.920*** (0.268)	0.921*** (0.268)
	더불어민주당	1.038*** (0.261)	1.041*** (0.261)
	국민의당	0.992** (0.362)	0.989** (0.362)
정당 접촉		0.165 (0.213)	0.165 (0.213)
이웃 접촉		0.420 (0.280)	0.420 (0.280)
정책차이 인식		0.247† (0.136)	0.247† (0.136)
투표 의무감		0.622*** (0.090)	0.622*** (0.090)
SNS 이용빈도		0.008 (0.077)	
공공정보 매체이용(총합)			−0.019 (0.421)
상수항		−2.656*** (0.684)	−2.629*** (0.664)
N		1,082	1,082
Pseudo R-Squared		0.223	0.223
Log Likelihood		−423.542	−423.547

*† $p<0.1$, *$p<0.05$, **$p<0.01$, ***$p<0.001$

여 간의 부정적 관계는 연령변수 등 주요 통제변수들이 누락됨에 의해 나타난 허위적 관계였을 가능성이 매우 높다고 할 수 있다.

왜 SNS 이용빈도는 투표참여에 영향을 미치지 못했는가? 간단한 분석을 통해 살펴보면 우선 SNS의 이용이 정치에 대한 정보를 제공하고, 정치지식을 증가시켜 유권자의 인지적 자원을 강화한다는 이론적 기대는 사실이 아니라는 것을 알 수 있다. 표준화된 정치지식 변수와 SNS 이용빈도의 상관관계 분석 결과를 보면 피어슨 상관계수는 −0.021(p−value=0.474)로 통계적으로 유의미한 관계를 찾아볼 수 없었다. 또, 동료 시민들과 사회적 관계망을 형성함으로서 투표참여에 대한 의무감을 느낄 수 있다는 이론적 기대 또한 충족되는 것으로 보이지 않는다. 투표의무감과 SNS 이용빈도의 상관관계는 −0.068(p−value=0.0175)로, 통계적으로 유의미한 관계이기는 하나 의무감을 오히려 낮추는 것으로 나타난다.

그렇다면 공공정보를 얻기 위해 매체를 활용한다는 것은 투표참여에서 어떤 의미인가? 즉, 단지 SNS 활용이 의미 있는 영향력을 미치지 않는 것이라고 결론짓기보다는 과연 정보취득 행위 자체가 투표참여에 어떠한 의미인지를 확인해보기 위해 모든 매체(종이신문, TV, 인터넷, SNS)의 활용빈도를 합하여 매체를 막론하고 공공정보 취득을 위해 매체를 이용하는 정도를 측정하여 모형에 투입했다. 이 변수는 SNS 활용빈도의 대체변수로서 투입하였는데, 여기에서도 유의미한 관계는 발견되지 않았다. 이를 통해 보면 과연 정보취득을 위해 매체를 활발히 이용한다는 것이 과연 투표참여에 실질적인 의미를 가지고 있는 행위인지를 근본적으로 고찰해야 할 필요성이 있다고 할 수 있다.

물론 이러한 해석을 강하게 뒷받침할 수는 없다. 즉 현재 단계에서의 통

표 2-12. 비선거 참여의 결정요인

구분		종속변인: 비선거 참여			
		(1) 사회운동 참여	(2) 시위 참여	(3) 정당, 단체 가입	(4) 비선거적 참여
연령		−0.146 (0.106)	−0.111 (0.137)	−0.112 (0.171)	−0.109 (0.092)
성별		−0.292 (0.226)	0.310 (0.307)	0.421 (0.391)	−0.153 (0.198)
소득		−0.119 (0.084)	−0.398*** (0.112)	−0.340* (0.138)	−0.149* (0.073)
교육수준		0.530** (0.176)	0.695** (0.230)	0.178 (0.284)	0.380 (0.152)
이념		0.017 (0.059)	0.047 (0.075)	−0.073 (0.092)	0.029 (0.051)
정치지식		1.938*** (0.529)	0.182 (0.658)	0.267 (0.842)	1.271** (0.446)
지역	호남	−0.399 (0.305)	−0.012 (0.363)	−0.298 (0.480)	0.083 (0.248)
	TK	−0.969* (0.395)	−1.381* (0.624)	−0.203 (0.523)	−0.548 (0.313)
	PK	−1.035** (0.373)	−1.072* (0.499)	−2.176* (1.033)	−0.950** (0.328)
정당 일체감	새누리당	−0.006 (0.320)	0.501 (0.448)	0.826 (0.562)	−0.056 (0.283)
	더불어민주당	−0.123 (0.296)	1.078** (0.361)	1.101* (0.483)	0.146 (0.250)
	국민의당	0.040 (0.373)	0.571 (0.491)	1.180* (0.572)	0.036 (0.335)
SNS 이용빈도		0.103 (0.094)	0.238* (0.123)	0.135 (0.159)	0.194* (0.083)
상수항		−3.914*** (0.776)	−4.004*** (0.982)	−2.950 (1.196)	−3.188*** (0.663)
N		1,089	1,089	1,089	1,089
Pseudo R-Squared		0.076	0.109	0.088	0.058
Log Likelihood		−308.777	−196.606	−137.983	−384.635

* † $p<0.1$, * $p<0.05$, ** $p<0.01$, *** $p<0.001$

계분석은 물론 이론적 고려 또한 지나치게 단조롭기 때문에 무리가 따르는 것은 사실이다. 그러나 SNS의 활용이 투표참여에 긍정적 영향을 미치리라 기대했던 이론적 기대를 그대로 유지하기에는 많은 의구심을 가지지 않을 수 없는 것 또한 사실이다. 이 문제를 규명하기 위해서는 정치참여에 관여되는 여러 인자들과 SNS 이용 간의 이론적, 경험적 관계를 새로운 시각에서 살펴볼 필요성이 제기될 것이다.

그렇다고 해서 SNS 이용이 정치참여에 어떠한 영향력도 없는 것은 아니다. 〈표 2-12〉의 모형 (2)를 보면, 시위참여에는 유의미한 영향력을 표출하고 있다. 지난 2008년 미국산 쇠고기 수입반대 시위부터 박근혜 정부 국정농단 사태에 이은 시민들의 저항이 SNS를 통해 관련 정보가 확산되고, 시민들의 참여가 독려되고 있다는 점을 생각해보면 SNS는 비선거적 참여에서 매우 중요한 동원기능을 수행하고 있다고 할 수 있다. 다른 비선거적 참여에 대해서는 유의미한 효과가 표출되지 않았지만 기준을 조금 완화하여 분석한 모형 (4), 즉 사회운동 참여, 시위 참여, 정당 단체 가입 중 하나라도 참여해본 경험이 있는지의 여부를 분석한 결과에서도 SNS 이용빈도의 영향력은 유의미하고 긍정적으로 나타나고 있다.

〈그림 2-1〉은 SNS 이용빈도에 따라서 비선거적 정치참여를 할 확률을 계산하여 보여주고 있다. 이 그림은 다른 변인들을 평균에 고정시킨 상태에서 SNS 이용빈도 변인의 예측확률을 계산하여 그린 것이다. 이 그림을 통해 보면 다른 모든 변인들이 평균이라고 가정할 때, SNS 이용빈도가 높아질수록 비선거적 참여를 할 확률이 점차 높아지고 있다.

여기까지의 분석결과는 SNS의 이용이 시민들의 정치적 행동에 어떠

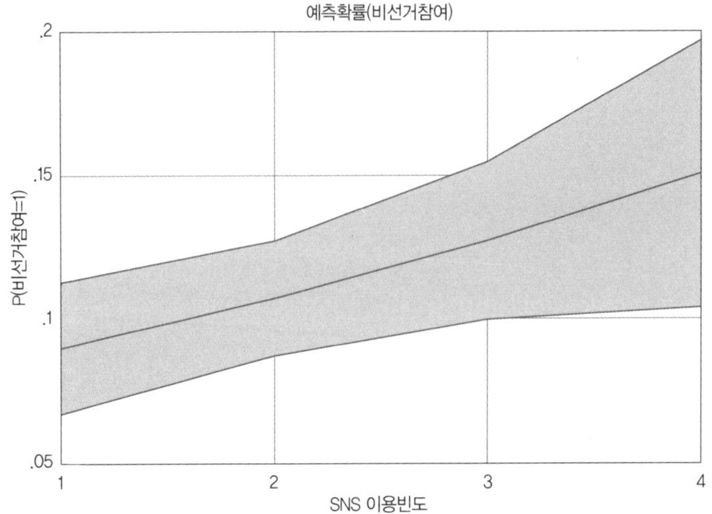

그림 2-1. 비선거 참여 예측확률

*실선은 예측확률(predicted probability)을 나타내며, 음영은 95% 신뢰구간임.

한 영향을 미치는지에 대해 다양하게 생각해볼 문제를 던져준다. 첫째로 SNS의 이용이 이론적 기대와는 달리 투표참여에 영향을 미치지 못하는 것에 대한 이론적, 경험적 해명이 필요하다. 단지 SNS가 투표참여에 영향을 미치지 못했다는 것에서 이해를 마치기보다 그동안 믿어왔던 소셜네트워크의 정치적 효과에 대해 재숙고해야 할 필요성이 있다는 것이다. 사실 SNS를 공공정보를 획득하기 위한 창으로도 사용하는 것이 사실이지만 기본적으로는 사적교류의 목적이 주가 되고 있는 것 또한 사실이다. SNS의 이용목적이나 이용행태가 공적인 부분보다 사적인 부분에 더욱 집중되어 있다는 현실을 고려했을 때 SNS의 정치적 효과를 지나치게 과장하여 생각한 것은 아닐지 고민해볼 필요가 있다. 또한 직접적 효과를 보이지 않는다 하더라도 간접적 효과 내지는 상호작용 효과를 통해 시민들의 투표참여에 영향을 미치고 있지는 않은지에 대한 이론적 고찰 또한 요구된다. 둘째로, SNS의 이용이 투표참여에는 영향이 없지만 시위참여에는 유의미한 영향을 나타내고 있다. 다시 말해 SNS는 선거적 참여보다는 비선거적 참여를 동원해내는 역할을 수행하고 있다는 것이다. 투표라는 행위는 기본적으로 개인이 홀로 하는 행위이지만, 시위의 경우 많은 사람들이 동시에 같은 공간에서 모이는 행위이다. 그렇게 보면 SNS가 제공하는 사회적 연결망, 사회자본 등은 시위에 참여하려는 동기를 실제 행위로 이끌어낼 수 있는 동력을 가지고 있다고 볼 수 있을 것이다.

결론

본 연구는 한국 제20대 총선에서 SNS의 정치적 동원효과가 다양한 정치참여 행위에 대해 각각 어떻게 나타났는지를 살펴보았다. 개인의 자발성이 강조되고 개인간 관계성이 두드러지기 때문에 SNS는 특히 비선거적 정치참여에 유의미한 영향력을 미칠 수 있으리라고 기대했다. 20대 총선 직후 진행된 설문조사 자료를 분석한 결과 SNS의 이용은 비선거적 정치참여를 자극하는 효과를 유의미하게 표출하고 있었다. 그러나 투표참여에는 통계적으로 유의미한 영향력을 미치지 못했으며, 이는 비단 SNS의 이용뿐만 아니라 정치정보를 획득하기 위해 매체를 활용하는 것은 투표참여와는 별반 관계가 없다는 것이다. 그러나 매체를 불문하고 정보취득이 많을수록 비선거적 참여의 가능성은 높아지고 있었다.

이러한 분석을 통해 보면 본 연구가 갖는 함의는 크게 두 가지로 정리해 볼 수 있다. 첫째로, 정보취득 행위가 투표참여에 유의미한 기여를 할 것이라는 기대에 대한 이론적인 재고가 필요하다는 것이다. 합리적 투표에서 상정하는 도구적 투표(instrumental voting)라고 상정하면 사실 정보취득 행위 자체가 투표참여의 산술에 영향을 미칠만한 요소는 크지 않아 보인다. 이론적으로 생각해보면 투표참여는 기본적으로 매우 적은 비용이 필요한 행위이고 그 비용 중 정보취득이 차지하는 비중이 거의 없을지도 모른다. 둘째로, 자신이 구축한 관계망 속에서 타인의 의견을 접하고 지속적으로 정치적인 의견을 교환하는 SNS 의사소통의 구조는 비선거 참여에는 유의미한 영향력을 보이고 있었다. 요컨대 SNS의 정치적 동원효과는 '어떠한 행위로 동원해내느냐'에 따라서 달리 나타나는 것이다. SNS를 활용할수록 정보획득량이 증가하여 이것이 단순히 참여를 증진시킬 것이라 해석하는 것은 지나치게 단편적인 분석일 것이다. 개별 매체들이 갖추고 있는 커뮤니케이션의 구조를 파악하고 그러한 구조가 시민들의 다양한 정치적 행위와 어떻게 연결될 수 있는지를 논의해야 현재까지 존재해왔던 다양한 매체들은 물론, 미래에 새로 등장하게 될 매체들에 대한 분석이 이론적, 경험적으로 견고한 분석이 될 것이다.

참고문헌

1. 국내 문헌

박근영. 2014. "뉴미디어의 소비가 선거에서 지지후보 변경에 미치는 영향: 2014년 서울시장 선거의 예." 『사회과학연구』 31(1), 29–55.

송경재. 2011. "소셜 네트워크 세대의 정치참여." 『한국과 국제정치』 27(2), 57–88.

송경재, 임정빈, 장우영. 2016. "SNS는 정치를 어떻게 변화시키는가?: 정치정보 신뢰, 지지의 전환 및 참여 효능감을 중심으로." 『한국콘텐츠학회논문지』 16(7), 154–167.

정재관. 2013. "정보통신기술 혁명은 위기의 대의민주주의를 구할 것인가?: 인터넷 이용의 정치참여 효과에 대한 국제비교." 『국제관계연구』 18(2), 137–164.

조성대. 2006. "투표참여와 기권의 정치학: 합리적 선택이론의 수리모형과 17대 총선." 『한국정치학회보』 40(2), 51–74.

조희정. 2011. "2011년 중동의 시민혁명과 SNS의 정치적 매개역할." 『한국정치연구』 20(2), 309–338.

2. 국외 문헌

Campbell, A., Converse, P. E., Miller, W. E., & Stokes, D. E. 1960. *The American Voter*. New York: John Wiley&Sons.

McLuhan, Marshall. 1994. *Understanding Media: The Extension of Man*. Cambridge: MIT Press.

Ndavula, John and Hellen Mberia. 2012. "Social Networking Sites in Kenya: Trigger for Non-Institutionalized Democratic Participation." *International Journal of Business and Social Science* 3(13): 300-306.

Verba, Sidney and Norman Nie. 1972. Participation in America: Political Democracy and Social Equality. New York: Harper&Row.

Riker, William and Peter Ordeshook. 1968. "A Theory of the Calculus of Voting." American Political Science Review 62(1): 25-42.

Rosenstone, S. J. & Hansen J. M. 1993. *Mobilization, Participation, and Democracy in America*. New York: Macmillian.

제3부

감정과 정치참여

06

감정과 정치참여[1]

민희 · 경희대학교

윤성이 · 경희대학교

서론

그간 정치참여에 관한 연구는 정치참여를 추동하는 변인을 찾는 작업에 집중해 왔다. 이를 위해 자원모델(Basic Resource Model, BRM)(Wolfinger & Rosenstone 1980)과 시민자발성모델(Civic Voluntarism Model, CVM)(Verba, Schlozman & Brady 1995)이 정치참여 연구의 주

1. 이 글은 한국정치학회보 50집 1호에 게재된 논문을 일부 수정·보완한 것이다.

요 분석틀로 활용되었다. 자원모델은 교육, 소득, 나이 등과 같은 사회경제적 요인에 주목하였다. 교육수준과 소득수준이 높은 사람일수록 더 적극적으로 정치에 참여한다는 것이 일반적인 연구결과이다(Wolfinger & Rosenstone 1980). 한편, 시민자발성모델은 자원모델의 이론적 취약성을 지적하면서 자원(resource), 관여(engagement), 동원의 네트워크(networks of recruitment) 등을 정치참여의 주요 변수로 다루었다(Verba, Schlozman & Brady 1995, 15-16). 자원은 참여자의 물적 기반을 말한다. 예컨대, 정치에 참여할 시간이 없거나 정치후원금 기부가 부담스러운 경우, 사람들은 정치참여에 소극적이게 된다. 관여는 정치관심도, 정치지식, 정치효능감과 같은 참여자의 인지적·심리적 요인이다. 정치에 관심이 없거나, 정치지식 수준이 낮거나, 정치참여 행위가 어떠한 변화도 초래하지 않을 것이라는 신념이 강하면 사람들은 정치에 참여하지 않는다는 것이다. 정치참여를 권유하는 사람이 주변에 없을 경우 참여하지 않을 가능성이 높다. 즉, 동원의 네트워크로부터 단절되어 있는 경우 정치참여를 실행하기는 쉽지 않다는 것이다.

자원모델과 시민자발성모델은 정치참여의 원인을 규명하고 참여 방식을 분석하는 도구로서 매우 유용하게 활용되었다(Valentino et al. 2011). 그럼에도 불구하고 나이, 교육수준, 정치관심도, 정치효능감, 정당일체감 등과 같은 물적·인지적 자원(material or cognitive resources) 등의 변수만 가지고 다양한 국면에서 나타나는 정치참여 행태를 정확하게 설명하기에는 한계가 있다. 선거 연구를 살펴보면 기존 모델로 설명할 수 없는 유권자의 투표행태가 자주 나타난다. 정치참여 자원들이 안정적이고 장기적인 속성을 띠고 있음에도 불구하고 선거 때마다 그 효과가 일정하게 나타나지는 않는다. 선거 국면에서 대부분의 자원들은 상수로 작용하지만 유권자들은 이를 오직 특정 시기에만 활용하기 때문이다(Valentino et al. 2011, 168). 이러한 이유로 기존 이론으로 설명할 수 없는 정치참여 행태가 자주 발생한다. 관례적으로 비당파층으로 분류되었던 유권자들이 선거에 개입한다거나(박원호·송정민 2012), 이와 반대로 정당일체감이 강한 유권자가 특정 선거에서 투표 이탈을 감행하는 현상이 자주 관찰된다(박원호·신화용 2014). 교육과 소득수준이 높은 유권자가 상황에 따라서는 소극적인 정치참여의 모습을 보인다거나, 매번 저조한 선거참여율을 기록했던 젊은 세대가 특정 국면에서는 길거리 시위를 역동적으로 이끌어가는 주체가 되는 사례 또한 이를 뒷받침한다.

실제 시민들의 정치참여는 사회경제적 지위 및 정치적 자원 외에도 다양한 요인에 의해 영향을 받는다. 그중에서도 본 연구는 감정이 정치참여에 미치는 영향에 주목한다. 즉, '정치'라는 영역 안에서 나타나는 '감정'의 역할을 새롭게 규명하는 것이 본 연구의 목적이다. 감정에 주목하는 이유는 다음 두 가지 측면에서 비롯된다. 첫째, 최근 정치영역에서 나타나고 있는 유희적 참여(playful participation) 혹은 문화적 참여와 같은 새로운 정치참여 양상을 설명할 수 있는 요인들에 대한 탐색과 숙고가 필요하기 때문이다. 탈근대(post modern)의 도래는 서로 다른 사회적 영역들 간의 장벽을 낮추고 있다. 그 가운데 정치와 사적 생활영역과의 상호작용은 더욱 직접적이고 심화되고 있다(Richards 2004). 정치가 문화와 혼합되는 양상을 보이면서 문화적 경험이 정치적 관여와 판단의 영역에 개입하는 현상이 점차 잦아지고 있다(Schudson 2001). 따라서 정치참여를 이끄는 주요한 요인 가운데 하나로 문화적 경험이라는 변수에 주목할 필요가 있다. 문화는 본질적으로 느낌(feeling)에 관한 것이다. 동시에 감정의 표현과 관리(expression and management of emotion)의 속성을 띠는 것이기도 하다(Richards 1994; Elias & Dunning 1986; Richards 2004, 340 재인용). 여기서 감정은 정서적인 현상(affective phenomena)의 일종으로 기분(mood)이나 좋고 싫음 등의 표현이다. 뿐만 아니라 어떤 대상으로부터 야기된 확인 가능한 자극에 대한 정신적·물리적 반응으로, 삶 속에서 우리가 느끼는 분노(anger), 불안(anxiety), 두려움(fear), 희망(hope), 긍지(pride) 등이 이에 속한다(Miller 2011, 577). 이러한 인식을 바탕으로 가정해 볼 수 있는 것은 개인들이 특정한 정치현실에 대해 반응할 때 감정의 영역으로부터 영향을 받는다는 사실이다. 따라서 시민이 느끼는 감정은 정치참여와 자발적인 동원의 중요한 자원으로서의 역할을 수행할 수 있다(이기형·이영주 2012).

둘째, 그동안 정치영역에서 감정은 오히려 합리적인 담론을 방해하는 요인으로 간주되어 왔다(김경미 2007). 이러한 인식으로 인해 기존 논의는 주로 정치이념, 정치인식, 투표행위 등과 같은 시민의 인지적이고 행동적인 반응에 주목하였고 감정 혹은 정서와 같은 감성적 차원에는 소홀했다(이준웅 2007, 112). 카스텔(Castells)은 개인이 정치적 선택을 하는 과정에 있어 정서적 여건(느낌)과 인지적 여건(지식) 사이에서 발생하는 갈등을 겪게 되고 그 속에서 정치적 결정을 내린다고 설명한다. 개인이 최선의 선택지를 고르는 과정에서 감정 요인의 역할이 명백히 존재한다는 것이다(카스텔 2013, 243). 한국정치에 있어서 감정은 주로 지역주의에 기반한 감정적 차원의 연구(이내영 2011)나 정당일체감의 구성요인으로서 정당에 대한 정서적 호감도 차원의 연구(장승진 2012; 박원호 2013), 선거국면에서 정치후보자에 대해 느끼는 긍정 혹은 부정적 감정 연구(김장수 2005; 이준웅 2007; 유성진 2009; 김연숙 2014a, 2014b)가 대부분이었다. 감정과 정치참여 간의 관계를 다루어도 선거관련 참여활동에 국한되어 있었다(이강형 2006; 2013).

이에 본 연구는 감정에 대한 기존 연구의 한계를 극복하고 동시에 다양한 국면에서 나타나는 정치적 행위의 발생과정을 살펴보기 위해 감정과 정치참여 간의 관계를 분석하고자 한다. 이러한 맥락에서 본 연구는 선거시기가 아닌 일상의 시기에서 시민이 정치에 대해 느끼는 부정감정이 정치참여에 어떠한 영향을 미치는지 살펴보고자 한다. 이를 위해 첫째, 감정이 다양한 정치참여 유형에 미치는 영향력을 분석한다. 본 연구는 정치참여 예측 모형을 [인지 모형], [감정 모형], [인지×감정 모형]으로 구분하고, 부정감정이 정치참여에 미치는 영향과 부정감정의 조절효과를 분석할 것이다. 다음으로 개별 감정이 정치참여에 미치는 차별적 효과를 분석한다. 이 부분은 부정감정을 구성하고 있는 분노(anger)와 불안(anxiety)이 인지변수와 결합하면서 정치참여에 다른 영향을 미치는 조절효과를 통해 살펴보고자 한다.

이론적 논의

1. 정치영역에서의 감정

그동안 감정은 정치학 분야의 주요한 관심 대상이 아니었다. 감정은 시민의 이성적이고 합리적인 정치적 선택을 방해하는 요인으로, 언제나 민주적 시민상의 대척점에 위치해 있었다. 감정은 낮은 정치적 성숙도(political sophistication) 수준을 보여주는 척도 중 하나였고(Miller 2011), 그렇기 때문에 사적 감정을 표출하는 개인들의 집합체는 공중이기보다는 군중이나 우군으로 분류되기 일쑤였다(이준웅 외 2011).

오랫동안 학계에서는 정서적 반응(affective reaction)을 인지적 과정[2]과 대립하는 개념으로 다뤄왔다. 인지(cognition)는 사유(thinking)와 동일시되었고, 감정 혹은 정서(affect)는 느낌(feeling)과 같은 맥락으로 이해되었다(Elster 1999; Marcus 2000, 224). 이에 인지는 숙의적인 사고와 합리적 타협에 기여하는 반면, 감정은 부정적이거나 파괴적인 결과를 가져오는 요인으로 간주되었다. 감정은 비합리성과 동일시되었고 공공 문제 혹은 정치참여 영역에서 배제되어야 할 요소였던 것이다.

그럼에도 불구하고 최근 논의들 중에서는 감정의 역할을 새롭게 이해하고자 하는 시도들이 증가하고 있다. 이들은 감정과 인지 과정의 상호작용

2. 인지적 과정은 어떤 대상의 지각적 특징을 일반화하는 것으로서, 보통 정보처리(information processing)(Lazarus 1984) 혹은 사유(thinking)(Ottai & Wyer 1993)와 동의어로 간주된다(Marcus 2000, 224).

에 주목하는데, 무엇보다 감정이 세상에 대한 주관적 평가에서부터 기인한다고 본다(Miller 2011). 즉, 감정의 표출은 어떤 대상에 대한 인지적 평가의 산물인 것이다(Lazarus 1991; 이강형 2002; 이준웅 2007; 이준웅 외 2011). 예컨대, 숲 속에서 만난 '곰'에 대한 두려움은 무조건적인 반응이 아니라 '곰'이라는 실체에 대한 지각과 동시에 '자신의 안전을 위협할 수 있다'는 인지행위를 거쳐 형성된다는 것이다(Arnold 1960; 이강형 2002, 81 재인용). 이를 정치영역에 빗대어 보면, 특정 정치인에 대한 분노, 희망, 긍지의 감정은 그의 정치 이념에서부터 기존 정치체제와 정치 과정에 대한 평가, 이슈 근접성 등과 같은 인지평가 요소를 기반으로 한다(이준웅 2007).

이러한 과정에 대한 이론적 접근으로 감정지성이론(Affective Intelligence; AI)을 제시할 수 있다. 감정지성이론은 감정의 효과를 설명할 때 감정의 하위체계를 구성하는 처리체계(disposition system)와 감시체계(surveillance system)에 초점을 맞춘다. 전자는 어떤 일이 합리적인 진전을 보일 때 열정(enthusiasm)의 감정을 일반화시키고 주의(attention)를 기울이지 않으려고 한다(Marcus, Neuman & MacKuen 2000). 반면, 어떤 일이 좌절되었을 때 슬픔이나 좌절의 감정을 일반화시킨다. 한편, 감시체계는 두려움을 느끼는 자극에 대한 감각 반응(sensory feedback)을 관찰한다(Marcus, Neuman & MacKuen 2000). 이 경우 평상시 행동 패턴을 멈추고 주의를 기울인다. 또한 빠른 대응을 위한 준비태세를 갖춘다. 이렇게 볼 때 우리가 일반적으로 느끼는 긍정과 부정의 감정은 두 개의 동기 유발 체계와 연계되어 있다. 접근(approach)과 회피

(avoidance)가 바로 그것인데, 전자는 개인을 쾌락 및 보상을 초래하는 경험이나 상황으로 유도함으로서 긍정적인 감정을 낳는 목표 지향적 행동과 친화적인 반면, 후자는 부정적인 일이 발생하지 않도록 보호하기 위한 행동과 연결되어 있다(Huddy et al. 2007; 카스텔 2013, 235 재인용). 따라서 긍정의 감정은 보상추구(reward-seeking) 행동을, 부정의 감정은 위험회피(danger-averting) 행동을 촉진하는 역할을 한다(Gray 1990). 예컨대, 열정과 같은 긍정의 감정은 기존의 태도 및 행동을 강화시킨다. 반면에 불안감은 위험이나 부정적 결과를 잠재하고 있기 때문에 특정한 환경에 대한 주의(attention)를 유도하고, 기존의 행동 방식에 따르기보다는 보다 신중하고 심사숙고하는 태도를 갖게 한다.

2. 개별 감정의 차별적 효과: 분노, 불안 그리고 정치참여

한편 부정감정이 항상 위험회피의 행동을 유발하는 것은 아니다. 특정 국면에서 부정감정은 적극적 참여를 유발하는 동기가 될 수 있다. 우리 현실에서도 정치 현안에 대해 분노를 느끼는 시민들이 거리시위에 참여하는 현상을 자주 볼 수 있듯이, 개별 감정을 보다 자세히 들여다보면 각각이 초래하는 행동의 양상들은 다르다. 이는 감정을 개별적 시각(discrete perspective)에서 접근하는 논의들이 주로 취하는 입장으로 여기서는 개별 감정이 내포하고 있는 독특한 원인과 결과에 대해 관심을 갖는다(Miller 2011). 이러한 시각은 앞에서 언급한 감정지성이론과 같이 감정을 긍정 및 부정의 일반적인 차원(broad dimensions)으로 분류하는 차원적 시각(dimensional perspective)과 구분된다고 볼 수 있다. 후자는 감정을 개별 감정으로 분리하기보다는 감정과 다른 변수들 간의 관계를 밝히는 데 더욱 초점을 맞추기 때문이다(Miller 2011). 따라서 감정의 개별적 시각에서는 '긍정 감정'이라는 동일한 차원으로 분류되는 '희망'과 '긍지', 그리고 '부정감정'이라는 동일한 차원으로 분류되는 '분노'와 '불안'을 각각 독립적이고 개별 개념으로 다루고 있다.

이와 관련하여 감정의 인지평가이론(Cognitive Appraisal Theory of Emotions)은 분노, 불안, 희망, 긍지 등과 같은 개별 감정들이 추후의 정치적 행동에 서로 다른 영향을 미치고 있음을 입증하고 있다(Lazarus 1991; Marcus, Neuman, & Mackuen 2000). 이는 개별 감정들을 특징짓는 행동성향(action tendencies) 때문인데, 행동성향이란 어떠한 종류의 행동을 하려는 준비상태를 말한다(Frijda 1986, 70; 이강형 2002, 82). 예컨대, 개별 감정들은 유발된 상황을 지속 또는 변화시킬 것인가, 상황을 일으킨 대상과의 관계를 유지 또는 중단할 것인가, 아니면 상황으로부터 탈출할 것인가 등과 같은 반응들을 포함하고 있다(Frijda 1986, 70; 이강형 2002, 82). 이렇게 볼 때 개별 감정은 보다 복잡한 인지적 과정의 산물이며(이강형 2006), 개인들은 이러한 감정을 다루기 위해 신중한 행동을 취한다고 볼 수 있다(Folkman et al. 1986; Lazarus 1991; Valentino et al. 2011).

이를 바탕으로 다수의 연구들은 개별 감정이 정치참여에 미치는 차별적인 영향력에 주목해 왔다(Isbell, Ottati, & Burns 2006). 특히, 개별 감정 중에서 분노와 불안은 정치참여와 밀접한 관계가 있는 것으로 논의된다(Marcus & Mackeun 1993; Valention, Gregorowicz, & Groenendyk 2009; 이강형 2002, 2012). 분노와 불안이 부정적 감정으로 동일시됨에도 불구하고 각각 다른 맥락의 동기 요인으로 인해 특정 감정이 정치참여를 자극하기도 하고 이와 반대로 억제하기도 한다는 것이다(Averill 1982; Valentino et al. 2008; Brader, Groenendyk, & Valentino 2010; Valentino et al. 2011). 분노는 현재의 위협이 특정한 외부환경의 탓이라고 여길 때, 그리고 자신이 그 상황을 통제할 수 있을 때 발생한다(Lerner & keltner 2000, 2001; Smith & Kirby 2004). 반면, 불안은 위협의 원인에 대한 확신이 덜하고 본인이 그 상황을 통제할 수 없다고 느낄 때 발생한다(Lerner & Keltner 2000, 2001; Smith & Kirby 2004).

상황 통제가 가능하다는 것은 분노를 표출하는 개인이 장애물을 극복할 수 있다는 심리적 혹은 사회적 자원들을 가지고 있다는 의미이다(Kemper 1993; 이강형 2002, 84). 정치 영역에서는 정치지식 수준, 정치관심도, 정당지지, 정치효능감 등이 이러한 자원에 해당된다. 특히, 정치효능감은 특정 문제에 대한 대처 능력이 잠재하고 있는 대표적인 자원으로 손꼽힌다(Valentino, Gregorowicz, & Groenendyk 2009; 이강형 2013; 김연숙 2014b). 따라서 부정감정 중에서도 분노와 정치효능감의 만남은 정치참여의 활성화를 돕는다(Valentino et al. 2011). 이강형(2013)의 연구에 따르면 정치효능감 중에서도 내적 효능감(internal efficacy)은 정치적 상황에 대한 분노의 감정을 촉진시키고 정치참여를 더욱 증진시킨다. 이러한 맥락에서 불안의 감정을 느끼더라도 정치효능감이 높은 경우 불안의 정치적 영향력은 완화될 수 있다. 루돌프와 그의 동료들(Rudolph et al. 2000)은 정치효능감이 높은 사람들의 불안은 정치적 관여를 증진시키나, 정치효능감이 낮은 사람들의 불안은 정치적 관여에 아무런 영향을 미치지 못한다는 것을 밝혔다.

결과적으로 분노는 위험을 감내하려고 한다. 다시 말해 이는 위험추구 행위(risk-seeking behavior)와 문제 중심의 처리(problem-focused coping)를 촉진시킨다(Lerner & Keltner 2000, 2001; Folkman et al. 1986; Valentino et al. 2011). 분노를 느끼는 사람은 인지적 정보처리 과정이 단순해지고, 가능한 한 많은 정보를 습득하지 않으려 한다(이강형 2002, 84). 오히려 자신의 판단에 도달하기 위한 인지적 지름길에 의존하는 경향이 높아진다(Lerner et al. 1998; 이강형 2002, 84). 이 경우 분노를 유발한 정치적 대상에 대한 거리시위 혹은 항의적 접촉 등을 시도할 가능성이 크다. 이에 반해 불안은 위험회피(risk avoidance)와 감정 중심의 처리(emotion focused coping)를 증진시킨다(Lerner & Keltner 2000, 2001; Folkman et al. 1986; Valentino et al. 2011). 불안을 느끼는 사람은 문제를 직접적으로 공격하기보다 이를 회피함으로써 자신의 불안을 간접적으로 처리하려고 한다(Folkman et al. 1986; Valentino et al. 2011). 따라서 불안의 감정은 위협의 상황에 대한 지속적인 관찰과 같은 인지적 행동성향을 유발하게 된다(Izard 1993; 이준웅 2012). 불안이라는 불확실성의 감정 때문에 관련된 정치정보를 더 많이 찾게 되는 것이다(Zaller 1992; 카스텔 2013, 238 재인용). 그 결과 개인은 행동으로부터 위축되기 쉽고 어려운 정치참여(costly political action)에 필요한 만큼의 동기부여를 확보하는 데 실패할 가능성이 크다(Valentino et al. 2011, 159). 오히려 정치영역에서 불안을 느끼는 사람은 이를 유발시킨 정치적 대상에 대한 정치적 관심(attention)이나 정치적 학습(political learning) 수준의 행동을 하거나 비용이 적게 드는 표현주의적 행동들을 하려는 경향을 보인다. 예컨대, 사회적 지지 대상자를 탐색하거나(social support seeking), 가족 혹은 친구 등과 불안감에 대해 토론하는 행동을 하게 된다(Folkman et al. 1986; Valentino et al. 2011).

이처럼 분노와 불안은 서로 다른 감정 표출 행위와 처리방식으로 인해 다른 양식의 정치참여를 촉진시키는 데 기여한다. 마커스와 맥퀸(Marcus & Mackuen 1993)은 정치영역에서 불안을 느끼는 유권자의 경우 투표행위에 의존하는 경향을 줄이고, 정치후보자에 대한 정책 관련 정보를 학습하려고 한다는 것을 밝혔다. 이와 유사하게 발렌티노와 그의 동료들(Valentino et al 2011) 역시 2008년 미국선거 분석을 통해 분노가 선거참여에 긍정적인 영향을 미치는 반면, 불안은 부정적인 영향을 미친다는 사실을 확인하였다. 나아가 이들은 비선거적 참여를 어려운(costly) 참여와

표 3-1. 분노와 불안의 표출과 처리 방식

개별 감정	분노(anger)	불안(anxiety)
표출되는 행위	위험 추구(risk-seeking)	위험 회피(risk avoidance)
사회적·심리적 자원	충분	부족
처리 방식	문제 중심의 처리 (problem-focused coping)	감정 중심의 처리 (emotion focused coping)
정치참여	거리시위, 항의성 접촉 등 어려운 참여	사회적 지지 대상 모색, 지인들과 관련 문제 토론, 표현주의적 참여 등 쉬운 참여

쉬운(cheap) 참여로 나눈 후 이에 대한 개별 감정의 영향력을 살펴보았다. 쉬운 참여는 다른 사람에게 투표에 관해 말하거나 배지 달기와 같이 노력이나 자원이 거의 요구되지 않는 것인 반면, 어려운 참여는 시위에 참여하기, 캠페인에서 자원봉사로 일하기, 기부하기 등을 말한다. 그 결과 분노는 모든 유형의 참여에 유의미한 영향을 미치는 것으로 나타났다. 이에 반해 불안은 다른 사람에게 투표에 관해 언급하거나 배지 달기 등과 같이 노력이나 자원이 거의 요구되지 않는 참여 혹은 표현주의적 참여를 증가시키는 효과가 있었다.

한편, 1996년 미국 대통령선거 패널조사를 분석한 이강형(2002)의 연구에서는 개별 감정들이 적극적인 캠페인 참여활동에 영향을 미치지 않는 것으로 나타났다. 다만, 유권자들이 대통령 후보들에 대해 느낀 분노와 긍지의 감정이 텔레비전 선거 토론회 및 전당대회 텔레비전 보도의 시청에 긍정적인 영향을 미쳤다. 반면, 두려움과 희망은 이러한 정치참여와 아무런 관계가 없는 것으로 확인되었다. 이준웅(2007)은 후보에 대한 개별 정서들이 태도와 투표선택에 독립적인 영향을 미친다는 점을 밝혔다. 연구에 따르면 2002년 대통령 선거에서 이회창 후보에 대한 유권자의 태도는 그에 대한 분노와 긍지와 같은 복합적 정서가, 노무현 후보에 대한 태도는 희망과 긍지와 같은 긍정적 정서가 작용한 것으로 나타났다. 이러한 개별 감정의 영향은 이회창 후보와 노무현 후보를 선택하는 데 있어서도 동일하게 나타났다. 이회창 후보 선택에 있어서는 분노와 희망의 정서가, 노무현 후보 선택에 있어서는 희망과 긍지가 작용한 것으로 확인되었다.

정치참여에 대한 부정감정의 효과

이 장에서는 경험적 분석을 통해 부정감정이 정치참여에 미치는 영향력을 살펴 볼 것이다. 이를 위해 본 연구는 온라인설문조사 기관인 엠브레인에 의뢰해 실시한 온라인설문조사 자료를 활용하였다.[3] 설문조사는 전국 만 19세 이상 성인 중에서 성별, 연령, 지역을 인구비례에 맞춰 할당한 총 1,216명을 대상으로 2015년 10월 16일부터 10월 22일까지 이루어졌다.

1. 변수의 측정

독립변수와 종속변수

부정감정이 정치참여에 미치는 영향을 밝히기 위해 부정감정과 정치참여 간의 일반적 관계뿐만 아니라 개별 감정의 차별적 효과 분석까지 염두에 두고 응답자의 부정감정을 우리사회에 대한 분노와 불안으로 구분하여 측정하였다. 한편 사람들이 사회에 느끼는 감정은 부정적일 수도 있고 긍정적일 수도 있다. 이러한 점을 고려하여 본 연구는 긍정감정을 추가하고 이에 대한 개별 감정을 긍지와 희망으로 구분하였다. 설문문항은 "귀하는 평소 우리사회에 대해 다음과 같은 감정(자랑스럽다/희망을 느낀다/화

3. 온라인설문조사 방식은 무작위 표본추출이 어려워 표본의 왜곡을 초래할 가능성이 크다. 이를 최소화하기 위해 본 연구는 온라인설문조사 기관 선정 시 조사기관이 보유하고 있는 패널 수와 온라인 정치조사 경험 정도를 중요하게 고려하였다. 현재 엠브레인은 국내에서 대규모의 리서치 패널을 보유하고 있는 조사기관 중 하나이다(2016년 2월 기준 1,133,001명).

난다/불안하다)을 얼마나 자주 느꼈습니까?"이며, 이에 대해 5점 척도(1=전혀 느끼지 않음, 5=매우 자주 느낌)의 응답지를 부여하였다. 이는 1980년부터 주요 정당과 정치 후보자들에 대한 유권자의 감정을 측정해 온 미국선거연구(The American National Election Studies, ANES) 방식을 따른 것이다. 미국선거연구는 "정치 후보자(민주당/공화당)의 특정 행동으로 인해 다음과 같은 감정(분노, 두려움, 긍지, 희망)을 느껴 본 적이 있습니까?" 혹은 "요즈음 이 나라의 상황에 대해 다음과 같은 감정을 얼마나 많이 느끼고 있습니까?"와 같은 설문문항을 활용한다(Valentino 2011, 163). 첫 번째 연구문제인 부정감정이 정치참여에 미치는 영향력을 분석하기 위해 개별 감정 중에서 '자랑스럽다'(긍지)와 '희망을 느낀다'(희망)는 긍정감정으로, 그리고 '화난다'(분노)와 '불안하다'(불안)는 부정감정으로 분류한 후 평균값을 측정하였다.

본 연구의 목적 중 하나는 감정을 통해 일상의 정치에서 나타나는 정치참여의 발생과정을 이해하는 데 있다. 이를 위해 노리스(Norris)의 정치참여 분류를 참조하여 정치참여 유형을 '제도 지향 참여'와' 운동 지향 참여'로 분류하였고 선거참여는 제외하였다. 노리스는 정치참여를 정치인을 대상으로 영향을 미치고자 하는 제도 지향 참여와 이슈 및 정책에 직접 영향을 미치고자 하는 운동 지향 참여로 구분하였다(Norris 2005). 제도 지향 참여는 정치인 접촉, 정당 활동, 정치후원금 기부 등을 꼽을 수 있을 수 있으며, 운동 지향 참여는 길거리 시위, 청원 운동 등을 포함한다(Norris 2005; 김경미 2007). 또한 온라인 정치참여가 일상화되고 있는 현실을 고려하여 각각의 정치참여 유형을 오프라인과 온라인으로 구분하였다.

〈표 3-2〉는 본 연구가 분석 대상으로 삼은 정치참여 유형의 구체적인 내용을 정리하고 있다. 오프라인-제도 지향 참여는 "정치인에게 편지 보내거나 전화하기"와 "정치후보자 혹은 정당 자원봉사 참여하기"에 대한 경험의 평균값을 측정한 것이다. 오프라인-운동 지향 참여는 "길거리 시위(집회, 촛불시위 등)에 참여하기"의 설문을 활용하였다. 온라인-제도 지향 참여는 "정치인에게 이메일 보내기"와 "정당 SNS 가입하기"에 대한 경험의 평균값을 측정하였다. 마지막으로 온라인-운동 지향 참여는 "카카오톡이나 소셜미디어상에서 리본달기 등 온라인 시위에 동참하기" 설문을 활용하였다.

다양한 정치참여 유형에 미치는 부정감정의 영향력을 분석하기 위해서는 정치참여에 영향력을 행사하는 기존의 다른 요인들을 통제할 필요가 있다. 서론에서 이미 밝혔듯이 기존의 정치참여 논의는 자원모델이나 시민자발성모델을 이용하여 정치참여에 영향을 미치는 요인을 분석하고 있다. 두 모델은 정치참여에 필요한 물적·인지적 자원들을 독립변수에 포함하고 있다. 이에 본 연구는 사회경제적 배경(SES)과 더불어 정치효능감,

표 3-2. 정치참여 유형 분류

구분		변인
오프라인	제도 지향 참여	• 정치인에게 편지 보내거나 전화하기 • 정치후보자 혹은 정당 자원봉사 참여하기
	운동 지향 참여	• 길거리 시위(집회, 촛불시위 등)에 참여하기
온라인	제도 지향 참여	• 정치인에게 이메일 보내기 • 정당 SNS 가입하기
	운동 지향 참여	• 카카오톡이나 소셜미디어상에서 리본 달기 등 온라인 시위에 동참하기

*5점 척도(1=전혀 참여하지 않음, 5=매우 자주 참여함)

정치지식, 정당지지를 통제변수로 채택하였다.

정치효능감은 기존 정치참여 연구에서 공통적으로 다루고 있는 설명변수이다(Easton 1965; Easton & Dennis 1967; Verba & Nie 1972; Rosenstone & Hansen 1993; Verba et al. 1995; Jennings & Niemi 1978). 정치효능감은 정치에 영향력을 행사할 수 있다는 자신감이자 정치제도의 반응성에 대한 개인의 평가를 의미한다. 전자를 내적효능감(internal efficacy), 후자를 외적효능감(external efficacy)으로 일컫는데, 특히 내적효능감은 정치참여를 이끄는 핵심적인 설명변수로 거론된다. 시민들은 자신이 정치를 변화시킬 수 있다는 확신이 강할 때 정치에 더욱 참여하고자 한다. 정치효능감은 내적효능감과 외적효능감으로 구분하여 5점 척도(1=매우 동의함, 5=전혀 동의하지 않음)로 측정하였다. 내적효능감은 "나같은 사람에게는 정치나 정부가 하는 일이 너무 복잡해서 어떻게 돼가고 있는 것인지 이해할 수 없다"의 설문을, 외적효능감은 "정치인들은 나같은 사람이 어떤 생각을 하는지에 대해 별로 관심이 없다"의 설문을 활용하였다.

정치지식 수준 또한 통제변수로 포함하였다. 높은 수준의 정치지식은 특정 정치세력이나 정책에 대한 선호 형성을 가능케 한다(Zaller 1992; Eveland & Scheufele 2000). 나아가 투표, 정치인과의 접촉과 같은 다양한 방식의 정치참여 활동 또한 증가시킨다(Neuman 1986; Jennings 1996; Shah, Cho, Eveland, & Kwak 2005). 정치지식 수준을 측정하기 위해 다음 네 가지 문항을 활용하였다: ① 현재 우리나라 국무총리는 누구입니까? ② 현재 우리나라 기획재정부 장관은 누구입니까? ③ 부유층의 투자 및 소비 증가가 저소득층의 소득 증대로까지 영향을 미쳐 국가적인 경기부양 효과로 나타나는 현상을 무엇이라고 합니까? ④ 현재 미국 공화당의 유력 대선 주자로 최근 한국이 매년 1조원 가까이 부담하는 주한미군 주둔비용 부담액을 '푼돈'에 비유해 논란이 되고 있는 정치인은 누구입니까? 정치지식의 수치는 각각의 설문문항의 정답을 1로, 오답이나 무응답을 0으로 코딩한 후 4개 설문문항에서의 정답을 합산한 것이다.

한편 지지하는 정당이 있는 사람은 정당 활동 및 투표참여 등과 같은 다양한 정치참여를 경험할 가능성이 높다. 당파심과 같은 특정 정당에 대한 애착심이 자신과 비슷한 입장을 가진 정당이나 정치인을 선호하거나 특정 정치적 선택을 하는 데 지름길 역할을 하기 때문이다. 정당지지는 "귀하는 어느 정당을 지지하십니까?"의 설문을 활용하였고, 이에 대한 응답 중 '지지정당 없음=0'으로, 특정 정당을 선택한 경우는 '지지정당 있음=1'로 코딩하였다. 마지막으로 사회경제적 배경에 속하는 성별(남-여), 나이, 학력, 소득수준을 추가하였다. 정치참여의 경험적 연구에서 사회경제적 배경은 정치참여에 유의미한 영향을 미치는 것으로 나타난다. 특히 교육수준이 높을수록 정치참여에 보다 적극적이다(Verba, Schlozman, & Brady 1995).

2. 분석 결과

본 연구는 감정이 정치참여에 미치는 영향을 살펴보기 위해 두 가지 문제에 초점을 맞춘다. 첫째, 부정감정이 정치참여에 미치는 효과를 분석한다. 둘째, 부정감정이 다른 인지적 요인들과의 상호작용을 통해 정치참여에 영향을 미칠 수 있다는 것 또한 보여줄 것이다. 이 부분에서는 부정감정의 조절효과를 살펴보기로 한다. 감정이 홀로 작용할 때에는 정치참여에 영향을 미치지 않더라도 감정이 다른 요인과 함께 작용할 때에는 오히려 정치참여를 증가시키는 데 기여할 수 있다. 우리는 앞에서 내적효능감과 부정감정 간의 논의를 통해 이러한 경향을 언급한 바 있다. 이를 위해 크게 세 가지 모형을 중심으로 선형회귀분석을 실시하였다. [인지 모형](모형 1), [감정 모형](모형 2), [인지×감정 모형](모형 3)이 바로 그것인데, [인지 모형]은 기존 정치참여 논의에서 빈번하게 거론되었던 인지적 변수를 중심으로 정치참여를 예측하는 회귀분석모델이다. [감정 모형]은 인지적 변수들에 감정 변수, 즉 부정과 긍정감정을 추가한 것으로 여기서는 부정감정이 정치참여에 미치는 효과를 살펴볼 것이다. [인지×감정 모형]은 인지적 변수와 감정 변수의 상호작용이 정치참여에 미치는 효과를 분석하는 회귀분석모델로 감정의 조절효과를 살펴볼 것이다. 이를 위해 기존의 인지적 변수와 감정 변수뿐만 아니라, 인지적 요인과 감정 간의 교차항을 포함시켰다. 이에 내적효능감×부정감정, 외적효능감×부정감정, 정치지식×부정감정, 정당지지×부정감정, 내적효능감×긍정감정, 외적효능감×긍정감정, 정치지식×긍정감정, 정당지지×긍정감정 변수를 생성하였다.

〈표 3-3〉과 〈표 3-4〉는 네 가지 유형의 정치참여를 예측하는 [인지 모형], [감정 모형], [인지×감정 모형] 의 분석결과이다. 〈표 3-3〉은 각 모형

이 온-오프라인 제도 지향 참여에 미치는 영향력을, 〈표 3-4〉는 온-오프라인 운동 지향 참여에 미치는 영향력을 보여준다. 모든 정치참여 유형에서 [인지 모형], [감정 모형], [인지×감정 모형]으로 갈수록 수정된 R제곱의 변화량이 증가하는 것으로 보아 감정이 온-오프라인 제도 및 운동 지향 참여에 미치는 영향력이 유의미하다는 것을 알 수 있다. 모형별 F값 역시 통계적으로 유의하다. 상세한 분석 결과는 다음과 같다. 우선 [감정 모형]을 살펴보면, 부정감정은 〈오프라인 제도 지향 참여〉와 〈온라인 운동 지향 참여〉에 영향을 미치는 것으로 확인되었다. 그런데 부정감정이 각각의 참여에 미치는 영향력의 방향은 반대로 나타났다. 부정감정이 강할수록 오프라인 제도 지향 참여는 줄어들었다(β=−.069, $p<0.05$). 부정감정이 강할수록 정치인과 직접 접촉하거나 정치후보자 혹은 정당의 자원봉사로 활동하는 등과 같은 참여 유형에는 소극적이다. 반면 부정감정은 온라인 운동 지향 참여에 긍정적인 영향을 미치는 것으로 나타났다(β=.111, $p<0.01$). 부정감정이 강할수록 온라인 시위에 동참하기 등과 같은 항의성 참여에 적극적이다. 한편 부정감정은 촛불시위, 집회 등과 같은 〈오프라인 운동 지향 참여〉와 정치인에게 이메일 보내기 혹은 정당 SNS 가입하기와 같은 〈온라인 제도 지향 참여〉에는 별다른 영향을 미치지 않는 것으로 확인되었다. 부정감정과 달리 긍정감정은 모든 참여 유형에 긍정적인 영향을 미치는 것으로 나타났다. 긍정감정이 강할수록 온-오프라인 제도 지향의 참여뿐만 아니라 온-오프라인 운동 지향 참여가 증가하였다. 일반적으로 긍정감정은 목표를 성취하고 보존하기 위한 목적으로 행동을 취하는 데 영향을 미친다(Valentino et al. 2011, 160). 또한 개인이

현재의 상황을 지속할 수 있는 자원을 가지고 있다는 것을 의미하기도 한다(Lazarus 1991, 271). 이러한 이유로 기존 연구는 긍정감정을 다양한 참여를 증진시키는 것으로 밝히고 있는데, 본 연구에서의 긍정감정의 효과 역시 이와 일치한다고 볼 수 있다.

그런데 긍정감정과 달리 [감정 모형]에서 특정 정치참여에 대해 제한적인 효과만을 보여줬던 부정감정은 [인지×감정 모형]에서 다른 결과를 보여준다. 무엇보다 〈오프라인 제도 지향 참여〉의 [감정 모형]에서 소극적 영향력을 나타냈던 부정감정은 [인지×감정 모형]에서 내적효능감과 상호작용하면서 오프라인 제도 지향 참여를 증가시키는 것으로 확인되었다(β=.088, $p<0.01$). 부정감정과 내적효능감이 강할수록 정치인과 직접 접촉하거나 정치후보자 혹은 정당의 자원봉사로 활동하는 등과 같은 참여 유형에 적극적이다. 또한 〈오프라인 운동 지향 참여〉의 [감정 모형]에서는 전혀 영향력을 행사하지 않았던 부정감정 역시 내적효능감과 함께 작용하면서 오프라인 운동 지향 참여에 긍정적인 영향을 미쳤다(β=.105, $p<0.01$). 즉 부정감정과 내적효능감이 강할수록 촛불시위, 집회 등과 같은 항의성 참여를 많이 하게 된다. 이미 부정감정의 독립적 영향력이 확인되었던 〈온라인 운동 지향 참여〉의 경우도 부정감정과 내적효능감의 상호작용이 유의한 것으로 나타났으나(β=.095, $p<0.01$), 그 효과는 부정감정 단독의 영향력보다 낮은 것으로 나타났다(부정감정: β=.103, $p<0.01$). 한편 〈온라인 제도 지향 참여〉에서 부정감정은 정당지지와 상호작용하면서 참여를 증가시키는 것으로 확인되었다. 〈온라인 제도 지향 참여〉의 [인지×감정 모형]을 살펴보면, 강한 부정감정을 느끼는

표 3-3. 감정이 온-오프라인 제도 지향 참여에 미치는 영향

	오프라인 제도 지향 참여						온라인 제도 지향 참여					
	모형 1		모형 2		모형 3		모형 1		모형 2		모형 3	
	B(SE)	β	B(SE)	β	B(SE)	β	B(SE)	β	B(SE)	β	B(SE)	β
(상수)	1.262 (.166)		1.269 (.210)		1.935 (.255)		1.293 (.175)		1.183 (.225)		1.711 (.275)	
성별	-.207 (.046)	-.128 ***	-.198 (.045)	-.123 ***	-.214 (.044)	-.132 ***	-.196 (.049)	-.117 ***	-.191 (.048)	-.114 ***	-.200 (.048)	-.119 ***
나이	.006 (.002)	.091 **	.001 (.002)	.022	.002 (.002)	.026	.002 (.030)	.030	-.001 (.002)	-.021	-.001 (.002)	-.017
학력	-.013 (.024)	-.015	.005 (.024)	.006	.000 (.023)	.000	.014 (.026)	.015	.028 (.025)	.032	.025 (.025)	.029
소득	.008 (.011)	.021	.000 (.011)	.000	.002 (.011)	.004	.011 (.012)	.028	.004 (.012)	.011	.006 (.011)	.014
내적 효능감	-.008 (.023)	-.011	-.017 (.023)	-.022	-.031 (.023)	-.038	.014 (.024)	.017	.006 (.024)	.007	.006 (.025)	.007
외적 효능감	.176 (.020)	.245 ***	.138 (.020)	.192 ***	.148 (.020)	.206 ***	.134 (.021)	.178 ***	.105 (.022)	.140 ***	.105 (.022)	.140 ***
정치 지식	-.071 (.018)	-.119 ***	-.057 (.018)	-.096 **	-.062 (.017)	-.104 ***	-.036 (.019)	-.059	-.028 (.019)	-.045	-.032 (.019)	-.052
정당 지지	-.193 (.047)	.115 ***	.169 (.046)	.101 ***	.164 (.045)	.098 ***	.254 (.050)	.146 ***	.234 (.049)	.134 ***	.230 (.049)	.132 ***
부정 감정			-.060 (.027)	-.069 *	-.073 (.027)	-.084 **			-.025 (.029)	-.027	-.040 (.029)	-.044
긍정 감정			.176 (.028)	.197 ***	-.053 (.061)	-.059			.154 (.030)	.166 ***	-.026 (.065)	-.028
내적 효능감 ×부정 감정					.066 (.024)	.088 **					.038 (.026)	.048
외적 효능감 ×부정 감정					-.010 (.024)	-.013					.037 (.026)	.045
정치 지식 ×부정 감정					-.025 (.025)	-.032					-.034 (.027)	-.042
정당 지지 ×부정 감정					.032 (.025)	.040					.057 (.027)	.068 *
내적 효능감 ×긍정 감정					.031 (.024)	.042					.049 (.026)	.065
외적 효능감 ×긍정 감정					.089 (.021)	.285 ***					.068 (.022)	.209 **
정치 지식 ×긍정 감정					-.073 (.026)	-.089 **					-.074 (.028)	-.086 *
정당 지지 ×긍정 감정					-.003 (.025)	-.004					-.012 (.027)	-.014
수정된 R제곱	.104		.150		.177		.073		.100		.116	
수정된 R제곱 변화량			.048		.032				.028		.022	
(d, F)	(8, 18.584) ***		(11, 20.532) ***		(19, 14.742) ***		(8, 13.049) ***		(11, 13.459) ***		(19, 9.590) ***	

*$p<0.05$, **$p<0.01$, ***$p<0.001$

표 3-4. 감정이 온-오프라인 운동 지향 참여에 미치는 영향

	오프라인 운동 지향 참여						온라인 운동 지향 참여					
	모형 1		모형 2		모형 3		모형 1		모형 2		모형 3	
	B(SE)	β	B(SE)	β	B(SE)	β	B(SE)	β	B(SE)	β	B(SE)	β
(상수)	1.358 (.201)		1.034 (.260)		1.638 (.316)		1.606 (.245)		.852 (.316)		1.724 (.384)	
성별	-.121 (.056)	-.063 *	-.121 (.056)	-.064 *	-.139 (.055)	-.073 *	.107 (.068)	.046	.097 (.068)	.042 **	.078 (.067)	.034
나이	-.004 (.002)	-.052	-.006 (.002)	-.081 **	-.005 (.002)	-.074 *	-.012 (.003)	-.138 ***	-.012 (.003)	-.140 ***	-.012 (.003)	-.134 ***
학력	.028 (.029)	.029	.039 (.029)	.039	.034 (.029)	.035	.057 (.036)	.048	.062 (.036)	.051	.056 (.035)	.046
소득	.022 (.013)	.013	.016 (.013)	.036	.018 (.013)	.040	.010 (.016)	.017	.005 (.016)	.008	.006 (.016)	.011
내적 효능감	.031 (.028)	.034	.024 (.028)	.025	-.001 (.028)	-.001	.108 (.034)	.095 **	.100 (.034)	.088 **	.069 (.034)	.061 *
외적 효능감	.113 (.024)	.133 ***	.096 (.025)	.113 ***	.111 (.025)	.131 ***	-.007 (.030)	-.007	-.005 (.030)	-.005	.013 (.030)	.013
정치 지식	.017 (.022)	.024	.018 (.022)	.026	.012 (.022)	.017	.069 (.026)	.081 **	.057 (.027)	.068 *	.052 (.026)	.062 *
정당 지지	.220 (.057)	.112 ***	.203 (.057)	.103 ***	.204 (.056)	.103 ***	.197 (.069)	.083 **	.183 (.069)	.077 **	.177 (.068)	.074 *
부정 감정			.032 (.034)	.031	.022 (.034)	.022			.138 (.043)	.111 **	.128 (.041)	.103 **
긍정 감정			.138 (.035)	.132 ***	-.064 (.075)	-.061			.132 (.043)	.104 **	-.175 (.092)	-.137
내적 효능감 ×부정 감정					.093 (.030)	.105 **					.102 (.037)	.095 **
외적 효능감 ×부정 감정					-.030 (.030)	-.032					-.027 (.036)	-.024
정치 지식 ×부정 감정					-.019 (.031)	-.021					-.010 (.038)	-.009
정당 지지 ×부정 감정					.040 (.031)	.042					.071 (.038)	.062
내적 효능감 ×긍정 감정					.004 (.030)	.005					.000 (.036)	.000
외적 효능감 ×긍정 감정					.082 (.026)	.222 **					.123 (.031)	.275 ***
정치 지식 ×긍정 감정					-.078 (.033)	-.080 *					-.079 (.040)	-.067 *
정당 지지 ×긍정 감정					-.020 (.031)	-.004					.018 (.037)	.016
수정된 R제곱	.048		.066		.085		.041		.051		.079	
수정된 R제곱 변화량			.013		.032				.012		.034	
(d, F)	(8, 7.420) ***		(11, 7.814) ***		(19, 6.911) ***		(8, 7.436) ***		(11, 6.817) ***		(19, 6.416) ***	

$^{*}p<0.05$, $^{**}p<0.01$, $^{***}p<0.001$

정당지지자일수록 정치인에게 이메일 보내기 혹은 정당 SNS 가입하기 등과 같은 참여에 적극적이다($\beta = .068$, $p < 0.05$).

요컨대 모든 정치참여 유형에서 [인지X감정 모형]은 부정감정이 다른 인지적 요인들과 상호작용하면서 정치참여에 긍정적인 영향을 미친다는 것을 확인할 수 있다. 특히, 내적효능감은 그 어떤 인지적 요인들보다도 그 역할이 크다. 특정 정치적 상황에서 부정감정은 높은 내적효능감과 조우했을 때 정치적 행위의 상승효과를 발휘하는 것이다.

정치참여에 미치는 분노와 불안 집단의 차이 효과

지금까지 본 연구는 [인지 모형], [감정 모형], [인지×감정 모형]을 통해 감정이 다양한 정치참여에 미치는 효과를 살펴보았다. 그 결과 첫째, [감정 모형]에서 부정감정은 오프라인 제도 지향 참여와 온라인 운동 지향 참여에만 영향력을 행사한다는 것을 알 수 있었다. 다만 부정감정이 이러한 참여에 미치는 효과는 다르다. 부정감정은 오프라인 제도 지향 참여에는 부정적인 영향을 미치나 온라인 운동 지향 참여에는 긍정적인 영향을 미친다. 그런데 본 연구의 또 다른 발견은 부정감정이 정치참여에 미치는 효과가 이렇게 제한적이지만은 않다는 것이다. 둘째, [인지×감정 모형]은 부정감정이 기존의 인지적 요인들과 상호작용하여 정치참여를 촉진시킨다는 것을 보여준다. 이러한 경향은 부정감정이 내적효능감과 만날 때 더욱 뚜렷하다. 오프라인 제도 지향 참여에서 부정적인 영향력을 행사했던 부정감정은 내적효능감과 상호작용하면서 오히려 오프라인 제도 지향 참여를 증가시켰다. 뿐만 아니다. 오프라인 운동 지향 참여의 경우 부정감정의 통계적 유의성은 전혀 나타나지 않았는데, 부정감정이 내적효능감과 함께 작용하면서 오프라인 운동 지향 참여가 증가하였다. 한편 부정감정은 정당지지 변수와도 상호작용하는 효과를 발휘하는 것으로 나타났다. 온라인 제도 지향 참여의 [감정 모형]에서 부정감정의 독립적 효과는 발생하지 않았으나, [인지×감정 모형]에서 부정감정이 정당지지 요인과 함께 작용하면서 온라인 제도 지향 참여가 증가하였다.

이를 통해 볼 때, 본 연구에서 부정감정은 내적효능감이나 정당지지 요인과 상호작용하면서 다양한 정치참여를 추동한다는 것을 알 수 있다. 그렇다면, 부정감정의 어떠한 특성이 내적효능감이나 정당지지 요인과 강하게 작용하는가? 이와 관련하여 본 연구는 개별 감정들의 정치적 효과가 차별적임을 언급한 바 있다. 특히, 부정감정을 구성하고 있는 분노와 불안의 감정은 각각 다른 정치참여 행위를 표출한다. 분노하면 행동하게 되고 정보에 주의를 기울이지 않는다. 한편 불안감을 느끼게 되면 불확실성으로 인해 마음의 감시 기제가 작동하여 적극적인 행동을 취하기보다는 정보를 꼼꼼히 살피는 데 주력한다. 더욱이 기존 논의는 여러 인지적 요인들 중 내적효능감을 특정 정치적 상황에서 분노의 강도를 높이고 행동을 촉진하는 것으로 본다(이강형 2013). 이와 같은 입장은 내적효능감 또한 개별 감정들의 차별적 효과에 기여한다는 것을 시사한다.

이러한 인식하에 이 장에서는 부정감정을 구성하고 있는 개별 감정이 다양한 정치참여를 추동하는 힘에 관해서 면밀히 살펴볼 것이다. 이를 위

표 3-5. 분노와 불안 수준별 집단 분포

구분	약한 집단	강한 집단	전체
불안	157(19.2%)	661(80.8%)	818(100%)
분노	158(18%)	721(82%)	879(100%)

해 부정감정을 느끼는 집단을 분노와 불안 집단으로 세분화한 후, 두 집단을 중심으로 정치효능감 및 정당지지가 정치참여에 미치는 효과를 비교할 것이다. 이를 토대로 불안보다 분노 집단이 정치효능감이나 정당지지 요인과 상호작용하여 정치참여를 증가시키는 효과가 더욱 강하다는 것을 밝히고자 한다.

우선 부정감정의 집단을 분노와 불안 집단으로 나누고 각각의 감정을 수준별로 구분하는 작업이 필요하다. 응답자가 평소 우리사회에 대해 느끼고 있는 분노의 강도와 불안의 강도 중 '①=전혀 느끼지 않는다'와 '②=거의 느끼지 않는다'는 약한 분노와 약한 불안 집단으로, '④=많이 느낀다'와 '⑤=매우 많이 느낀다'는 강한 분노와 강한 불안 집단으로 리코딩하였다.[4] 그 결과 분노 집단은 총 879명으로 이 중 약한 분노는 158명(18%), 강한 분노는 721명(82%)의 분포를 보인다. 한편, 불안 집단은 총 818명이며, 이 중 약한 불안은 157명(19.2%), 강한 불안은 661명(80.8%)인 것으로 확인되었다.

그렇다면, 부정감정은 어떻게 오프라인상의 제도 및 운동 지향 참여를 증가시키는가에 대한 문제를 먼저 살펴보기로 한다. 앞에서 이미 언급한

4. 본 연구는 분노와 불안이 정치참여에 미치는 차별적 효과의 극대화를 위해 분노와 불안을 느끼는 정도로 '보통'을 선택한 경우는 분석에서 제외하였다.

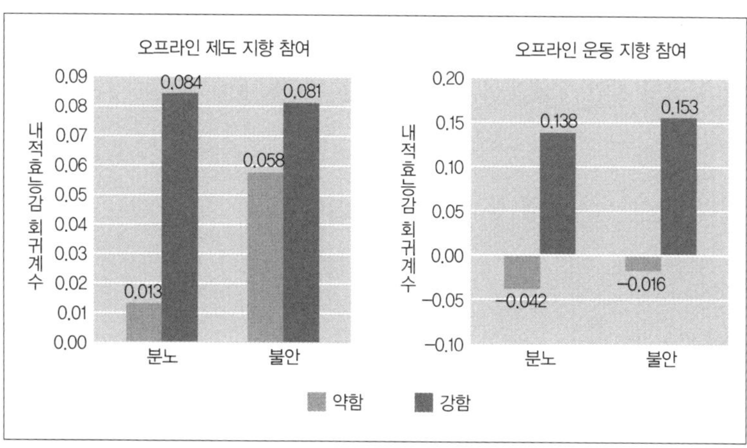

그림 3-1. 정치참여를 예측하는 내적효능감 효과: 분노와 불안 집단 비교

것처럼 두 가지 참여유형 모두에서 부정감정은 내적효능감과 상호작용하면서 참여를 증가시킨다. 만약에 예상대로 내적효능감과 함께 작용하여 정치참여에 긍정적인 효과를 발생하는 감정이 분노라면, 약한 분노 집단과 강한 분노 집단 간의 오프라인 제도 및 운동 지향 참여를 예측하는 내적효능감의 회귀계수 값의 차이는 불안 집단의 그것보다 클 것이다.

〈그림 3-1〉은 오프라인 제도 및 운동 지향 참여에 미치는 내적효능감의 영향력을 설명하는 표준화 회귀계수를 분노와 불안 감정 집단별로 구분하여 제시한 것이다. 이는 불안보다는 분노의 감정이 오프라인 제도 및 운동 지향 참여를 증가시키는 데 보다 큰 영향을 미친다는 것을 보여준다. 오프라인 제도 지향 참여를 예측하는 내적효능감 회귀계수는 약한 분노 집단에서 0.013이었으나 강한 분노 집단에서는 0.084로 양 집단 간 내적효능감 회귀계수의 차이는 0.071인 것으로 확인되었다(p=.024*,

$^{*}p<0.05$). 반면 참여를 예측하는 내적효능감 회귀계수는 약한 불안 집단과 강한 불안 집단에서 각각 0.058($p=.468$)과 0.081($p=.037^{*}$)로 그 차이가 0.023에 불과했다. 오프라인 운동 지향 참여 역시 동일한 양상이 나타났다. 분노 집단의 경우 참여를 예측하는 내적효능감 회귀계수는 약한 분노 집단에서 −0.042($p=.601$)이었으나 강한 분노 집단에서는 0.138($p=.000^{***}$, $^{***}p<0.001$)로 양 집단 간 내적효능감 회귀계수는 0.180의 차이를 보였다. 반면 불안 집단의 경우 참여를 예측하는 내적효능감 회귀계수는 약한 불안 집단에서 −0.016($p=.841$), 강한 불안 집단에서 0.153($p=.000^{***}$)으로 그 차이는 0.169이다. 즉 오프라인 제도 및 운동 지향 참여를 예측하는 내적효능감 회귀계수의 차이는 불안 수준별 집단보다 분노 수준별 집단에서 더욱 크다는 것을 알 수 있다.

정치효능감은 분노와 불안감의 표출에 관여하는 자원 중 하나이다. 특히 분노와 밀접한 관계가 있다. 이는 분노라는 개별 감정과 내적효능감의 특징을 고려할 때 더욱 잘 이해할 수 있다. 일반적으로 분노의 감정은 분노를 느끼게 한 특정 상황에 대해 대처할 수 있는 능력을 갖춘 사람에게서 표출되는데, 정치효능감은 이러한 대처 능력에 영향을 미치는 기제 중 하나이기 때문이다(이준웅 2007). 다수의 연구들은 내적효능감이 높은 사람이 정치적 상황에 대한 분노의 강도가 높다고 언급한다(Rudolph el al. 2000; 이준웅 2007; 이강형 2013). 동시에 이는 정치참여의 촉진에도 영향을 미친다. 본 연구의 부정감정이 정치참여에 미치는 효과 역시 이러한 맥락 속에서 형성되었다고 볼 수 있다.

다음으로 부정감정이 어떻게 온라인 제도 지향 참여를 증가시키는가에

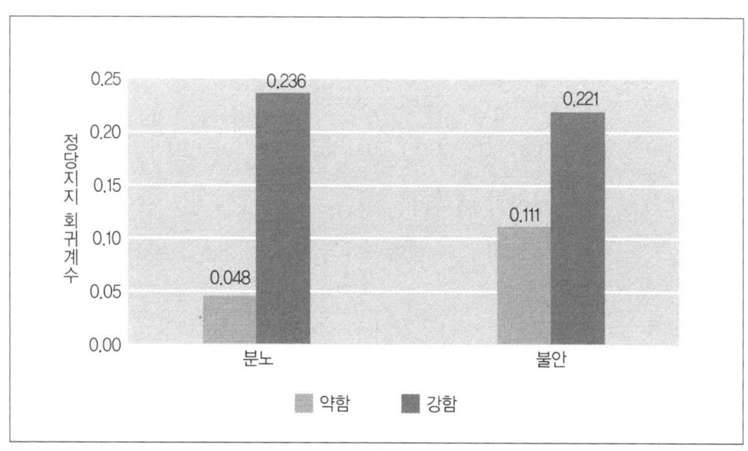

그림 3-2. 온라인-제도 지향 참여를 예측하는 정당지지 효과: 분노와 불안 집단 비교

대한 문제를 살펴보았다. 앞의 선형회귀분석모델은 온라인 제도 지향 참여에서 부정감정이 정당지지와 상호작용하면서 참여를 증가시킨다는 것을 보여주었다. 이 경우 역시 정당지지와 함께 작용하여 정치참여에 긍정적인 효과를 발생하는 감정이 분노라면, 온라인 제도 지향 참여를 예측하는 정당지지의 회귀계수 값의 차이는 약한 분노와 강한 분노의 집단이 불안 집단의 그것보다 클 것이다.

〈그림 3-2〉는 온라인 제도 지향 참여에 미치는 정당지지의 영향력을 설명하는 표준화 회귀계수를 분노와 불안 수준별 집단으로 구분하여 제시한 것이다. 그 결과 불안보다는 분노의 감정이 온라인 제도 지향 참여를 증가시키는 데 보다 큰 영향을 미친다는 것을 알 수 있다. 이 경우 참여를 예측하는 정당지지 회귀계수는 약한 분노 집단에서 0.048(p=.551)이었으나 강한 분노 집단에서 0.236(p=.000***)으로 양 집단 간 정당지

지 회귀계수의 차이는 0.188인 것으로 확인되었다. 반면, 참여를 예측하는 정당지지 회귀계수는 약한 불안 집단과 강한 불안 집단에서 각각 0.111($p=.165$)과 0.221($p=.000^{***}$)로 그 차이가 0.110에 불과했다. 즉 온라인 제도 지향 참여를 예측하는 정당지지의 영향력은 불안 집단에 비해 분노 집단에서 상대적으로 크게 나타난다.

일반적으로 정당 지지자가 그렇지 않은 경우에 비해 정치 경험이 풍부하고 정치적 환경을 친숙하게 느낀다. 그렇기 때문에 사람들 마음 속에 당파적인 생각이 뿌리를 박고 있을 때에는 추가 정보가 있더라도 그들의 인식을 바꾸려 하기 보다는 오히려 기존의 의견을 확고히 하려고 한다(카스텔 2013, 285). 이러한 특징들은 정치 환경에서 문제가 감지될 때 불안감보다는 분노를 촉발하는 데 보다 관여하게 한다. 당파성은 위험을 감내하고 행동하게 하는 동기적 요인으로서의 역할을 한다.

결론

본 연구는 감정이 정치참여에 미치는 영향에 대해 살펴보았다. 특히, 부정감정을 중심으로 정치참여에 대한 감정의 영향력을 분석하였고, 개별 감정이 정치참여에 미치는 차별적 효과 또한 살펴보았다. 그 결과 감정은 기존의 인지적 변수들 못지않게 정치참여에 영향을 미치고 있었으며, 그 과정에서 몇 가지 특징이 확인되었다. 첫째, [감정 모형]에서 부정감정은 정치참여에 독립적으로 영향을 미치나 그 효과는 몇몇 참여 유형에만 제한적인 것으로 나타났다. 정치에 대한 부정감정이 강할수록 온라인 시위에 동참하기 등과 같은 〈온라인 운동 지향 참여〉가 증가하였다. 반면, 정치에 대한 부정감정이 강할수록 정치인과 직접 접촉하거나 정치후보자 혹은 정당 자원봉사하기 등과 같은 〈오프라인 제도 지향 참여〉는 줄어들었다. 한편 〈온라인 제도 지향 참여〉와 〈오프라인 운동 지향 참여〉에서 부정감정의 통계적 유의성은 확인되지 않았지만, 전자에서는 부(−)의 방향을, 후자에서는 정(+)의 방향을 보여줬다. 일반적으로 정치에 대해 부정감정을 느끼는 사람이 정치에 불만족할 가능성이 크다. 본 연구 역시 이러한 경향을 확인하였는데 정치에 대한 부정감정이 강할수록 정당, 행정부, 국회와 같은 제도정치를 신뢰하지 않는 것으로 나타났다. 이를 고려할 때 정치에 대해 부정감정을 느끼는 사람이 정치적 목소리를 낼 경우에는 제도적 통로보다도 비제도적 통로를 통한 참여에 더욱 적극적일 것이다.

둘째, [인지×감정 모형]에서 부정감정은 기존의 인지적 변수들과 상호작용하면서 모든 유형의 정치참여를 증가시키는 효과를 발휘하였다. 이러한 결과는 감정과 정치에 대한 기존 논의를 재확인시켜 준다. 우리가 정치영역에서 표출하는 행위는 특정한 정치 상황이나 대상에게서 느끼는 감정과 인지적 평가로부터 기인한다는 것이다. 셋째, 부정감정을 구성하는 분노와 불안의 정치적 효과를 살펴볼 때, 정치참여에 미치는 분노의 영향력이 불안에 비해 더욱 강한 것으로 확인되었다. 본 연구에서 부정감정은 높은 내적효능감 혹은 정당지지와 결합하면서 정치적 행동을 촉구하는데, 불안보다 분노의 감정이 내적효능감이나 정당지지와 상호작용하여 정치참여를 증가시킨다. 이러한 연구결과는 분노와 불안과 같은 개별 감정들이 서로 다른 기능을 수행하고 있음을 보여준다.

이렇게 볼 때 감정은 정치참여의 또 다른 설명변수로서의 역할을 한다. 분노하면 문제를 해결하기 위해 행동하게 된다. 반면, 불안감에 휩싸이면 불확실성을 줄이기 위해 추가적인 정보를 살피려고 한다. 이렇듯 개별 감정의 처리 과정에서 나타나는 차이는 정치참여의 발생 과정을 더욱 풍부하게 설명한다. 투표에 참여하는 일, 길거리 시위 혹은 온라인 시위에 동참하는 일, 정치인을 지지하는 일, 이 모든 행위들이 우리의 합리적인 계산만으로 발생하는 것은 아니다. 거기에는 분노나 자존심 혹은 애정이나 신념도 포함된다. 이러한 가치들이 곧 다양한 정치적 판단의 근거가 된다.

정치는 오히려 감정이나 상징에 의해 지배되는 행위를 통해 잘 표현될 수 있다. 이성과 감정의 기능이 다르긴 하지만 정치 영역에서 이 둘의 관계는 매우 밀접하게 얽혀 있는 것이다. 요시다 도오루(2014)의 언급처럼 수단과 목적이 서로 연관되고 이에 따라 자원을 변화시켜가는 끝없는 과정이 바로 정치이기 때문이다. 정치생활에서 시민이 느끼는 감정은 현실에 대한 주관적 평가의 산물인 동시에 현실에 대처하는 '합당한 반응'이기도 하다(이준웅 2007). '헬조선'과 같은 우리사회에 대한 감정적 표현은 시민들의 이성적 판단과 맞물려 있으며, 이는 정치참여를 추동하는 힘으로 작동할 수 있다.

참고문헌

1. 국내 문헌

김경미. 2007. "미디어, 감정 그리고 시민참여." 2007 전기사회학대회: 한국사회학 50년 정리와 전망. 서울, 6월.

김연숙. 2014a. "상충적 유권자의 감정합리성과 투표선택: 2007년~2012년 대통령 선거결과 비교 분석."『의정연구』43, 222-253.

______. 2014b. "긍정과 부정의 정치심리학: 정당에 대한 부정적 감정과 정치행태."『한국정치학회보』48집 2호, 5-27.

김장수. 2005. "정당일체감에 따른 인식의 양극화: 기제와 완충요인을 중심으로."『국제정치논총』. 45집 4호, 145-168.

나은경·이강형·김현석. 2008. "이게 다 노무현 때문?: 대통령에 대한 평가의 사회 정서적 근원과 미디어 이용 및 대화 요인."『한국언론학보』52집 4호, 299-323.

박원호. 2013. "정당 일체감의 재구성: 제18대 대선을 중심으로."『2012 대선에서 나타난 한국정치의 특성과 변화』. 2013년 서울대학교 한국정치연구소 학술대회. 서울. 1월.

박원호·송정민. 2012. "정당은 유권자에게 얼마나 유의미한가?: 한국의 무당파층과 국회의원 총선거."『한국정치연구』21집 2호, 115-143.

박원호·신화용. 2014. "정당 선호의 감정적 기반."『한국정치학회보』48집 5호, 119-142.

요시다 도오루·김상운 옮김. 2014.『정치는 감성에 따라 움직인다』서울: 바다출판사.

유성진. 2009. "상충적 태도의 유권자: 민주주의 적인가? 이상적 유권자인가?" 이내영·김민전 편.『변화하는 한국유권자3』서울: EAI.

이강형. 2002. “유권자의 정치후보에 대한 감정이 정치참여에 미치는 영향에 관한 연구.”『한국언론학보』46집 5호, 73-104.

______. 2006. “정치후보에 대한 유권자 감정 유발 요인 및 미디어 캠페인 활동의 효과에 관한 연구.”『한국언론학보』50집 3호, 337-366.

______. 2013.“정치참여 행위에 있어서 정치 효능감과 정서적 반응의 역할: 분노(anger)와 두려움(fear)을 중심으로.”『의정연구』39집(단일호), 137-167.

이기형·이영주. 2012. “넷과 SNS를 통한 감성적 참여와 공유.” 제38대 한국언론학회 제1차 기획연구: 한국사회의 정치적 소통과 SNS. 서울. 6월.

이내영. 2011. “한국 사회 이념 갈등의 원인: 국민들의 양극화인가, 정치 엘리트들의 양극화인가?”『한국정당학회보』10집 2호, 251-286.

이준웅. 2007. “대통령 후보에 대한 정서적 반응의 형성과 정치적 효과.”『한국언론학보』51집 5호, 111-137.

이준웅·황용석·양승찬·이원태. 2011. “인터넷에서 의견추구성향과 정치참여.”『사이버커뮤니케이션 학보』28집 2호, 149-185.

장승진. 2012. “한국 유권자들의 정당에 대한 태도.” 박찬욱·강원택 편.『2012년 국회의원 선거 분석』파주: 나남.

카스텔 마누엘 저·박행웅 역. 2013.『커뮤니케이션 권력』서울: 한울.

2. 국외 문헌

Arnold, M. B. 1960. *Emotion and Personality*. New York: Columbia University Press.

Averill, J. 1982. *Anger and aggression: An essay on emotion*. New York: Springer-Verlag.

Brader, T. 2005. “Striking a responsive chord: How political ads motivate and persuade voters by appealing to emotions.” *American Journal of Political Science* 49(2): 388-405.

Brader, T., Valentino, Nicholas A., Krysha Gregorowicz and Eric Groenendyk. 2009. “Efficacy, Emotions, and the Habit of Participation.” *Political Behavior*, 31(3): 307-330.

Easton, D. 1965. *A systems analysis of political life*. New York: Wiley.

Easton, D. and Dennis. J. 1967. "The Child's Acquisition of Regime Norms: Political Efficacy." *The American Political Science Review* 61(1): 25-38.

Elias, N., and Dunning, E. 1986. *Quest for excitement: Sport and leisure in the civilizing process*. Oxford, England: Blackwell.

Eveland, William P., and Dietram A. Scheufele. 2000. "Connecting News Media Use with Gaps in Knowledge and Participation." *Political Communication* 17(3): 215–37.

Folkman, S., Lazarus, R. S., Gruen, R. J., and DeLongis, A. 1986. Appraisal, coping, health status, and psychological symptoms. *Journal of personality and social psychology* 50(3): 571-579.

Frijda, N. H. 1986. *The emotions*. Cambridge, UK: Bambridge University Press.

Goodwin, J., Jasper, J.M. and Polletta, F. 2009. *Passionate politics: Emotions and social movements*. Chicago and London: University of Chicago Press.

Gray, J. A. 1990. "Brain systems that mediate both emotion and cognition." *Cognition & Emotion* 4(3): 269-288.

Huddy, Leonie, Feldman, Stanley and Erin Cassese. 2007. "On the Distinct Political Effects of Anxiety and Anger." In *The Political Dynamics of Feeling and Thinking*, edited by Ann Crigler, Michael MacKuen, George E. Marcus, and W. Russell Neuman. Chicago: University of Chicago Press.

Isbell, L. M., Ottati, V. C., and Burns, K. C. 2006. "Affect and politics: Effects on judgment, processing, and information seeking." In *Feeling politics*: 20 Emotion *in political information processing*, edited by D. P. Redlawsk, 57-86. New York: Palgrave Macmillan.

Izard, C. E. 1993. "Four systems for emotion activation: Cognitive and noncognitive processes." *Psychological Review* 100: 68–90.

Kemper, T.D. 1993. "Sociological models in the explanation of emotions." In Handbook of emotions, edited by M. Lewis and J.M. Haviland, 41-51. New York: Guilford Press

Klandermans, B. 1984. "Mobilization and participation: Social-psychological expansions of resource mobilization theory." *American Sociological Review* 49(5): 583-600.

Jennings, M. K. 1996. "Political knowledge over time and across generations." *Public Opinion Quarterly* 60(2): 228-252.

Jennings, M. K., and Niemi, R. G. 1978. "The persistence of Political Orientations: An Over-Time Analysis of Two Generations." *British Journal of Political Science* 8(3): 333-363.

Just, M. R., Crigler, A. N., and Belt, T. L. 2007. "Don't give up hope: Emotions, candidate appraisals, and votes." In *Affect effect: Dynamics of emotion in political thinking and behavior*, edited by W. R. Neuman, G. E. Marcus, A. N. Crigler and M. Mackuen. Chicago: University of Chicago Press.

Lau, R. R. 1985. "Two explanations for negativity effects in political behavior." *American Journal of Political Science* 29(1): 119-138.

Lazarus, R. S. 1991. Emotion and Adaptation. Yew York: Oxford University Press.

Lazarus, R. S. and Smith, C. A. 1988. "Knowledge and appraisal in the cognition-emotion relationship." *Cognition & Emotion* 2(4): 281-300.

Lerner, J. S., and Keltner, D. 2000. "Beyond valence: Toward a model of emotion-specific influences on judgment and choice." *Cognition and Emotion* 14: 473-493.

_______. 2001. "Fear, anger, and risk." *Journal of personality and social psychology* 81(1): 146-159.

Marcus, G. E., and MacKuen, M. B. 1993. "Anxiety, enthusiasm, and the vote: the emotional underpinnings of learning and involvement during presidential campaigns." *American Political Science Review* 87(3): 672-685.

Marcus, G. E. 2000. "Emotions in politics." *Annual Review of Political Science* 3(1): 221-250.

Marcus, G. E., and MacKuen, M. B. 2001. "Emotions and politics: The dynamic functions of emotionality." In Citizens and politics: Perspectives from *politi-*

cal psychology, edited by Kuklinski, James H., 41-67. New York: Cambridge University Press.

Marcus, G.E., Neuman, W.R. and MacKuen, M., 2000. *Affective intelligence and political judgment*. Chicago: University of Chicago Press.

Miller, P. R. 2011. "The emotional citizen: Emotion as a function of political sophistication." *Political psychology* 32(4): 575-600.

Norris, P., 2005. The impact of the Internet on political activism: Evidence from Europe. *International Journal of Electronic Government Research* 1(1): 19-39.

Neuman, S. 1986. "Religious observance within a human capital framework: theory and application." *Applied Economics* 18(11): 443-447.

Parker, M. T., and Isbell, L. M. 2010. "How I Vote Depends on How I Feel The Differential Impact of Anger and Fear on Political Information Processing." *Psychological Science* 21(4): 548–550.

Redlawsk, D. P. 2006. *Feeling politics: Emotion in political information processing.* New York: Palgrave Macmillan.

Richards, B., 2004. "The emotional deficit in political communication." *Political Communication* 21(3): 339-352.

______. 1994. *Disciplines of delight: The psychoanalysis of popular culture.* London: Free Association Books.

Rosenston, S., and Hansen, J. 1993. *Mobilization, participation, and democracy in America*. New York, NY: Macmillan Company.

Rudolph, T. J., Gangl, A., and Stevens, D. 2000. "The effects of efficacy and emotions on campaign involvement." *Journal of Politics* 62(4): 1189-1197.

Ryan, T. J. 2011. "Anger and Political Information: Evidence from Digital-Age Field Experiments." *Working manuscript.*

Schudson, M., 2001. "Politics as cultural practice." *Political Communication* 18(4). 421-431.

Shah, D. V., Cho, J., Eveland, W. P. J. R., and Kwak, N. 2005. "Information and expression in a digital age: Modeling Internet effects on civic participation."

Communication Research 32: 531-565

Smith, C. A. and Kirby, L. D. 2004. "Appraisal as a pervasive determinant of anger." *Emotion* 4: 133–138.

Suny, R. G. 2004. "Why we hate you: The passions of national identity and ethnic violence." *Berkeley Program in Eurasian and East European Studies.*

Valentino, N. A., Brader, T., Groenendyk, E. W., Gregorowicz, K., and Hutchings, V. L. 2011. "Election night's alright for fighting: The role of emotions in political participation." *The Journal of Politics* 73(1): 156-170.

Valentino, N. A., Gregorowicz, K., and Groenendyk, E. W. 2009. "Efficacy, emotions and the habit of participation." *Political Behavior* 31(3): 307-330.

Valentino, N. A., Hutchings, V. L., Banks, A. J., and Davis, A. K. 2008. "Is a worried citizen a good citizen?: Emotions, political information seeking, and learning via the internet." *Political Psychology* 29(2): 247-273.

Verba, S., Schlozman, K. L. and Brady, H. E. 1995. *Voice and Equality: Civic Voluntarism in American Politics.* Cambridge: Harvard University Press.

Verba, S., and Nie, N. H. 1972. *Participation in. America: Political Democracy and Social Equality.* New. York: Harper and Row.

Wahl-Jorgensen, K. 2006. "Mediated citizenship(s): an introduction." *Social Semiotics* 16(2): 197-203.

Wolfinger, R. E. and Steven, J. R. 1980. *Who Votes?* New Haven: Yale University Press.

Zaller, John R. 1992. *The Nature and Origins of Mass Opinion.* New York: Cambridge University Press.

07

참여의 역설과 대의민주주의
: 촛불집회 참여 경험이 정치적 태도에 끼친 영향

장승진 · 국민대학교

서론

2016년 하반기 언론에 의해 소위 "박근혜-최순실 게이트"로 표현된 국정농단 사태가 드러나기 시작하면서 2017년 3월 10일 헌법재판소가 대통령의 탄핵을 최종적으로 결정하기까지의 일련의 과정은 1987년 민주화 이후 한국 정치가 경험한 가장 드라마틱한 사건 중 하나라고 할 수 있다. 그리고 이 과정에서 중요한 역할을 담당하고 결과적으로 헌정 사상 최초로 대통령 탄핵을 이끌어내는 데 결정적으로 기여한 것은 촛불집회라고 불리는 대규모 시위였다. 2016년 10월 29일 개최된 첫 번째 집회를 시작으로 박근혜대통령이 탄핵될 때까지 총 19차에 걸쳐 진행된 촛불집회에는 주최측 추산으로 누적인원 1,500만 명 이상이 참여했으며,[1] 엄청난 규모에도 불구하고 평화적 진행과정과 그 속에서 참여자들이 보여준 성숙한 시민의식으로 국내외 언론의 극찬을 받기도 했다.

촛불집회가 한국 민주주의의 발전과 관련하여 가지는 의미에 대해서는 다양한 평가가 가능할 것이다. 한편으로는 평화적이고 민주적인 절차를 통해 비민주적인 정치권력을 교체했다는 점에서 한국 민주주의가 제도적으로 성숙했다는 사실을 단적으로 보여주는 계기가 되었다. 그러나 또 다른 한편으로는 국회 및 정당을 비롯한 기성 정치권이 국정농단 사태로 비롯된 정치적 혼란과 위기를 주도적으로 해결하지 못하고 시민들의 대규모 시위와 정치참여에 이끌려가는 모습을 보였다는 점에서 역설적으로 대의민주주의 기구의 여전한 취약성을 보여주기도 했다. 또한 촛불집회의 반대편에서는 – 비록 규모는 상대적으로 매우 소수이기는 했지만 – 탄핵에 반대하는 사람들에 의해 소위 "태극기집회"라고 불리는 맞불 형태의 집회가 벌어짐으로서 세대와 이념에 따른 한국 사회의 뿌리 깊은 갈등을 재삼 확인시켜 주기도 했다.

그러나 본 논문에서는 이와 같이 거시적 차원에서 촛불집회가 가지는 의미와는 별개로 보다 미시적인 차원에서 촛불집회에 참여한 경험이 참여자들에게 어떠한 영향을 끼쳤는지 살펴보고자 한다. 안정적이고 효율

1. 탄핵 선고 이후에도 2017년 4월 29일 제23차 촛불집회까지 4번의 집회가 추가로 개최되었다.

적인 민주주의를 위해서는 민주적 제도와 절차와 더불어 시민들이 정치체제의 성격 및 정부와 시민 사이의 관계를 어떻게 인식·평가하는가가 중요한 역할을 담당한다(Almond and Verba 1963, 498). 과연 촛불집회 – 혹은 태극기집회 – 에 참여하는 것과 같은 특수한 경험은 한국인들이 정부와 시민의 역할을 바라보는 태도에 어떠한 변화를 가져왔으며, 이러한 변화는 한국 대의민주주의의 발전과 관련하여 과연 긍정적인 영향을 끼쳤는가? 본 논문은 이러한 질문에 대한 실증적인 분석을 시도한다.

보다 구체적으로 본 논문은 명지대학교 미래정치연구소가 한국리서치와 공동으로 2017년 3월 2일부터 9일까지 8일에 걸쳐 실시한 "정당과 사회통합에 대한 국민의식조사"를 사용하여 촛불집회에 참여한 경험이 있는 사람들이 그렇지 않은 사람들에 비해 외적·내적 정치효능감(political efficacy) 및 정치신뢰(political trust)에 있어서 유의미한 차이를 나타내는지 분석한다. 이 조사가 3월 10일 헌법재판소가 박근혜 대통령의 탄핵을 최종적으로 결정하기 직전에 이루어졌다는 점은 두 가지 측면에서 중요한 의미를 가진다고 할 수 있다. 첫 번째로 2016년 10월 이후 4개월여 동안 계속된 촛불집회가 마무리되는 시점, 즉 참여의사를 가진 대부분의 시민들이 촛불집회에 참여한 이후라는 점에서, 당시까지의 촛불집회와 태극기집회 경험이 참여자들에게 어떠한 정치적 영향을 끼쳤는지 살펴보기 적절하다는 점이다. 두 번째로 헌법재판소의 판결이 공식적으로 내려지기 전에 조사가 마무리되었다는 점에서 탄핵 자체에 대한 찬반이나 탄핵 이후의 정치적 상황의 변화, 특히 제19대 대통령선거의 결과와는 무관하게 촛불집회와 태극기집회에 참여한 경험 자체에 초점을 맞추어 분석

결과를 해석할 수 있다는 점이다.

정치참여의 심리적 효과와 촛불집회

정치참여에 대한 대부분의 연구는 "누가 참여하는가"라는 질문을 던지고 참여자와 비참여자를 가르는 여러 가지 요인들을 밝히는 데 초점을 맞추는 경향이 있다. 그리고 이러한 연구는 시민 각자가 보유하고 있는 정치적 자원(resources)과 기술(skills) 외에도 다양한 정치적 태도가 정치참여에 영향을 끼친다는 사실을 밝혀왔다(Rosenstone and Hansen 1993; Verba, Schlozman, Brady 1995; Wolfinger and Rosenstone 1980). 반면에 참여의 동인에 대한 연구와는 달리 정치에 참여하는 행위를 통해 참여자의 행태와 태도가 어떻게 변화하는가에 대해서는 상대적으로 충분한 관심이 주어지지 않았다. 그러나 민주주의 이론가들에 따르면 정치참여는 단순히 정부의 선출과 정책결정에 영향을 끼치는 현실적인 기능(Verba and Nie 1972, 2) 외에도 바로 그 참여의 과정을 통해 참여자들이 민주주의에 적합한 정치적 가치와 태도를 습득하고 시민으로서의 자질을 발전시킬 수 있는 교육적(educative) 역할 또한 수행하게 된다(Barber 1984; Pateman 1970). 다시 말해서 정치참여의 경험이 이후 또 다른 참여를 가능케 하는 정치적 태도를 증진시키는 순환과정이 존재한다는 것이다.

1. 정치효능감

정치효능감은 자신의 개인적 혹은 집단적 노력을 통해 정치체제에 영향을 끼칠 수 있다는 시민들의 믿음을 의미한다(Sullivan and Riedel 2001, 4353). 물론 정치효능감의 개념적·조작적 정의에 대해서는 여전히 논란의 여지가 존재하기는 하지만(Blasius and Thiessen 2000), 일반적으로 외적 정치효능감과 내적 정치효능감이라는 두 가지 – 서로 밀접하게 연관된 – 차원으로 구분된다(Balch 1974). 이때 내적 효능감은 시민들이 정치과정에 참여하여 영향을 끼칠 수 있는 스스로의 능력에 대한 믿음을 의미하며, 외적 정치효능감은 정부와 정치인들이 시민들의 요구에 관심을 가지고 반응한다는 믿음을 의미한다(Sullivan and Riedel 2001, 4353-4354).

개념화 초기부터 정치효능감은 정치참여에 영향을 끼치는 가장 중요한 요인 중 하나로 받아들여졌다. 예를 들어 정치효능감 개념을 정치행태에 대한 경험적 연구에 처음 도입한 미시간 학파의 연구는 외적 정치효능감 및 내적 정치효능감이 높은 사람일수록 정치에 적극적으로 참여하는 경향이 있다는 사실을 보여준 바 있다(Campbell, Gurin and Miller 1954, Campbell et al. 1960). 또한 5개국에 걸친 비교연구를 통해 알몬드와 버바(Almond and Verba 1963) 역시 정치효능감이 정치참여를 촉진하는 시민문화(civic culture)의 핵심적인 구성 요소임을 보여주고 있다. 비슷한 맥락에서 전후 미국선거에서 투표율이 지속적으로 하락한 원인 중 하나를 유권자들 사이에서 – 정당 지지의 약화와 함께 – 정치효능감이 쇠퇴

한 것에서 찾을 수 있다(Abramson 1983; Abramson and Aldrich 1982). 이후 많은 연구들에 의해 외적·내적 정치효능감이 다양한 형태의 정치참여에 매우 강력한 영향을 끼친다는 점이 보고되어 왔다(Pollock 1983; Rudolph, Gangl, and Stevens 2000; Shingles 1981; Sigelman and Feldman 1983; Valentino et al. 2009).

그러나 정치효능감과 정치참여 사이의 관계는 일방적이라기보다는 상호적이라고 할 수 있다. 즉 정치효능감이 높은 사람들이 정치에 보다 적극적으로 참여하는 경향이 있는 동시에, 정치에 참여한 경험이 참여자들의 정치효능감을 고양시키는 효과를 가질 수 있다는 것이다. 예를 들어 핀켈(Finkel 1985, 1987)은 패널 자료를 사용하여 정치효능감이 정치참여에 끼치는 영향력을 통제한 이후에도 선거에서 투표하는 행위가 유권자의 외적 정치효능감을 유의미하게 증가시켰다는 점을 보여주었다. 물론 투표참여가 정치효능감에 끼치는 긍정적인 영향이 과연 참여하는 행위 자체의 효과인지 아니면 자신이 지지하는 후보가 선거에서 승리했는가에 달려 있는지에 대해서는 여전히 논란의 여지가 존재한다(Anderson and LoTempio 2002; Clarke and Acock 1989; Nadeau and Blais 1993; Valentino et al. 2009).

이러한 관점에서 투표와 같이 본질적으로 자기표현적인(expressive) 성격이 강한 참여 유형과는 달리 구체적인 문제를 해결하기 위한 (problem-solving) 정치참여 행위일수록 정치효능감의 상승이 두드러지게 나타날 수 있다(Leighley 1991). 따라서 많은 경우 자신의 행위가 실제로 구체적인 성과로 이어졌을 경우 참여자들이 정치효능감이 고양되는 경험을 하게 된다(Ainsworth 2000; Madsen 1987). 흥미로운 점은 만일 참여의 과정에서 정부 및 공무원의 고압적이거나 불친절한 반응을 경험한다면, 실제로 구체적인 성과를 얻은 참여자라 할지라도 내적 정치효능감의 상승과는 별개로 외적 정치효능감이 하락하게 된다는 점이다(Soss 1999).

2. 정치신뢰

신뢰는 기본적으로 신뢰의 대상이 얼마나 신뢰할만한가(trustworthiness)에 대한 판단을 의미한다. 그리고 여기에서 신뢰할만함이란 신뢰의 대상이 – 이해관계의 합치 때문이든 혹은 일종의 도덕적 의무에 기반해서든 – 우리의 이익에 부합하는 방향으로 행동하고자 하는 의지(commitment)와 능력(competence)을 갖추고 있다는 것을 의미한다(Hardin 2002; Levi and Stoker 2000). 이렇게 본다면 정치신뢰는 정부가 시민에게 이익이 되는 결과물을 산출하고 있는가에 대한 주관적 인식의 결정체라고 할 수 있다(최준영 2010, 69).

정치신뢰는 단순한 정책에 대한 찬반과는 구분되어야 한다. 일찍이 이스턴(Easton 1965, 1975)은 시민들이 정부에 대해 가지고 있는 정향을 정치체제, 즉 헌법을 통해 구체화된 정부의 형태 및 규범에 대한 포괄적 지지(diffuse support)와 보다 구체적인 정치제도 및 정치 엘리트들의 정책결정과 결과에 대한 구체적 지지(specific support)로 구분했다. 이후 정치신뢰가 포괄적 지지와 구체적 지지 중 어느 것을 측정하는가에 대한 개념적 방법론적 논쟁이 제기되기도 했다(Citrin 1974; Citrin and Green 1986; Miller 1974a, 1974b). 그러나 포괄적 지지라고 해서 정부의 성과(performance)와 유리되어 있다고 보기 어려우며, 보다 근본적으로 정치신뢰와 포괄적 지지 모두 무조건적(unconditional)이라기보다는 특정한 정치적 맥락 속에서 특정한 영역(domain)과 관련하여 특정한 행위자에게 부여된다고 할 수 있다(Levi and Stoker 2000). 결과적으로 대부분의 연구들은 포괄적 지지와 구체적 지지를 명확하게 구분하기 어려우며 따라서 정치신뢰가 포괄적 지지와 구체적 지지 양 측면을 모두 포함하는 것으로 간주하고 있다(Hetherington 1998, 2005).

정치효능감과 마찬가지로 정치신뢰 또한 시민들의 정치참여를 촉진하는 핵심적인 요인 중 하나로 널리 알려져 있다(Brehm and Rahn 1997; Norris 1999; Putnam 2000). 정치신뢰는 정부의 반응성에 대한 시민들의 믿음을 강화시킴으로써 다양한 형태의 참여를 통해 자신의 정치적 요구를 표출하고자 하는 유인을 제공하는 것이다. 다만 정치신뢰가 정치참여에 끼치는 영향력은 참여의 형태에 따라 다르게 나타날 수 있다. 투표와 같은 전통적인 정치참여의 경우에는 정치신뢰가 참여에 끼치는 긍정적인 영향에 대해서는 의문의 여지가 없다고 할 수 있다. 그러나 시위나 집회와 같이 대의민주주의 틀 밖에서 이루어지는 참여의 경우에도 과연 정치신뢰가 마찬가지의 영향을 끼치는지, 아니면 오히려 정치신뢰가 낮은 사람일수록 이러한 참여의 형태에 보다 적극적으로 참여하는지에 대해서는 엇갈린 주장이 존재한다(Dalton 2004; Dalton et al. 2010; Houghe and

Marien 2013; Norris 1999; Norris et al. 2005; Schussman and Soule 2005).

3. 촛불집회

2002년 11월 한 네티즌의 제안에 화답하여 약1만여 명의 시민들이 미군 장갑차에 의해 목숨을 잃은 두 여중생을 추모하기 위해 광화문 광장에 모인 이후, 촛불집회는 한국인들의 독특한 정치참여의 형태로 자리잡았다. 유권자들의 선호와 참여 욕구를 매개하지 못하는 정당정치의 취약성과 대의민주주의 제도의 한계의 반대편에(고원 2008; 허태회·장우영 2009) 정보통신기술의 발전에 힘입어 시민들이 자발적으로 네트워크를 형성하고 이를 통해 집단행동의 문제를 극복할 수 있는 환경이 만들어졌으며(송경재 2009; 조희정·강장묵 2008), 결과적으로 2004년 노무현대통령 탄핵 사태와 2008년 한-미 쇠고기 협상 문제, 2013년 세월호 참사 등 중요한 정치적·사회적 사건이 발생할 때마다 수많은 시민들이 촛불을 들고 광장에 모임으로써 자신의 생각과 의견을 표현하곤 했다.

그러나 거시적인 차원에서의 이론적 평가와는 별개로 촛불집회 참여자들의 경험을 미시적으로 분석한 연구를 찾아보기는 어렵다. 촛불집회의 정치사적 의의와는 별개로 촛불집회 또한 정치참여의 한 형태라고 볼 수 있다. 보다 구체적으로 촛불집회는 기존의 대의민주주의 제도와 절차의 틀 속에서 이루어지는 관습적(conventional) 참여와는 구분되는(Verba and Nie 1972), 비관습적(non-conventional) 참여의 한 예라고 할 수 있다(Barnes and Kasse 1979). 사실 대부분의 선진민주주의 국가에서 공통적으로 관찰되는 현상은 유권자들 사이에서 – 투표율이나 정당과의 연계와 같은 – 관습적 참여가 지속적으로 하락하는 반면에 비관습적 참여의 경우 오히려 그 빈도와 참여율이 증가하고 있다는 것이다(Dalton 2004; Norris 1999, 2002; Rucht 2007).

촛불집회를 보다 넓은 의미의 비관습적 참여의 한 예로 본다면, 누가 어떠한 동기에서 촛불집회에 참여하며 그리고 참여의 경험은 다시 참여자들에게 어떠한 영향을 끼치는가라는 실증적인 질문이 자연스럽게 뒤따르게 된다. 이 중 첫 번째 질문, 즉 누가 촛불집회에 참여하는가에 대해서는 상대적으로 연구가 축적되어 왔다. 사실 비관습적 참여의 경우 기존의 정치제도에 의해 매개되지 않고 참여자들의 자발적인 참여에 크게 의지한다는 점에서 집합행동(collective action)의 문제가 대두될 수밖에 없으며, 따라서 누가 무임승차의 유혹을 극복하고 참여하는가라는 질문이 특히 중요한 의미를 가지게 된다. 이는 한국에서 촛불집회를 대상으로 이루어진 경험적 연구에 있어서도 마찬가지여서 이갑윤(2010), 이현우(2008), 조기숙(2009), 조기숙 · 박혜윤(2008) 등의 연구들이 2008년 촛불집회에 참여한 사람들은 정치적 성향과 태도에 있어서 어떠한 특성을 가지고 있으며 참여하지 않은 사람들과는 어떠한 차이를 보이는지 분석하고 있다.

그러나 두 번째 질문 즉 촛불집회에 참여한 경험이 참여자들의 정치적 태도에 어떠한 영향을 끼치는가에 대해서는 지금까지 실증적으로 분석된 적이 없다. 대의제 하에서 일상적으로 이루어지는 관습적 참여에 비해 촛불집회에 참여하는 것과 같은 특수한 경험은 참여자의 정치적 태도에 보다 분명한 변화를 가져올 가능성이 있다. 특히 비관습적인 참여는 대의민주주의 제도와 절차의 틀을 벗어난다는 점에서 투표와 같은 관습적 참여가 가져오는 정치적 태도의 변화와는 다른 형태로 영향을 끼칠 가능성 또한 존재한다. 그러나 지금까지의 연구에서는 이러한 가능성들이 본격적으로 탐구되지 못하고 있다.

물론 일반적으로 비관습적 참여의 경우 참여자의 숫자와 범위가 제한적이기 마련이며 따라서 전체 유권자들을 대상으로 한 설문조사를 통해서는 분석에 한계가 있을 수밖에 없다. 그렇다고 해서 촛불집회 참여자들을 대상으로 한 독자적인 설문조사를 가지고는 참여하지 않은 일반 시민들과의 직접적인 비교가 불가능하다는 문제가 있다. 그러나 – 아래의 분석이 보여주듯이 – 2016년 촛불집회의 경우 상당한 기간에 걸쳐 워낙 많은 수의 시민들이 참여했기 때문에 전체 유권자들을 대상으로 한 설문조사임에도 불구하고 상당한 숫자의 참여자들이 포함되었다는 점에서 이러한 한계를 극복하고 참여가 가져온 정치적 태도의 변화를 실증적으로 살펴보기에 적합하다고 할 수 있다.

데이터와 변수 조작화

본 논문에서 사용하고 있는 "정당과 사회통합에 대한 국민의식조사"는 전국 만19세 이상 성인남녀 중 성별, 지역별, 연령별 비례할당을 통해 추출한 1,000명을 대상으로 이루어졌다. 이 조사의 표집오차는 무작위 표집을 전제했을 때 신뢰수준 95%에서 ±3.1%이다.

응답자 중 촛불집회에 참여한 경험이 있다고 대답한 비율은 26.4%로 나타났다. 이 중 촛불집회에 한 번만 참여한 비율은 10.4%였으며, 9.1%는 세 번 이상 참여했다고 응답했다. 반면에 태극기집회에 참여한 경험이 있다고 대답한 비율은 4.2%에 그쳤다. 〈표 3-6〉은 응답자의 연령대 및 이념성향에 따라 촛불집회 및 소위 태극기집회에 참여한 경험이 어떻게 달라지는지 보여주고 있다. 표에 따르면 쉽게 예상할 수 있듯이 연령이 낮을수록 그리고 이념적으로 진보적일수록 촛불집회에 참여할 가능성이 높아지는 것은 사실이지만, 이러한 전반적인 패턴에도 불구하고 50대 이상의 중장년층 및 보수적 이념성향을 가진 사람들 사이에서도 촛불집회에 참여한 경험이 있는 비율이 적지 않은 것으로 나타났다. 반면에 소위 태극기

표 3-6. 촛불집회 및 태극기집회 참여 경험(%)

		촛불집회 참여		태극기집회 참여	
		있음	없음	있음	없음
전체 응답자		26.40	73.60	4.20	95.80
연령대	20대	37.50	62.50	2.38	97.62
	30대	28.25	71.75	2.82	97.18
	40대	29.58	70.42	0.94	99.06
	50대	22.89	77.11	2.49	97.51
	60세 이상	17.43	82.57	10.79	89.21
이념 성향	진보(0–4)	40.59	59.41	0.73	99.27
	중도(5)	23.15	76.85	2.68	97.32
	보수(6–10)	9.90	90.10	10.58	89.42

집회에 참여한 경험이 있는 응답자들은 거의 전적으로 60대 이상의 노년층 및 보수적 이념성향을 가진 사람들에게만 국한된 것으로 나타남으로서 극명한 대비를 이루었다.

그렇다면 촛불집회와 태극기집회에 참여한 사람들은 그렇지 않은 사람들에 비해 정치적 태도에 있어서 어떠한 차이를 보이는가? 여기에서는 응답자의 외적·내적 정치효능감과 정치신뢰 등 세 가지 정치적 태도에 초점을 맞추어 분석을 진행하였다. 먼저 외적 정치효능감은 정치체제의 반응성(responsiveness)에 대한 믿음을 나타내며, 보다 구체적으로는 "나같은 사람들은 정부가 하는 일에 대해 어떤 영향도 주기 어렵다"와 "정부는 나같은 사람들의 의견에 관심이 없다"는 두 질문에 동의하는 정도를 4점 척도로 측정하여 사용하였다. 내적 정치효능감의 경우 정치에 참여하고 의사결정을 내리기 위한 스스로의 능력과 자질에 대한 믿음을 의미하며, 보다 구체적으로 "나는 한국이 당면하고 있는 중요한 정치 문제를 잘 이해하

표 3-7. 응답자의 외적·내적 정치효능감(%)

		매우 동의한다	동의한다	동의하지 않는다	전혀 동의하지 않는다
외적 효능감	"나같은 사람들은 정부가 하는 일에 대해 어떤 영향도 주기 어렵다"	19.9	48.4	28.0	3.7
	"정부는 나같은 사람들의 의견에 관심이 없다"	29.7	55.6	13.8	0.9
내적 효능감	"나는 한국이 당면하고 있는 중요한 정치 문제를 잘 이해하고 있다"	16.5	61.4	19.4	2.7
	"내부분의 한국 사람은 정치나 행정에 대해 나보다 잘 알고 있다"	4.2	49.3	43.9	2.6

고 있다"와 "대부분의 한국 사람은 정치나 행정에 대해 나보다 잘 알고 있다"는 두 질문에 동의하는 정도를 사용하였다. 〈표 3-7〉은 각 질문에 대한 대답이 어떻게 분포되어 있는지 보여주고 있다. 실제 변수들은 해당 두 질문에 대한 대답의 평균값을 사용하였으며 값이 커질수록 높은 수준의 효능감을 느끼도록 재코딩하였다.

응답자의 정치신뢰는 (행)정부, 국회, 법원, 그리고 정당 등 대의제 민주주의를 구성하는 핵심적인 기관에 대한 제도적 신뢰를 사용하여 측정하였다. 각 기관에 대해 응답자들은 0-10까지의 11점 척도를 사용하여 신뢰하는 정도를 대답했으며, 정치신뢰는 네 기관에 대한 신뢰도의 평균값을 사용하였다. 〈그림 3-3〉은 각 기관에 대한 신뢰도가 어떻게 분포되어 있는지 보여주고 있다. 네 기관 중 법원이 가장 높은 신뢰도를 기록하기는 했지만 그나마도 평균 3.69에 그쳤으며, 가장 낮은 신뢰도를 기록한 정당의 경우 평균 2.9에 그침으로써 대부분의 응답자들이 한국의 정치제도에 대한 매우 높은 수준의 불신을 보이는 것으로 나타났다.

촛불집회와 태극기집회에 참여한 경험이 참여자의 외적·내적 정치효능감 및 정치신뢰에 차이를 가져왔는지 살펴보기 위해 〈표 3-8〉에서는 각 집회의 참여 여부에 따라 세 가지 정치적 태도에 차이가 있는지 살펴보았다. 몇 가지 흥미로운 결과가 나타났는데, 촛불집회에 참여한 경험이 있는 응답자들은 그렇지 않은 사람들에 비해 내적 정치효능감이 유의미하게 높았지만 정치신뢰는 거꾸로 유의미하게 낮은 것으로 나타났다. 반면에 외적 효능감에 있어서는 촛불집회 참여자들과 그렇지 않은 사람들 사이에 유의미한 차이가 발견되지 않았다. 하지만 태극기집회의 경우에는

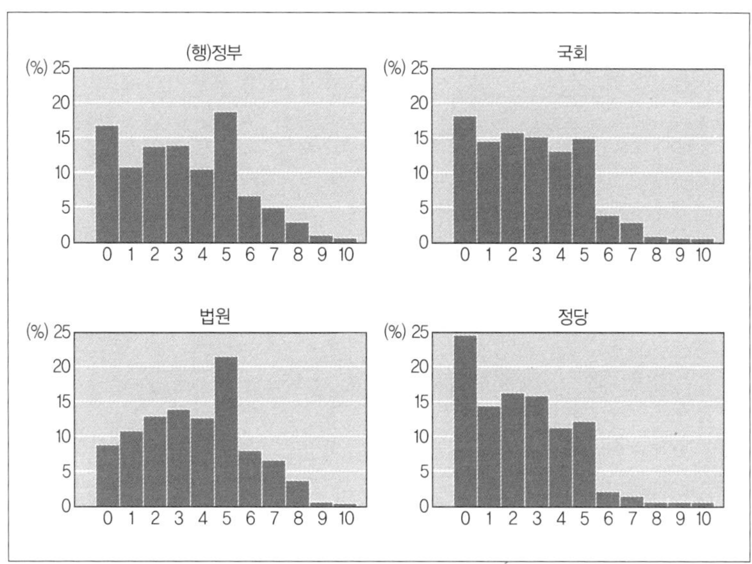

그림 3-3. 정치기관에 대한 제도적 신뢰의 분포

표 3-8. 촛불집회 및 태극기집회 참여 여부에 따른 정치적 태도의 차이

			평균값	t-test
외적 효능감	촛불집회 참여 경험	있음	2.015	0.233
		없음	2.004	
	태극기집회 참여 경험	있음	2.214	1.632
		없음	1.998	
내적 효능감	촛불집회 참여 경험	있음	2.805	5.008*
		없음	2.639	
	태극기집회 참여 경험	있음	2.690	0.0961
		없음	2.683	
정치신뢰	촛불집회 참여 경험	있음	2.688	-3.582*
		없음	3.147	
	태극기집회 참여 경험	있음	3.821	2.452*
		없음	2.991	

*$p < 0.05$

참여 여부가 정치효능감에 있어서 별다른 차이를 가져오지 않았지만, 태극기집회 참여자들이 그렇지 않은 사람들에 비해 정치기관에 대한 제도적 신뢰가 유의미하게 높은 것으로 나타났다.

물론 〈표 3-8〉의 결과만으로 촛불집회 혹은 태극기집회에 참여한 경험이 해당 정치적 태도에 실제로 변화를 가져왔다고 할 수 있는지는 분명치 않다. 무엇보다도 설문조사가 가지는 본질적인 한계로 인하여 과연 참여의 경험이 이러한 정치적 태도의 차이를 가져왔는지 혹은 애당초 특정한 정치적 태도를 가지고 있는 사람들이 촛불집회 혹은 태극기집회에 보다 적극적으로 참여했는지 구분하기 어렵다는 문제가 있다. 그러나 이러한 인과관계의 문제는 집회 참여 전후에 걸쳐 동일한 응답자들을 조사하는 패널자료가 아닌 이상 근본적으로 해결하기는 불가능하다. 다만 주어진 자료의 한계 내에서 할 수 있는 것은 〈표 3-8〉에서 나타난 정치적 태도의 차이가 촛불집회 및 태극기집회 참여 여부 외에 다른 요인에 의해서 설명될 수 있는지, 혹은 다른 요인들을 통제한 이후에도 과연 집회 참여 경험이 정치적 태도의 차이에 유의미한 영향을 끼치는지 확인하는 것이라고 할 수 있다.

이러한 관점에서 다음의 통계 분석에서는 응답자의 외적·내적 정치효능감과 정치신뢰에 영향을 끼칠 수 있는 여러 가지 요인들이 통제되었다. 우선 응답자가 특정한 정당을 지지하는가 여부와 함께 진보-보수 이념성향이 분석에 포함되었다. 이념성향의 경우 진보-보수의 차이와 함께 이념의 강도가 정치적 태도에 영향을 끼칠 수 있다는 점에서 이념성향의 제곱항 또한 분석에 포함되었다. 이와 함께 정치효능감 및 정치신뢰는 구체적인 참여의 경험과는 별개로 보다 일반적인 의미에서 한국의 정치와 사회를 어떻게 인식하는가와 관련될 수 있다는 점에서 한국의 민주주의에 대한 만족도와 사회적 신뢰를 통제변수로 포함하였다. 또한 응답자가 정치에 얼마나 관심을 가지고 적극적으로 관여하는가를 고려하기 위해 정치와 관련된 뉴스에 얼마나 자주 노출되었는가와 2012년 대통령선거에서 투표에 참여했는가 여부를 분석에 포함하였다. 마지막으로 응답자의 기본적인 인구통계학적 특성 역시 통제되었다.

분석 결과

〈표 3-9〉는 외적·내적 정치효능감과 정치신뢰를 각기 종속변수로 삼아 실시한 회귀분석 결과를 보여주고 있다. 〈표 3-8〉과 비교하여 가장 눈에 띄는 차이는 촛불집회 참여자들의 경우 〈표 3-8〉에서 관찰된 정치적 태도의 차이가 다른 여러 가지 요인들을 통제한 이후에도 여전히 지속되었다는 점이다. 다양한 정치적·사회적 성향과 인구통계학적 특성들을 통제한 이후에도 촛불집회에 참여한 경험이 있는 사람들은 그렇지 않은 사람들에 비해 내적 정치효능감이 유의미하게 높았으며, 동시에 정치신뢰는 유의미하게 낮은 것으로 나타났다.

다시 말해서 촛불집회에 참여하여 자신의 정치적 생각과 요구를 적극적으로 개진하는 경험을 한 사람들은 그렇지 않은 사람들에 비해 스스로가 민주주의 정치과정에 참여하여 올바른 정치적 결정을 내릴 수 있는 능

표 3-9. 집회 참여 경험과 정치적 태도

	회귀계수(표준오차)					
	외적 정치효능감		내적 정치효능감		정치신뢰	
촛불집회 참여	−0.026	(0.049)	0.090*	(0.035)	−0.303*	(0.128)
태극기집회 참여	0.109	(0.105)	0.053	(0.074)	0.072	(0.273)
지지 정당 있음	0.167*	(0.045)	0.075*	(0.032)	0.573*	(0.117)
이념성향	0.077*	(0.033)	−0.037	(0.023)	0.283*	(0.085)
이념성향 × 이념성향	−0.006	(0.003)	0.002	(0.002)	−0.019*	(0.008)
민주주의 만족도	0.083*	(0.033)	−0.046*	(0.023)	1.008*	(0.086)
사회적 신뢰	0.170*	(0.041)	0.021	(0.029)	0.350*	(0.107)
뉴스 노출도	0.002	(0.020)	0.080*	(0.014)	−0.036	(0.051)
2012년 투표 여부	0.038	(0.068)	0.010	(0.048)	−0.012	(0.177)
20대	0.069	(0.073)	0.087	(0.052)	−0.173	(0.191)
30대	−0.045	(0.065)	0.079	(0.046)	−0.300	(0.169)
50대	−0.040	(0.063)	0.027	(0.045)	−0.074	(0.165)
60세 이상	0.002	(0.064)	0.061	(0.045)	−0.089	(0.167)
교육수준 (대졸=1)	0.216*	(0.044)	0.062*	(0.031)	0.142	(0.114)
월평균 가구소득	0.002	(0.011)	0.022*	(0.008)	0.031	(0.029)
고용형태 (정규직=1)	−0.019	(0.051)	−0.053	(0.036)	−0.228	(0.134)
고용형태 (비정규직=1)	0.023	(0.061)	−0.034	(0.043)	0.077	(0.159)
고용형태 (자영업=1)	−0.139	(0.081)	−0.130*	(0.057)	−0.303	(0.212)
자가주택 소유	0.045	(0.048)	−0.030	(0.034)	0.062	(0.125)
여성	0.022	(0.042)	−0.127*	(0.030)	−0.209	(0.109)
지역 dummies	Yes		Yes		Yes	
상수	0.931	(0.195)	2.369	(0.138)	−0.810	(0.509)
R^2	0.1078		0.1420		0.2333	
Root MSE	0.6186		0.4380		1.6131	

주: 응답자의 거주지역 또한 서울을 기준으로 15개 광역자치단체를 나타내는 가변인의 형태로 포함되었으나 여기에서는 생략되었다. $^*p<0.05$.

력이 있다는 믿음이 고양되었다고 점을 보여주고 있다. 대의제 민주주의가 제대로 작동하기 위해서는 시민들의 적극적인 참여 의지를 요구한다는 점에서 이러한 결과는 촛불집회가 참여자들의 정치적 태도에 분명히 긍정적인 영향을 끼친 측면이 있다는 것을 의미한다. 그러나 이와 동시에 촛불집회 참여자들이 비참여자들에 비해 대의제 민주주의의 핵심적인 기관들에 대한 신뢰도가 유의미하게 하락했다는 사실은 촛불집회가 시민들의 정치적 태도에 일방적으로 긍정적인 영향만을 끼치지는 않는다는 점 역시 보여주고 있다. 즉 정상적인 대의제 민주주의 제도를 통해서 국정농단 사태가 해소되지 않고 시민들의 직접적인 행동이 요구되었다는 점에서 촛불집회에 참여한 사람들은 오히려 대의제 민주주의 제도에 대한 불신이 가중되는 역설적인 경험을 하게 되었다는 것이다. 이와 비슷한 맥락에서 촛불집회 참여자들 사이에서 스스로의 정치적 능력에 대한 내적 효능감만이 고양되었을 뿐, 정치체제의 반응성을 의미하는 외적 정치효능감이 특별히 증가하지 않았다는 사실 또한 시사적이다.

반면에 태극기집회에 참여한 경험은 참여자의 정치적 태도에 별다른 변화를 가져오지 않은 것으로 드러났다. 〈표 3-8〉에서 관찰된 태극기집회 참여가 가져온 정치신뢰의 차이는 정치적 태도에 영향을 끼칠 수 있는 다른 요인들이 통제되자 사라졌다. 물론 촛불집회에 참여한 응답자에 비해 태극기집회에 참여한 응답자들의 표본수가 현저하게 적었다는 점이 통계적 유의미성이 나타나지 않은 하나의 원인일 수도 있다. 그러나 표본수의 차이는 실제로도 촛불집회에 비해 태극기집회의 참여자 숫자가 훨씬 미미했다는 점을 반영하고 있을 뿐이며, 80%에 가까운 국민들이 박근혜대통령의 탄핵에 찬성하는 상황에서[2] 이에 반대되는 입장을 주장하는 태극

2. 한국갤럽에 따르면 대통령 탄핵소추안이 발의되고 국회 표결을 앞둔 2016년 12월 둘째 주 당시 탄핵에 찬성하는 비율은 81%로 조사되었으며, 2017년 3월 첫째 주 현재에도 77%의 높은 찬성 비율을 유지하고 있었다. (한국갤럽 데일리 오피니언. http://www.gallup.co.kr/gallupdb/report.asp)

기집회가 참여자들에게 정치적 태도에 있어서 변화를 가져오기 어려웠을 것이라는 것이 보다 현실적인 해석일 것이다.

그러나 〈표 3-9〉의 결과만으로는 관찰된 정치적 태도의 변화가 과연 촛불집회 참여의 경험 그 자체에서 기인한 것인지 아니면 국정농단 사태 및 박근혜대통령 탄핵을 둘러싼 정치적 상황에 대한 평가에서 기인한 것인지 불분명한 것이 사실이다. 다시 말해서 국정농단 사태를 보며 불만과 분노를 느낀 사람들이 촛불집회에 참여했으며, 따라서 〈표 3-9〉의 결과 또한 참여의 경험이 가져온 태도의 변화라기보다는 집회에 직접 참여할 정도로 불만과 분노를 느낀 사람들의 특정한 태도를 반영할 뿐일 수 있다. 이러한 가능성을 살펴보기 위해 다음에서는 두 가지 새로운 변수 – 탄핵에 대한 태도와 촛불집회 참여 경험 사이의 상호작용 – 을 추가적으로 고려하여 재분석을 실시하였다. 첫 번째 변수는 응답자가 박근혜대통령 탄핵에 얼마나 찬성 혹은 반대하는가이다.[3] 그리고 두 번째 변수는 소위 "박근혜–최순실 게이트"에 대해 얼마나 분노를 느끼는가이다.[4] 만일 두 가지 변수와 촛불집회 참여 경험 사이의 상호작용항이 통계적으로 유의미하게 나타난다면 – 예를 들어 탄핵에 반대하는 혹은 그다지 분노를 느끼지 않는 사람들 사이에서는 촛불집회 참여 여부가 정치적 태도의 차이를 가져오지 않는다는 등 – 이는 정치적 태도의 변화가 참여의 경험 자체가 아니라 국정농단 사태 및 탄핵을 둘러싼 정치적 상황에 대한 평가에서 기인하

3. 자료에서 탄핵에 찬성하는 응답자의 비율은 79.9%로서 이 중 60.6%는 매우 강한 찬성 의견을 보였다. 반면에 탄핵에 반대하는 비율은 20% 남짓에 그쳤다.

4. 소위 "박근혜–최순실 게이트"에 대해 얼마나 분노를 느끼는가는 0부터 10까지의 11점 척도로 측정되었으며, 응답자 평균은 8.8, 표준편차는 2.05였다.

표 3-10. 세 가지 정치적 태도와 촛불집회 참여 경험

	회귀계수 (표준오차)											
	외적 정치효능감				내적 정치효능감				정치신뢰			
촛불집회 참여	-0.011	(0.049)	-0.260	(0.269)	0.086*	(0.035)	0.245	(0.191)	-0.295*	(0.129)	0.600	(0.704)
탄핵에 대한 태도	-0.063*	(0.025)	-0.071*	(0.027)	0.018	(0.018)	0.022	(0.019)	-0.038	(0.067)	-0.013	(0.070)
촛불집회 참여 ×탄핵에 대한 태도			0.067	(0.072)			-0.043	(0.051)			-0.242	(0.188)
태극기집회 참여	0.049	(0.107)	0.051	(0.107)	0.069	(0.076)	0.068	(0.076)	0.035	(0.280)	0.030	(0.280)
R^2	0.1135		0.1143		0.1428		0.1435		0.2336		0.2349	
Root MSE	0.6170		0.6170		0.4380		0.4380		1.6137		0.2349	

주: 〈표 3-9〉와 동일한 통제변수들이 포함되었으나 결과에 차이가 없어서 여기에서는 생략되었다. *$p > 0.05$

표 3-11. 탄핵 찬성 여부 및 스캔들에 대한 분노 정도 사이의 상호작용

	회귀계수 (표준오차)											
	외적 정치효능감				내적 정치효능감				정치신뢰			
촛불집회 참여	-0.011	(0.049)	-0.053	(0.320)	0.085*	(0.035)	-0.048	(0.227)	-0.289*	(0.129)	0.396	(0.834)
탄핵에 대한 태도	-0.028*	(0.011)	-0.029*	(0.011)	0.009	(0.008)	0.007	(0.008)	-0.065*	(0.028)	-0.057	(0.030)
촛불집회 참여 ×탄핵에 대한 태도			0.005	(0.034)			0.014	(0.024)			-0.071	(0.088)
태극기집회 참여	0.064	(0.106)	0.065	(0.106)	0.067	(0.075)	0.070	(0.075)	-0.032	(0.276)	-0.047	(0.277)
R^2	0.1140		0.1140		0.1432		0.1435		0.2375		0.2380	
Root MSE	0.6168		0.6171		0.4379		0.4381		1.6095		1.6098	

주: 〈표 3-9〉와 동일한 통제변수들이 포함되었으나 결과에 차이가 없어서 여기에서는 생략되었다. *$p > 0.05$

는 측면이 크다는 것을 보여주는 증거라고 할 수 있다.

〈표 3-10〉과 〈표 3-11〉은 세 가지 정치적 태도에 촛불집회 참여 경험과 탄핵 찬성 여부 및 스캔들에 대한 분노 정도 사이의 상호작용 효과를 검증한 결과를 차례로 제시하고 있다. 결과에 따르면 두 변수와 촛불집회 참여 경험 사이에는 통계적으로 유의미한 상호작용이 존재하지 않는 것으로 나타났다. 다시 말해서 촛불집회에 참여한 경험이 내적 정치효능감과 정치신뢰에 끼치는 영향력은 탄핵에 찬성하지 않는 사람들이나 혹은 "박근혜-최순실 게이트"에 대해 그다지 큰 분노를 느끼지 않는 사람들 사이에서도 마찬가지로 발견된다는 것이다. 이러한 결과가 보여주는 것은 촛불집회 참여 경험이 해당 종속변수에 끼친 영향력은 참여의 경험 자체가 가져온 효과이며, 단순히 대통령 탄핵이나 국정농단 사태를 바라보는 응답자의 태도를 반영하는 것으로 보기 어렵다는 점이다.

결론

2016년 촛불집회는 비민주적이고 무능한 정치권력을 시민들의 자발적인 참여를 통해 심판했다는 점에서 한국 민주주의의 발전을 한 단계 끌어올린 사건이라고 평가할 수 있다. 그러나 본 논문의 분석은 미시적인 차원에서 보았을 때 촛불집회가 다소 역설적인 효과를 가져왔다는 점을 드러내고 있다. 한편으로는 촛불집회에 참여한 시민들 사이에서 정치에 참여하고 의사결정을 내리기 위한 스스로의 능력과 자질에 대한 믿음, 즉 내적 정치효능감을 고양시킴으로서 촛불집회의 성과가 일회적인 것으로 끝나는 것이 아니라 이후에도 지속적으로 정치에 관심을 가지고 적극적으로 참여하는 시민들을 길러내는 데에도 기여했다고 할 수 있다. 그러나 이와 동시에 촛불집회가 참여자들 사이에서 한국 대의민주주의의 반응성에 대한 믿음을 회복시키는 데에는 실패했다. 오히려 촛불집회에 참여한 사람들 사이에서 정치신뢰가 유의미하게 하락함으로서 애초에 촛불집회를 촉발한 기존의 정치제도와 기구의 취약한 대표성은 오히려 악화된 측면 또한 존재한다.

물론 이러한 발견이 촛불집회의 정치사적 의의를 부정하거나 훼손하는 것은 아니다. 대의민주주의 정치과정이 정상적으로 작동하지 않을 때 시민들이 직접적인 참여를 통해 자신들의 의사와 요구를 표출하는 것은 현대 정치의 "정상적인" 부분이라고 할 수 있다(Fuchs 1991). 특히 한국과 같이 민주주의의 역사가 짧은 국가에서는 비관습적 참여가 가지는 정치적 의미가 특히 중요한 의미를 가질 수 있다. 다만 한국 민주주의의 발전과정에서 촛불집회가 가지는 의의와는 별개로 촛불집회와 같은 비관습적 참여가 빈번하게 발생하는 상황이 일반 유권자들의 정치적 태도에 끼칠 수 있는 영향에 대해서 주목할 필요가 있다는 것이다.

촛불집회를 둘러싼 정치적 혼란과 불확실성은 제19대 대통령선거를 통해 새로운 정부가 출범함으로써 일단 해소되었다. 그러나 새로운 정부의 출범에도 불구하고 한국 대의민주주의의 취약성과, 그로 인한 한국 유권자들의 정치적 불신은 여전히 남아 있다. 새로운 정부가 직면한 여러 가지 과제 중 가장 중요한 것 중의 하나는 무엇보다도 한국의 정치제도와 기구에 대한 시민들의 신뢰를 회복하기 위해 노력하는 것이어야 할 것이다.

참고문헌

1. 국내 문헌

고원. 2008. "촛불집회와 정당정치의 개혁 모색." 『한국정치연구』 제17권 2호, 95-119.

송경재. 2009. "네트워크 시대의 시민운동 연구: 2008 촛불집회를 중심으로." 『현대정치연구』 제2권 1호, 55-83.

이갑윤. 2010. "촛불집회 참여자의 인구·사회학적 특성 및 정치적 정향과 태도." 『한국정당학회보』 제9권 1호, 95-120.

이현우. 2008. "정치참여 유형으로서의 촛불집회: 대표성의 변화." 한국국제정치학회 학술대회 발표논문집, 7-26.

조기숙·박혜윤. 2008."광장의 정치와 문화적 충돌: 2008 촛불집회에 대한 경험적 분석." 『한국정치학회보』 제42집 4호, 243-268.

조기숙. 2009. "2008년 촛불집회 참여자의 이념적 정향: 친북반미좌파 혹은 반신자유주의?" 『한국정치학회보』 제43집 3호, 125-148.

조희정·강장묵. 2008. "네트워크 정치와 온라인 사회운동: 2008년 '미국산 쇠고기 수입 반대 촛불집회' 사례를 중심으로." 『한국정치학회보』 제42집 3호, 311-332.

최준영. 2009. "정치적 신뢰 변화의 원인과 결과: 이론적 쟁점." 『의정연구』 제15권 1호, 69-93.

허태회·장우영. 2009. "촛불시위와 한국정치." 『현대정치연구』 제2권 1호, 33-53.

2. 국외 문헌

Abramson, Paul R. 1983. *Political Attitudes in America: Formation and Change*. San Francisco: W.H. Freeman.

Abramson, Paul R., and John H. Aldrich. 1982. "The Decline of Electoral Participation in America." *American Political Science Review* 76(3): 502-521.

Ainsworth, Scott H. 2000. "Modeling Political Efficacy and Interest Group Membership." *Political Behavior* 22(2): 89-108.

Almond, Gabriel A., and Sidney Verba. 1963. *The Civic Culture: Political Attitudes and Democracy in Five Nations.* Princeton, NJ: Princeton University Press.

Anderson, Christopher J., and Andrew J. LoTempio. 2002. "Winning, Losing and Political Trust in America." *British Journal of Political Science* 32(2): 335-351.

Balch, George I. 1974. "Multiple Indicators in Survey Research: The Concept "Sense of Political Efficacy"." *Political Methodology* 1(2) 1-43.

Barber, Benjamin. 1984. *Strong Democracy: Participatory Politics for a New Age.* Berkeley, CA: University of California Press.

Barnes, Samuel H, and Max Kasse. 1979. *Political Action: Mass Participation in Five Western Democracies.* Beverly Hills: Sage.

Blasius, Jörg, and Victor Thiessen. 2000. "Methodological Artifacts in Measures of Political Efficacy and Trust: A Multiple Correspondence Analysis." *Political Analysis* 9(1) 1-20.

Brehm, John, and Wendy Rahn. 1997. "Individual-Level Evidence for the Causes and Consequences of Social Capital." *American Journal of Political Science* 41(3) 999-1023.

Campbell, Angus, Gerald Gurin, and Warren E. Miller. 1954. *The Voter Decides.* New York: Row, Peterson and Company.

Campbell, Angus, Philip E. Converse, Warren E. Miller, and Donald E. Stokes. 1960. *The American Voter.* New York: Wiley.

Citrin, Jack. 1974. "Comment: The Political Relevance of Trust in Government." *American Political Science Review* 68(3): 973-988.

Citrin, Jack, and Donald P. Green. 1986. "Presidential Leadership and the Resurgence of Trust in Government." *British Journal of Political Science* 16(4):

431-453.

Clarke, Harold D., and Alan C. Acock. 1989. "National Elections and Political Attitudes: The Case of Political Efficacy." *British Journal of Political Science* 19(4): 551-562.

Dalton, Russell J. 2004. *Democratic Challenges, Democratic Choices*. Oxford: Oxford University Press.

Dalton, Russell J., Alix Van Sickle, and Steven Weldon. 2010. "The Individual-Institutional Nexus of Protest Behaviour." *British Journal of Political Science* 40(1): 51-73.

Easton, David. 1965. *A System Analysis of Political Life*. New York: John Wiley & Sons.

Easton, David. 1975. "A Re-Assessment of the Concepts of Political Support." *British Journal of Political Science* 5(4): 435-457.

Finkel, Steven E. 1985. "Reciprocal Effects of Participation and Political Efficacy: A Panel Analysis." *American Journal of Political Science* 29(4): 891-913.

Finkel, Steven E. 1987. "The Effects of Participation on Political Efficacy and Political Support: Evidence from a West German Panel." *Journal of Politics* 49(2): 441-464.

Fuchs, Dieter. 1991. "The Normalization of the Unconventional Forms of Political Action and New Social Movements." In Gerd Meyer and Franciszek Ryszka, eds. *Political Participation and Democracy in Poland and West Germany*. Warsaw: Wydawca.

Hardin, Russell. 2002. *Trust and Trustworthiness*. New York: Russell Sage Foundation.

Hetherington, Marc J. 1998. "The Political Relevance of Political Trust." *American Political Science Review* 92(4): 791-808.

Hetherington, Marc J. 2005. *Why Trust Matters: Declining Political Trust and the Demise of American Liberalism*. Princeton: Princeton University Press.

Hooghe, Marc, and Sofie Marien. 2013. "A Comparative Analysis of the Relationship between Political Trust and Forms of Political Participation in Europe." *European Societies* 15(1): 131-152.

Leighley, Jan. 1991. "Participation as a Stimulus of Political Conceptualization." *Journal of Politics* 53(1): 198-211.

Levi, Margaret, and Laura Stoker. 2000. "Political Trust and Trustworthiness." *Annual Review of Political Science* 3: 475-507.

Madsen, Douglas. 1987. "Political Self-Efficacy Tested." *American Political Science Review* 81(2): 571-582.

Miller, Arthur H. 1974a. "Political Issues and Trust in Government: 1964-1970." *American Political Science Review* 68(3): 951-972.

Miller, Arthur H. 1974b. "Rejoinder to 'Comment' by Jack Citrin: Political Discontent or Ritualism?" *American Political Science Review* 68(3): 989-1001.

Nadeau, Richard, and André Blais. 1993. "Accepting the Election Outcome: The Effect of Participation on Loser's Consent." *British Journal of Political Science* 23(4): 553-563.

Norris, Pippa. ed. 1999. *Critical Citizens: Global Support for Democratic Governance*. Oxford: Oxford University Press.

Norris, Pippa. 2002. *Democratic Phoenix: Reinventing Political Activism*. Cambridge: Cambridge University Press.

Norris, Pippa, Stefaan Walgrave, and Peter van Aelst. 2005. "Who Demonstrates? Disaffected Rebels, Conventional Participants, or Everyone?" *Comparative Politics* 37(2): 189-205.

Pateman, Carole. 1970. *Participation and Democratic Theory*. Cambridge: Cambridge University Press.

Pollock, Philip H. 1983. "The Participatory Consequences of Internal and External Political Efficacy: A Research Note." *Western Political Quarterly* 36(3): 400-409.

Putnam, Robert D. 2000. *Bowling Alone*. New York: Simon & Shuster.

Rosenstone, Steven J., and John Mark Hansen. 1993. *Mobilization, Participation, and Democracy in America*. New York: MacMillan.

Rucht, Dieter. 2007. "The Spread of Protest Politics." In Russell J. Dalton and Hans-Dieter Klingemann, eds. *The Oxford Handbook of Political Behavior*. Oxford: Oxford University Press.

Rudolph, Thomas J., Amy Gangl, and Dan Stevens. 2000. "The Effects of Efficacy and Emotions on Campaign Involvement." *Journal of Politics* 62(4): 1189-1197.

Schussman, Alan, and Sarah A. Soule. 2005. "Process and Protest: Accounting for Individual Protest Participation." *Social Forces* 84(2): 1083-1108.

Shingles, Richard D. 1981. "Black Consciousness and Political Participation: The Missing Link." *American Political Science Review* 75(1): 76-91.

Sigelman, Lee, and Stanley Feldman. 1983. "Efficacy, Mistrust, and Political Mobilization: A Cross-National Analysis." *Comparative Political Studies* 16(1): 118-143.

Soss, Joe. 1999. "Lessons of Welfare: Policy Design, Political Learning, and Political Action." *American Political Science Review* 93(2): 363-380.

Sullivan, J.L., and E. Riedel. 2001. "Efficacy: Political." In *International Encyclopedia of Social & Behavioral Sciences*, eds. N.J. Smelser and P.B. Baltes. Amsterdam/New York: Elsevier.

Valentino, Nicholas A., Krysha Gregorowicz, and Eric W. Groenendyk. 2009. "Efficacy, Emotions and the Habit of Participation." *Political Behavior* 31(2): 307-330.

Verba, Sidney, and Norman H. Nie. 1972. *Participation in America: Political Democracy and Social Equality*. New York: Harper and Row.

Verba, Sidney, Kay Lehman Schlozman, and Henry E. Brady. 1995. *Voice and Equality: Civic Voluntarism in American Politics*. Cambridge: Harvard University Press.

Wolfinger, Raymond E., and Steven J. Rosenstone. 1980. *Who Votes?* New Haven: Yale University Press.

08

정치인의 부패 스캔들에 대한 국민들의 인식 차이

: 박근혜-최순실 게이트를 중심으로

박지영 · 명지대학교

들어가며

민주주의 체제하에서 국민에 의해 선출된 정치인이 국민의 이익보다는 정치인 자신의 기득권 유지나 영달만을 추구하여 부정과 부패를 저질렀다면 국민들은 이에 대해 어떻게 반응할까? 아마도 부패한 정치인이 소속된 정당에 대한 국민들의 신뢰는 감소할 것이고 부패한 정치인이 다시는 정치에 참여할 수 없게 만들 것이다. 투표행태 이론 중의 하나인 회고적 투표 이론(retrospective voting theory)에 따르면, 정치인이 국민의 기대를 저버리고 정치부패를 행했을 경우, 다음 선거에서 국민들로부터 정치적 책임성을 추궁당해 결국 재선에 실패한다고 주장하였다(Key 1966). 이처럼 정치인의 부패는 국민들에게 공분을 야기하기 때문에, 선거에서 당선되기 위해서 정치인은 도덕적으로 모범을 보일 것을 요구받는 것이다. 또한 정치인의 부패행위는 국민에 대한 정치인의 대표성 약화를 가져올 뿐만 아니라, 이는 실제로 체제 유지의 위협이 될 수도 있으며 신생 민주주의의 경우에는 체제 자체의 안정성에 문제를 야기할 수 있는 심각한 문제로 발전할 수 있다.

그러나 여러 국가들의 사례를 살펴보면 상당히 많은 국가의 국민들이 부패한 정치인을 선거에서 다시 당선시키는 경우를 빈번하게 찾아볼 수 있다. 심지어 선진 민주주의 체제를 가졌다는 미국의 경우에도 1968년부터 1990년 사이에 하원의원의 60% 이상이 부패 스캔들에 연루되었지만 재선되었다는 통계가 있다(Welch and Hibbing 1997). 이와 유사한 사례들은 이탈리아, 일본, 그리고 남미 여러 국가들에서도 발견된다(Ceron and Mainenti 2016; Reed 1999; Costas et al. 2011). 그렇다면 누가, 그리고 왜 부패 스캔들에 연루된 지도자를 지지하는 것일까?

이 질문에 답하기 위해 본 논문에서는 국민들 개개인이 갖고 있는 서로 다른 특성 및 환경적 요인에 초점을 맞추고자 한다. 즉 2016년에 발생한 박근혜-최순실 게이트 사례를 가지고 국민들 각자가 가지고 있는 정당에 대한 지지도, 정치인식 수준, 그리고 경제적 상황에 대한 인식 등이 부패 스캔들을 일으킨 정치인에 대해 어떤 반응을 야기하는지 살펴보고자 하는 것이다. 본 논문은 명지대학교 미래정치연구소와 한국리서치가 2017년 3월 2일부터 9일까지 공동으로 실시한 "정당과 사회통합에 대한 국민의식조사" 자료를 사용하였으며, 여기에서 사용되는 부패라는 용어는 "개인적 이익을 위해 공직을 남용하는 것"이라고 정의한다(Bardhan 1997).

논문의 구성은 다음과 같다. 다음 부분에서는 기존 문헌이 이해하는 일반 국민과 부패한 정치인 사이의 관계에 대한 이론적 논의를 검토한다. 이러한 기존 연구를 바탕으로, 2016년에 발생한 박근혜-최순실 게이트에 대한 국민들의 양극화된 반응에 영향을 미친 세 가지 주요 요인들에 대해 분석하려 한다. 마지막으로, 회귀분석 결과에 대한 논의를 통해 왜 일부 국민들은 부패한 지도자를 지속적으로 지지하는가에 대한 질문의 답을 찾고자 한다.

이론적 논의: 정치 스캔들과 국민들의 지지 사이의 관계

기존의 많은 연구들은 정치인들이 부패스캔들에 연루되면 국민들은 모두 이에 대해 분노한다고 전제한 후에 어떻게 국민들이 부패한 정치인들을 감시하고 직위에서 쫓아내느냐의 여부는 정치제도에 달려있다고 강조하였다(Chang and Golden 2006; Kunicova and Rose-Ackerman 2005; Persson et al. 2003). 다른 관련 연구에서는 부패 스캔들이 국민들의 정치인에 대한 특성 평가(Funk 1996), 정치후보자에 대한 평가(Carlson et al.2000; Doherty et al. 2011; Fischle 2000; Goren 2002), 그리고 재선에 어떠한 영향을 주는지를 분석하였다(Abramowitz 2001; Alford et al. 1994; Dimock and Jacobson 1995).

일부 학자들은 부패 스캔들이 어떻게 대통령에 대한 지지율의 하락을 가져왔는지 또는 어떻게 정당의 득표율과 후보자의 재선 승리 가능성을 감소시켰는지를 분석하였다(Brody 1991; Brody and Shapiro 1989; Peters and Welch 1980; Praino et al. 2013). 예를 들어, 앤더슨과 아이쉬이(Anderson and Ishii 1997)는 부패 스캔들과 일본 정당들의 득표율 간에 음의 관계가 있음을 보여주었고, 클락(Clark 2009) 역시 9개 서유럽 국가들에서 정당들이 부패 스캔들로 인해 득표 손실의 어려움을 겪었다는 것을 발견하였다.

그러나 부패 스캔들이 국민들에게 어떠한 영향을 미치는지를 분석한 연구의 대부분은 국민들이 단지 정치 부패라는 사건에 대한 중요성이나 결과를 평가하고 해석하는 데 있어서 동일하게 생각한다고 가정한다. 특히 정치 부패가 갖는 부정적인 영향을 완화시킬 수도 있는 개인적 요인과 상황적 요소에 거의 주목하지 않았다(Klašnja et al. 2013; Anduiza et al. 2013).

최근 몇몇의 학자들은 부패한 정치인들에 대한 비판이나 정치적 평가가 개개인에 따라서 달라질 수 있다는 점을 인식하기 시작했다(Anderson and Tverdova 2003; Anduiza et al. 2013). 이들의 연구는 왜 그리고 언제 개인들이 부패한 정치인들을 지지하는기를 규명하려고 시도하였는데, 특히 얼빅과 밀러(Ulbig and Miller 2012)에 따르면 정치 부패 스캔들이 터졌을 때, 개인들은 부패 정치인에게 어떻게 책임을 물을지에 대해서 다양한 견해를 갖는 것으로 밝혀졌다. 더 나아가 개인들은 부패 스캔들에 대해서 서로 다른 방식으로 인식하게 되는데, 이는 각 개인들이 기존에 갖고 있던 정치적 태도가 편향된 방식으로 정치인의 부패 스캔들에 대한 정보를 처리하기 때문이다.

한편, 동기화된 추론이론(motivated reasoning theory)에 따르면 사람들은 자신들이 믿고 싶어하는 것만 믿는 경향이 있기 때문에 자신이 옳다고 믿는 신념을 유지하고 보호하려고 노력한다(Kunda 1990; Slothuus and de Vreese 2010; Lodge and Taber 2000). 이 이론을 적용하여 일부 학자들은 개인의 정당소속감 역시 부패 정치인을 평가하는 데 영향을 미칠 수 있다고 주장한다. 이들의 연구에 따르면, 무소속 의원이나 다른 정당 소속의 의원들이 부패를 저질렀을 때보다, 지지하는 정당의 의원이 부패를 저질렀을 때 더욱 쉽게 용서한다는 것이다(Anderson and Tverdova 2003). 예를 들면, 블래이스 외(Blais et al. 2010)는 정치지도자가 스캔들에 연루되어 있는지 여부를 판단할 때, 개인의 정당소속감이 판단의 기준으로 작용한다는 사실을 발견하였다. 이러한 연구결과들을 토대로, 본 연구에서는 개개인의 특성뿐만 아니라 개인을 둘러싼 상황적 요소들이 부패한 정치인을 지지하는 요인으로 작용한다고 보는 것이다.

누가 부패한 정치인을 지지하는가?

부패한 정치인에 대한 정치적 평가는 몇 가지 개인적· 상황적 요인들에 의해 영향 받을 수 있다. 본 논문에서는 다음의 세 가지 요인들이 개인들로 하여금 부패한 지도자를 평가하는 데 영향을 미칠 수 있다고 주장한다.: 정치 인식 수준, 이념성향, 그리고 경제적 상황. 다시 말하자면, 정치 정보가 충분치 않거나, 부패한 지도자가 속한 정당에 대해 강한 정당소속감을 갖고 있거나, 또는 부패한 지도자의 경제적 성과에 만족할 경우 그 지도자가 부패를 저질렀음에도 불구하고 계속 지지할 수 있다는 것이다.

첫째, 개인들이 부패한 지도자에 대해 잘못 인식하고 있거나 잘 알지 못할 때 개인들은 부패한 지도자를 지지하는 경향이 있다. 학자들은 사람들이 지도자가 저지른 스캔들에 대한 정보를 자주 접할수록 부패한 지도자에 대해 낮은 평가를 한다는 것을 발견하였다. 일반적으로, 국민들의 정치 인식 수준은 상대적으로 낮고 자주 바뀐다고 알려졌다(Campbell et al. 1960; Converse 1964; Carpini and Keeter 1996). 따라서 많은 학자들에 따르면, 낮은 수준의 정치인식을 가진 사람들은 준거 집단들로부터 받는 영향이 부패한 지도자를 평가하는 휴리스틱(heuristics)으로 사용되거나(Lupia 1994; Lupia and McCubbins 1998; Sniderman et al. 1991) 또는 부패한 지도자의 업무 수행을 단순히 회고적으로만 평가하여 정보의 부족을 상쇄하려고 한다는 것이다(Fiorina 1981; Sniderman et al. 1990). 따라서 정치에 별다른 관심이 없는 사람들은 정치지도자의 부패 스캔들에 대해 잘 알지 못하는 반면(Zaller 1992), 정치에 관심이 많은 사람들은 부패 문제에 대해 잘 이해하는 경향이 있다. 이는 곧 정치의식 수준이 낮은 사람들은 정치의식 수준이 높은 사람들에 비해 부패 스캔들과 흑색선전 사이의 차이를 구별하기 어렵다는 것을 의미한다(Kulkinski and

Quirk 2000; Luskin 2002).

가설 1: 낮은 수준의 정치인식을 가진 사람들은 부패한 지도자를 더욱 지지하는 경향이 있다.

둘째, 개인적 수준에서 볼 때, 국민들이 왜 부패한 정치인에 대한 지지를 철회하지 않는가를 이해하는 데 있어 개인의 정당소속감과 이념성향은 중요한 변수들로 작용한다. 특히 정당 지지자들은 부패 정치인이 자신이 속한 정당의 소속인 경우에 그의 부패행위를 심각한 범죄라고 생각하지 않는 경향이 있다(Anduiza et al. 2013). 또한 일부 학자들에 따르면, 사람들은 부패한 정치인이 자신과 같은 이념 성향을 가졌을 때 그 정치인을 계속 지지하는 경향이 있다고 주장하면서, 정당소속감에 따라 해당 정치인이 저지른 부패에 대해 갖는 반감이 다르다는 것을 보여주었다(Anderson and Tverdova 2003; Anduiza et al. 2013). 룬드퀴스트 외(Rundquist et al. 1977)는 그들의 연구에서 특정 정당에 대해 강한 애착을 갖고 있을 경우 그 정당이나 소속 정치인이 부패를 저질렀다 하더라도 정당지지자들은 투표에서 그들의 선택을 바꿀 가능성이 거의 없다는 것을 발견하였다. 따라서 부패한 정치인을 처벌하고자 하는 개개인의 유인은 그들이 부패한 지도자와 같은 이념적 성향 또는 정당소속감을 갖는가에 달려있다고 볼 수 있다.

게다가 부패한 정치인들과 같은 이념성향 또는 정당소속감을 갖는 개인들은 정치 지도자의 업무 성과를 편향된 방식으로 평가하고(Duch et al.

2000; Krause 1997), 그들에 관련된 부패 관련 주장들을 무시하는 경향이 있다(Dimock and Jacobson 1995). 예를 들어 데이비스 외(Davis et al. 2004)는 야당 지지자들이 여당 지도자의 부패 스캔들에 대해 여당 지지자들보다 더욱 잘 인지하고 있다는 것을 보여주었다. 곤잘레스 외(Gonzales et al. 1995) 역시 정당 지지자들은 같은 정당 소속의 정치인이 연루된 부패 스캔들에 대해 별로 대수롭지 않게 그리고 호의적으로 평가를 내린다는 것을 발견하였다. 즉, 부패한 정치 지도자와 같은 소속의 정당 지지자들은 부패 스캔들에 대해 당파적 편향을 보여줄 뿐만 아니라 부패한 정치 지도자가 연루된 부패 스캔들에 대해 대수롭지 않은 사건으로 무시하는 경향이 있다. 또한 다른 정당 지지자들이나 무소속 유권자들에 비해 자신이 속한 정당의 부패 정치인들을 보다 쉽게 용서하는 경향이 있다(Anderson and Tverdova 2003; Anduiza et al.2013).

가설 2: 개인들이 부패한 지도자와 같은 이념성향이나 정당소속감을 가지고 있을 때, 지도자의 부패 스캔들에도 불구하고 개인들은 부패한 지도자를 계속 지지하는 경향이 있다.

마지막으로 정치 지도자가 임기 중에 특정한 종류의 경제적 혜택이나 이익을 직·간접적으로 제공했을 때 수혜자들은 그 지도자의 부패 스캔들을 알면서도 지지하는 경향이 있다. 다시 말하면 사람들은 부패한 정치인이 본인들에게 어떠한 경제적 이득을 제공했을 때 그 정치인의 부패를 무시하는 전략적 결정을 한다는 것이다. 따라서 부패한 정치인에 대해 지속적으로 정치적 지지를 하는 이유는 결과적으로 그 정치인의 전반적인 업무 수행능력에 따라 결정될 수 있다고 말할 수 있다. 사실 이러한 전략적 행태는 경제투표에 대한 기존문헌을 통해서도 확인할 수 있는데, 여기에서 경제투표란 유권자의 투표행위에 있어 현 지도자의 경제 업무 수행에 대한 평가에 따라 보상과 처벌을 하는 것을 말한다(Maravall and Fraile 2001). 최근에 일부 학자들은 부패한 정치인이 유권자에게 가치 있는 결과물을 제공할 수 있는가에 따라 지지여부가 결정된다고 주장하였다(Manzetti and Wilson 2007; Winters and Weitz-Shapiro 2013). 이와 관련하여 정치인의 부패 스캔들에 대한 개인들의 반응은 경기가 어려울 때 더욱 강력하게 선거결과에서 나타날 수 있는데, 이는 사람들이 본인들의 경제적 안녕 유지와 해당 정치인의 부패 스캔들에 대한 처벌을 상호 거래한다는 것을 의미한다. 특히 실업 상태가 된 개인들은 경제 정책에 좀 더 민감한 편인데, 이는 개인의 소득이 주로 사회적 편익에 영향 받을 뿐만 아니라, 그들이 직장을 구할 가능성은 정부의 의해 실행되는 고용 프로그램의 특성에 따라 달라질 수 있기 때문이다.

가설 3: 개인들은 그들이 현재의 경제상황에 만족할 때 부패 스캔들을 무시하고 부패한 지도자를 지속적으로 지지할 가능성이 더욱 크다.

박근혜-최순실 게이트, 촛불집회, 그리고 태극기집회

2017년 3월 10일 대한민국 최초의 여성 대통령이었던 박근혜는 헌법재판소 재판관들의 전원일치로 대통령직에서 파면되었다. 이정미 헌법재판소장 권한대행은 "박근혜 대통령의 행위는 민주주의와 법치주의의 정신을 심각하게 훼손했다"며 탄핵을 인용하였다.[1] 어떻게 박근혜 대통령은 정치 부패 스캔들의 주인공이 되었을까?

일련의 사태들은 2016년 9월 20일 한 언론사에서 박근혜의 오랜 친구인 최순실이 박근혜 대통령의 대리인으로 활동하면서 박 대통령의 퇴임 이후를 위한 비자금 조성을 목적으로 미르재단 및 K스포츠재단의 설립에 관여하고 그 재단을 사유화했다는 의혹을 제기하면서 출발했다. 이후 추가 취재 결과 최순실이 그저 재단 설립에 관여한 정도가 아니라 박근혜 정부의 국정에 개입했다는 의혹이 제기되었다. 또한 최순실이 딸을 대학에 부정한 방법으로 입학시킨 사실이 알려지면서 국민들의 공분을 사게 되었다. 지금까지 밝혀진 사실들에 의하면 최순실은 대규모 국정 농단은 물론이고 군을 비롯한 각종 정부 인사 문제나 이권 개입 의혹, 편법과 인맥을 통한 부동산 매입, 부정한 수단을 통한 공사 수주, 페이퍼 컴퍼니를 통한 자금 세탁, 은행 인맥을 이용한 외화 무단 반출, 문화체육부 산하기관들을 이용한 인사 청탁이나 예산 남용, 문화예술계 인사들에 대한 블랙리스트 작성 등 전횡의 규모가 가히 상상을 초월하였다.

1. http://www.hani.co.kr/arti/international/international_general/785915.html

한편 세월호 참사 및 박근혜-최순실 게이트 파문과 이에 대한 진정한 반성과 사과가 결여된 박 대통령의 행보로 시민들의 분노는 극에 달하였다. 2016년 10월 말 박근혜 대통령의 지지율은 역대 최저인 4%를 기록[2]했으며, 비선실세 최순실에 대한 만족스럽지 못한 박 대통령의 대처에 화난 시민들은 박 대통령의 퇴진을 촉구하는 촛불집회를 잇따라 전국적으로 열었다. 정치권에서는 국민들의 압도적인 탄핵 여론[3]에 힘입어 2016년 12월 9일 박 대통령에 대한 탄핵소추안을 국회에서 가결시켰고 그 결과 박 대통령의 대통령으로서의 권한은 정지되었다.

역설적이게도 박근혜-최순실 게이트라는 거대한 국정농단 사태에도 불구하고 여전히 박 대통령을 옹호하고 지지하는 탄핵 반대 모임인 태극기집회 역시 지속적으로 열렸다. 대부분의 구성원이 60대 이상의 노령층으로 구성되어 있으며, 일부 극우 단체들도 참석하였다. 이들은 언론의 조작 및 왜곡보도→박 대통령 탄핵→종북 좌파의 국가 전복→대한민국 위기라는 논리를 가지고 극우 세력들을 결집하였다.

데이터 및 연구 방법

본 논문은 명지대학교 미래정치연구소와 한국리서치가 2017년 3월 2일

2. http://news.jtbc.joins.com/article/article.aspx?news_id=NB11364390
3. 한국갤럽에 따르면, 국회 탄핵소추안 통과(2016년 12월 9일) 직전이던 2016년 12월 6일~8일 조사에서 탄핵 찬성은 81%였고 반대는 14%였다. http://www.mediatoday.co.kr/?mod=news&act=articleView&idxno=135125#csidx5920cd618e32ea19653cf60fc51af04

부터 9일까지 공동으로 실시한 “정당과 사회통합에 대한 국민의식조사” 자료를 사용하여 분석하였다. 조사 내용에는 응답자들의 나이, 성별, 소득, 교육 수준, 출신 지역 등 기본적인 인구통계학적 변수들과 더불어 이들의 지지후보, 지지 정당, 이념 성향, 박근혜-최순실 게이트에 대한 분노도, 정치인식 수준, 현 경제상황 평가, 2012년 대선 당시 지지 후보, 그리고 박근혜 대통령에 대한 지지도 등이 포함되었다.

본 논문은 정치 인식 수준, 정당 지지여부, 그리고 현 경제 상황에 대한 인식이 부패에 연루된 박근혜 대통령의 지지도에 어떻게 영향을 미쳤는지를 분석하였는데, 회귀 분에서 사용된 종속 변수와 주요 설명 변수들은 다음과 같다. 종속 변수인 박근혜 대통령에 대한 지지도는 표준적인 11점 척도(0~10점)를 이용하여 강한 지지를 할수록 높은 값을 갖도록 측정되었다. 핵심 설명 변수로 응답자의 정치 인식 수준은 4점 척도(1~4점)를 이용하여 높은 정치 인식 수준일수록 높은 값을 갖게 되었고, 자유한국당에 대한 지지여부는 이원변수로 측정되었다. 또한 경제상황에 대한 평가는 3점 척도(1~3점)를 이용하여 점수가 높을수록 현재 경제상황에 대해 긍정적으로 평가하는 것으로 측정되었다. 통제 변수들에는 응답자들의 나이, 성별, 교육수준, 출신 지역, 2012년 박근혜 대통령에게 투표여부, 박근혜-최순실 스캔들에 대한 분노도를 모두 포함하였다. 참고로 〈표 3-11〉은 표본에서 수집된 자료 중에서 회귀분석에 사용된 변수들에 대한 정보를 요약한 것이다.

본 논문에서는 일반회귀분석(OLS Regression)을 사용하여 대통령이 부패 스캔들에 연루되어 있음에도 불구하고 대통령을 지속적으로 지지하거

표 3-11. 기술통계

변수	평균	표준편차	최소값	최대값	응답자수
박근혜 대통령에 대한 지지도	1.830	2.549	0	10	1000
자유한국당 지지 여부	0.052	0.222	0	1	1000
부패 스캔들에 대한 분노도	8.803	2.054	0	10	1000
2012년 박근혜 투표 여부	0.365	0.482	0	1	1000
나이(세대)	3.170	1.410	1	5	1000
여성	0.511	0.500	0	1	1000
교육	2.499	0.548	1	3	1000
현 경제상황에 대한 평가	1.200	0.443	1	3	1000
정치인식 정도	2.917	0.679	1	4	1000
영남	0.289	0.454	0	1	1000

나 또는 대통령의 부패에 대한 분노를 완화시키는 요인들이 무엇인지를 분석하였다.

분석 결과

부패 스캔들에 연루된 정치지도자를 국민들이 지지하는 이유를 분석하기 위하여 첫째, 본 연구의 경험적 분석은 응답자의 정치인식 수준을 중심으로 살펴보았다. 둘째, 응답자의 이념성향과 정당소속감이 부패한 정치인에 대한 지지도에 영향을 미치는지를 분석하였다. 마지막으로 응답자가 현재의 경제상황을 긍정적으로 평가할 때 과연 해당 정치인의 부패에 대해서는 어떻게 인식하는지를 살펴보고자 하였다.

〈표 3-12〉의 결과에 따르면, 정치인식 수준, 정당소속감, 그리고 경제상황의 평가에 대한 변수들이 박근혜 대통령의 지지도에 중요하게 영향

을 미치는 것으로 보인다. 우선 모형 2를 보면, 높은 수준의 정치인식 수준을 갖고 있는 응답자들은 박근혜 대통령에 대한 지지가 상당히 감소한 것으로 보여진다. 즉, 정치인식의 수준이 한 단계 증가할 때마다 예상된 박근혜 대통령의 지지도는 0.217까지 떨어지는 것으로 알 수 있다. 이러한 결과는 가설 1을 지지하는 것으로서 낮은 수준의 정치인식을 갖고 있는 응답자는 정치 지도자가 부패했더라도 계속 지지하는 경향을 보일 수 있

표 3-12. 박근혜 대통령의 부패 스캔들과 지지도

변수	모형 1	모형 2
	회귀계수 (표준오차)	
여성	−0.091 (0.112)	−0.116 (0.112)
나이(세대)	0.231** (0.044)	0.234** (0.044)
교육	−0.043 (0.102)	−0.054 (0.107)
자유한국당 지지여부	1.882** (0.286)	1.930** (0.286)
2012년 박근혜 투표여부	1.277** 0.130)	1.236** (0.130)
현 경제상황에 대한 평가	0.630** (0.132)	0.659** (0.132)
부패 스캔들에 대한 분노도	−0.523** (0.032)	−0.506** (0.032)
정치인식 정도		−0.217* (0.083)
영남		0.254* (0.123)
상수	4.089** (0.505)	4.453** (0.533)
응답자 수	1000	1000
R^2	0.53	0.54

모형 1과 2 모두 일반회귀분석(OLS) 방법을 사용하였으며, 종속변수는 당시 박근혜 대통령에 대한 지지율이다. $^{**}p<0.01$, $^{*}p<0.05$ (양측검정)

다는 것을 보여준다.

다음으로 〈표 3-12〉에서 모형 1과 모형 2 모두 응답자가 집권당인 자유한국당을 지지할수록 박근혜 대통령에 대한 지지율 역시 상당한 정도로 증가한다는 것을 알 수 있다. 이러한 결과는 가설 2를 지지하는 것으로, 대통령 지지도와 집권 정당에 대한 충성심 사이에 높은 연관성이 있음을 보여주는 것이다. 즉 응답자가 대통령이 속한 정당에 소속감을 갖고 있을 때 부패 스캔들에 연루된 대통령을 계속 지지할 가능성이 높음을 보여준다.

마찬가지로 〈표 3-12〉의 모형 1과 모형 2 모두에서 현재 경제 상황에 대한 긍정적인 평가가 대통령의 지지율을 상승시키는 요인이 되고 있음을 알 수 있다. 이러한 결과는 가설 3을 뒷받침하는 결과로, 현 정부가 국민들에게 경제적 만족을 제공한다면 대통령이 부패 스캔들에 연루되었더라도 국민들은 이를 대수롭지 않게 여기는 경향이 있음을 보여주는 것이다. 결국 국민들은 대통령의 부패 스캔들과 해당 정권으로부터 본인들이 얻는 경제적 이득을 상호 거래하는 행태를 보이는 것이다.

〈그림 3-4〉는 부패에 연루된 박근혜 대통령의 지지도에 영향을 미치는 주요 요인들을 보여주는 그래프이다. 〈그림 3-4〉에서 보면 나이가 많을수록, 응답자의 현재 경제적 상황이 좋다고 인식할 경우, 2012년 18대 대통령 선거에서 당시 박근혜 후보에게 투표했을 경우, 대통령의 소속 정당인 자유한국당을 지지하고 있을 경우, 그리고 응답자의 거주 지역이 영남지역일 경우에 응답자들은 대통령의 부패 스캔들에도 불구하고 박근혜 대통령을 지지하는 것으로 나타났다. 특히 자유한국당의 지지자인 경우

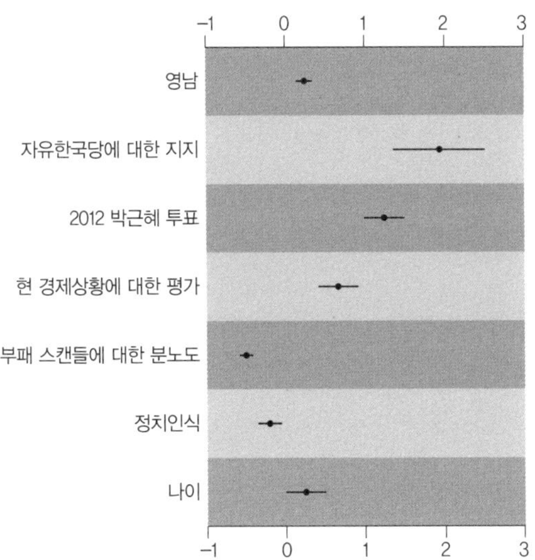

그림 3-4. 박근혜 대통령의 지지도에 영향을 미치는 변수들에 대한 회귀계수 그래프

에 박근혜 대통령의 부패 스캔들에도 불구하고 박근혜 대통령에 대한 지지가 상당히 높음을 알 수 있다. 즉 응답자들이 박근혜 대통령이 속한 자유한국당에 대한 정당소속감을 갖고 있는 경우에 박근혜 대통령의 부패 스캔들은 대수롭지 않은 정치 쟁점으로 치부되어 버리는 것이다. 한편, 우리가 예상했듯이 부패 스캔들에 대한 개인의 분노도가 높을수록 그리고 개인이 높은 정치의식 수준을 갖고 있을수록 대통령의 지지율이 감소되는데 있어 중요한 변수로 작용하였다.

결론 및 함의

본 논문에서는 2016년에 발생한 박근혜-최순실 게이트 사례를 가지고 일반 국민들이 정치 지도자의 부패 스캔들에 대해 어떻게 반응하는지, 그리고 일부 국민들은 정치 지도자의 부패 스캔들에도 불구하고 왜 그 정치인을 계속 지지하는지에 대하여 살펴보았다. 국민들의 기저에 깔려있는 부패한 정치인에 대한 양극화된 반응을 정치심리학적 관점에서 살펴보았다는 점에서 본 논문은 학문적으로 중요한 의의가 있다고 하겠다. 본 논문에서는 개인의 정치인식 수준, 이념 성향, 그리고 개인의 현재 경제상황 평가에 대한 세 가지 가설에 기반해서 부패한 정치인에 대한 국민들의 양극화된 반응을 분석하였다.

본 논문의 경험적 분석에 따르면 개인의 정치인식 수준이 높을수록 박근혜 대통령의 부패행위를 더욱 엄중하게 처벌하고자 하였다. 그러나 개개인의 이념성향의 위치가 박근혜 대통령이나 자유한국당과 가까우면 가까울수록 박근혜 대통령의 부패 스캔들은 박근혜 대통령의 지지율에 별다른 영향을 미치지 않았다. 게다가 자유한국당의 지지자들이나 보수적인 시민들은 박근혜 대통령이 연루된 부패 스캔들을 믿지 않거나 별일 아닌 것으로 치부해버리는 경향이 있었다. 또한 개개인들이 현재의 경제상황에 만족하고 있다면 그들은 부패한 지도자를 처벌하기 꺼려하는 것으로 나타났다.

종합해볼 때, 본 논문에서 보여준 이론적 주장과 경험적 분석들은 기존에 정치인식 수준과 정치 지도자의 인기 사이의 관계에 대한 기존 연구 및 동기화된 추론 이론을 뒷받침하고 있다. 이러한 결론에 기반해 볼 때, 부패한 지도자는 국민들이 낮은 수준의 정치인식을 가졌거나 정치에 관심이 없을 때, 자신과 비슷한 이념 성향을 가진 사람들이 결집되었을 때, 그리고 현재의 부패한 정권으로부터 경제적 이득을 얻는 사람들이 많을 때 자신의 부패 스캔들을 무마시키려고 노력할 것이다. 본 논문은 정치 지도자의 부패 스캔들이 국민 개개인의 정치 행위에 서로 다른 반응을 가져온다는 것을 경험적 분석을 통해 보여주었다. 이러한 결과는 정치지도자의 부패 스캔들이 일부 시민들 또는 적어도 일부 정치 단체들이 부패한 지도자를 판단하는 데 있어 전혀 영향을 미치지 않을 수도 있다는 것을 함의한다.

참고문헌

1. 국외 문헌

Abramowitz, Alan I. 2001. "It's Monica Stupid: Voting Behavior in the 1998 Midterm Election." *Legislative Studies Quarterly* 28: 211-226.

Alford, John, Holly Teeters, Daniel S. Ward, and Rick K. Wilson. 1994. "Overdraft: The Political Cost of Congressional Malfeasance." *Journal of Politics* 56(3): 788-801.

Anderson, Christopher J., and Jun Ishii. 1997. "The Political Economy of Election Outcomes in Japan." *British Journal of Political Science* 27: 619-659.

Anderson, Christopher J. and Yuliya V. Tverdova 2003. "Corruption, Political Allegiances, and Attitudes Toward Government in Contemporary Democracies." *American Journal of Political Science* 47(1): 91-109.

Anduiza, E., A. Gallego, and J. Muñoz. 2013. "Turning a Blind Eye: Experimental Evidence of Partisan Bias in Attitudes Towards Corruption." *Comparative Political Studies* 46: 1664-1692.

Bardhan, P. 1997. "Corruption and Development: A Review of Issues." *Journal of Economic Literature* 35: 1320-1346.

Blais, A., Gidengil, E., Fournier, P., Nevitte, N., Everitt, J., Kim, J., 2010. "Political Judgments, Perceptions of Facts, and Partisan Effects." *Electoral Studies* 29 (1): 1-12.

Brody, Richard A. 1991. Assessing the President: *The Media, Elite Opinion, and Public Support*. Stanford, CA: Stanford University Press

Brody, Richard A., and C. Shapiro. 1989. "A Reconsideration of the Rally Phenomenon in Public Opinion." In *Political Behavior Annual*, edited by S. Long. Boulder, CO: Westview Press.

Campbell, A., Converse, P., Miller, W., Stokes, D., 1960. *The American Voter*. Wiley: New York.

Carlson, J., Ganiel, G. and Hyde, M.S. 2000. "Scandal and Political Candidate Image." *Southeastern Political Review* 28(4): 747–757.

Carpini, Delli and S. Keeter, 1996. *What Americans Know About Politics And Why It Matters*. Yale University Press, New Haven, CT.

Ceron, A. and M. Mainenti. 2016. "When Rotten Apples Spoil The Ballot: The Conditional Effect Of Corruption Charges On Parties' Vote Shares." *International Political Science Review*.

Chang, Eric C.C., and Miriam A. Golden. 2006. "Electoral Systems, District Magnitude and Corruption." *British Journal of Political Science* 37: 115-137.

Clark, Damon. 2009. "The Performance and Competitive Effects of School Autonomy." *Journal of Political Economy* 117 (4): 745–783.

Converse, Phillip E. 1964. "The Nature of Belief Systems in Mass Publics." In *Ideology and Discontent*, ed. David E. Apter. New York: Free Press.

Costas, E, Solé-Ollé, A. and Sorribas-Navarro, P. 2011. "Corruption Scandals, Press Reporting, and Accountability: Evidence from Spanish Mayors," *Working Paper* No. 2011/9, Institut d'Economia de Barcelona, Barcelona, Spain.

Davis, Charles L., Roderic Ai Camp, Kenneth M. Coleman. 2004. "The Influence of Party Systems on Citizens' Perceptions of Corruption and Electoral Response in Latin America." *Comparative Political Studies* 37(6): 677-703.

Dimock, Michael and Gary C. Jacobson. 1995. "Checks and Choices: The House Bank Scandal's Impact of Voters in 1992." *Journal of Politics* 57(4): 1143-1159.

Doherty, David, Conor M. Dowling, and Michael G. Miller. 2011. "Are Financial or Moral Scandals Worse? It Depends." *PS: Political Science & Politics* 44

(4):749–57.

Duch, Raymond, Harvey Palmer, and Christopher Anderson. 2000. "Heterogeneity in Perceptions of National Economic Conditions." *American Journal of Political Science* 44(4): 635-652.

Fiorina, M. 1981. *Retrospective Voting in American National Elections*. New Heaven: Yale University Press.

Fischle, Mark. 2000. "Mass Response to the Lewinsky Scandal: Motivated Reasoning or Bayesian Updating?" *Political Psychology*: 135-159.

Funk, Carolyn L. 1996. "The Impact of Scandal on Candidate Evaluations: An Experimental Test of the Role of Candidate Traits." *Political Behavior* 18 (1): 1–24.

Gonzales, M. H., Kovera, M. B., Sullivan, J. L. and Chanley, V. 1995. "Private Reactions To Public Transgressions: Predictors of Evaluative Responses to Allegations of Political Misconduct." *Personality And Social Psychology Bulletin* 21: 136-148.

Goren, P. 2002. "Character Weakness, Partisan Bias, and Presidential Evaluation." *American Journal of Political Science* 46 (3): 627–641.

Key, V. O. 1966. *The Responsible Electorate: Rationality in Presidential Voting*, 1936-1960. Cambridge, MA: Harvard University Press.

Klašnja, Marko and Joshua A. Tucker 2013. "The Economy, Corruption, and the Vote: Evidence from Experiments in Sweden and Moldova." *Electoral Studies* 32(3): 536-543.

Krause, E. 1997. Mexico: *A Biography of Power*. New York: Harper Collins.

Kuklinski, James H., and Paul J. Quirk. 2000. "Reconsidering the Rational Public: Heuristics, Cognition and Public Opinion." In *Elements of Reason: Understanding and Expanding the Limits of Political Rationality*, ed. Arthur Lupia, Mathew D. McCubbins, and Samuel L. Popkin. Cambridge: Cambridge University Press.

Kunda, Ziva. 1990. "The Case for Motivated Reasoning." *Psychological Bulletin*

108 (3):480-98.

Kunicova, Jana and Susan Rose-Ackerman. 2005. "Electoral Rules and Constitutional Structures as Constraints on Corruption." *British Journal of Political Science* 35(4): 573–606.

Lodge, Milton, and Charles Taber. 2000. "Three Steps Toward a Theory of Motivated Reasoning." In *Elements of Reason: Understanding and Expanding the Limits of Political Rationality*, ed. Arthur Lupia, Mathew D. McCubbins, and Samuel L.Popkin. New York: Cambridge University Press.

Lupia, Arthur. 1994. "Shortcuts Versus Encyclopedias: Information and Voting Behavior in California Insurance Reform Elections." *American Political Science Review* 88 (1): 63-76

Lupia, Arthur, and Mathew D. McCubbins. 1998. *The Democratic Dilemma: Can Citizens Learn What They Really Need To Know?* New York: Cambridge University Press

Luskin, R. C. 2002. "True versus Measured Information Gain." *Working Paper.*

Manzetti, Luigi and Carole J. Wilson. 2007. "Why Do Corrupt Governments Maintain Public Support?" *Comparative Political Studies* 40(8): 949-970.

Maravall, J. M., and Fraile, M., 2001. The Politics Of Unemployment: The Spanish Experience In Comparative Perspective. In Bermeo, N. (ed.), *Unemployment In The New Europe*. Cambridge University Press.

Persson, T., G. Tabellini, and F. Trebbi. 2003. "Electoral Rules and Corruption." *Journal of the European Economic Association* 1(4): 958-989.

Peters, J. and S. Welch. 1980. "The Effects of Charges of Corruption on Voting Behavior in Congressional Elections." *American Political Science Review* 74(3): 697-708.

Praino, Robert, Daniel Stockemer, and Vincent G. Moscardelli. 2013. "The Lingering Effect of Scandals in Congressional Elections: Incumbents, Challengers, and Voters." *Social Science Quarterly* 94(4): 1045-1061.

Reed, S. R. 1999. Punishing Corruption: The Response Of The Japanese Electorate to Scandals. *Political Psychology in Japan: Behind The Nails Which Sometimes Stick Out (and Get Hammered Down)*. Commack, N.Y.: Nova Science.

Rundquist, B., G. Strom, and John G.1977. "Corrupt Politicians and Their Electoral Support: Some Experimental Observations." *American Political Science Review* 71(3): 954-963.

Slothuus, R. and de Vreese, C.H. 2010. "Political Parties, Motivated Reasoning and Issue Framing Effects." *Journal of Politics* 72(3): 630–645.

Sniderman, P. M., Glaser, J. M., and Griffin, J. 1990. Information and electoral choice. In J. A. Ferejohn and J. H. Kuklinski (eds.), *Information and Democratic Process*. Urbana, IL: University of Illinois Press.

Sniderman, Paul M., Richard A. Brody, and Phillip E. Tetlock. 1991. *Reasoning and Choice: Explorations in Political Psychology*. New York: Cambridge University Press.

Ulbig, S. G., and N.M. Miller. 2012. "The Coingate Effect: The Impact Of Scandal On Attitudes Toward, State And Federal Political Actors." *Social Science Journal* 49(1): 61-71.

Welch,S. and J. Hibbing. 1997. "The Effects of Charges of Corruption on Voting Behavior in Cogressional Elections, 1982-1990." *Journal of Politics* 59(1): 226-239.

Winters, Matthew S. and Rebecca Weitz-Shapiro. 2013. "Lacking Information or Condoning Corruption: When Do Voters Support Corrupt Politicians?" *Comparative Politics* 45(4): 418-436.

Zaller, J.R. 1992. *The Nature and Origins of Mass Opinion*. Cambridge, MA: Cambridge University Press.

정치개혁의 성공조건

: 정당정치의 활성화와 시민사회의 복원

유성진 · 이화여자대학교

서론

탄핵을 둘러싸고 한국 사회에서 펼쳐진 일련의 사건들은 정치의 중요성과 정치권력과 정치리더십의 영향력을 다시금 확인시켜 주었다. 이른바 '비선실세(秘線實勢)'에 의한 국정농단은 정치권은 물론 재계, 학계, 언론계, 예술체육계 등 사회전반에 걸쳐 정상적인 의사결정과정을 부성적으로 왜곡시켰을 뿐 아니라 무수히 많은 피해자들을 양산하였다.

이렇게 된 데에는 대통령 인사정책의 실패, 소통의 부재, 권력의 독점과 부패 등 여러 원인들이 있겠지만 다른 무엇보다도 정당 특히, 여당이 제 기능을 하지 못한 점이 가장 크다. 여당은 국정의 파트너로서 대통령의 국정운영을 지원해야 하지만 국회의 일원으로써 행정부의 전횡을 견제, 감시하는 기능을 수행해야 한다. 또한 집권당으로서 정책결정과 실행에서 행정부와 공동책임을 지기 때문에 성공적인 국정운영에 만전을 기해야 한다. 때문에 이번 탄핵국면은 여당이 대통령을 정점으로 한 국정운영에 얼마나 미약한 역할을 하고 있었는지 적나라하게 드러냈으며, 이는 우리의 정당정치가 얼마나 취약한지 단적으로 보여주었다.

우리나라는 물론 오랜 민주주의의 역사를 갖고 있는 나라들에게서 정치불신이 팽배해 있고, 그러한 정치불신에 제 역할을 수행하고 있지 못한 정당이 무엇보다 큰 책임을 갖고 있다는 점은 부인하기 어렵다. 대부분의 민주주의 국가들에게서 정당은 유권자들의 신뢰를 얻지 못하고 있으며, 때때로 대의제민주주의를 저해하는 요인으로 일컬어지기도 한다(Dalton 2004, 3).

그러나 정치불신을 이유로 정당의 약화 내지는 몰락을 주장하는 것은 대단히 위험하다. 실제로 모든 이들이 정치과정에 참여하기 힘든 현실에서 이를 대행할 핵심적인 행위자인 정당의 부재(不在)는 정책결정과정이 제도적 기제에 의해서가 아니라 즉흥적으로 이루어질 개연성을 높일 뿐 아니라, 실행된 정책에 대한 책임소재 역시 불분명하게 만든다. 다시 말해, 정치과정의 핵심적인 행위자인 정당의 약화 내지는 소멸은 대의제민주주의를 지탱하는 중요한 축을 잃어버리는 것에 다름 아니며, 실제로 그러한 일들이 벌어질 경우 공동체 전체적으로 얻게 되는 이득보다 잃게 되는 손실이 더 클 것임은 자명하다.

이러한 관점에서 이 장은 대의제민주주의의 원활한 작동을 위해서는 다른 무엇보다도 정당정치의 활성화가 필요하다고 주장한다. 정치불신의 시대에서 정치개혁이 성공하기 위해서는 대의제민주주의의 핵심적인 행위자인 정당이 제 기능을 수행해야 하며, 정당이 책임 있는 정치과정의 행위자로써 거듭 날 경우에만 유권자들의 선호가 온전히 정책으로 반영될 수 있기 때문이다. 또한 이 장은 정당정치 활성화를 위한 중요한 선결조건으로 시민사회의 복원과 활발한 감시기능이 필요하다고 본다. 결국 대의제민주주의가 온전히 작동하기 위해서는 유권자, 정당 그리고 정책결정자로 이어지는 정치과정의 연결고리가 동시에 복원되어야 하는 것이다.[1]

정치신뢰와 정당정치

1. 정치신뢰: 의미와 중요성

개념적으로 신뢰는 행위주체와 객체 사이에 형성된 일종의 공감대를 의미한다. 이런 관점에서 특정한 정치적 행위자에 의한 행위가 객체에 의해 당연시되고 자발적으로 인정될 때 정치적 신뢰가 높다고 말할 수 있다. 그런데 정치적 신뢰는 정치적 행위주체와 객체 예컨대, 정부기관과 국민들

1. 이 장의 내용은 정당정치의 현재와 미래에 관한 시론적인 글로 세밀한 경험적 분석을 결여하고 있음을 미리 밝힌다.

간의 상호작용에 의해 영향을 받으며, 그 상호작용에 대한 국민의 인식과 평가에 따라 변화하는 가변적인 성격을 갖게 된다.

정치적 신뢰의 중요성이 부각되는 이유는 그것이 통치행위에 대한 국민의 자발적인 인정과 순응에 필수적인 전제조건이기 때문이다. 정부의 통치능력과 정치체제의 원활한 작동은 국민들이 정부기관의 결정을 얼마나 적극적으로 받아들이고 따르려고 하는가에 달려있다. 다시 말해, 권위주의 정부에서 목격되듯이 강제적인 통제수단에 의한 통치능력의 강화는 그 자체가 민주주의의 개념적 특성과 공존하기 어려우며, 국민에 의해 정부의 권위가 인정되고 자발적으로 순응할 때만이 본질적 의미의 민주주의 정치체제로서 기능한다(Brehm and Rahn 1997).

또한 국민들 사이에 정부의 통치행위에 대한 신뢰가 존재하는 경우에는 국민의 자발적인 순응에 기반하여 정부에 의한 결정이 갖는 정당성을 높일 수 있을 뿐 아니라, 정부행위자의 의사결정과정에 있어서의 자율성 또한 매우 높아진다. 정부기관에 대한 국민의 신뢰가 높은 경우, 정부기관의 통치행위가 공동체 전체의 이익에 기여할 것이라는 국민들의 믿음으로 이어질 가능성이 높으며, 결과적으로 국민이 정부기관의 결정에 대해 일차적으로 동의와 지지를 보낼 개연성이 커진다. 게다가 국민들의 정부행위자에 대한 일차적인 동의와 지지는 정부기관이 실행할 수 있는 활동의 폭을 넓힐 뿐 아니라, 의사결정과정과 실행과정에 있어서도 높은 자율성을 갖고 임할 수 있는 환경을 조성해 준다(Fenno 1978; Hetherington 1998).

이렇듯 정치적 신뢰의 중요성에 대한 관심은 정부기관과 국민들 간의 지속적인 상호작용을 통해 형성, 변화하는 국민의 주관적 인식과 평가가 정부의 통치능력과 정치체제의 원활한 작동에 영향을 미친다는 인식에서 비롯되었다. 정치체제에 대한 신뢰가 높은 공동체에서는 구성원들이 정부행위자들의 정통성을 존중하고 정책결정에 보다 광범한 지지를 보내게 됨으로서, 정부기관의 정책실행에 관용적 태도를 보이고 그 결정을 수용, 실천하는 경향을 보임으로서 사회갈등이 지나치게 격화되지 않으면서도 정치체제가 원활히 작동될 수 있는 상황으로 이어진다.

이러한 중요성에도 불구하고 정치에 대한 신뢰, 보다 좁게는 정당에 대한 신뢰가 급격히 하락하고 낮은 수준에 머물러 있는 것은 대부분의 민주주의 국가에서 목격되는 공통된 현상이다. 정당에 대한 국민들의 신뢰가 낮은 이유로 흔히 제시되는 요인은 정당이 주어진 기능을 제대로 수행하고 있지 못하다는 국민들의 인식이다. 정치과정의 측면에서 특별히 정당이 부여받은 중요한 역할은 다양한 이해관계의 충돌을 제도화된 절차에 따라 민주적으로 해결하는 것이다(정진민 2008). 규범적인 차원에서 이상화된 정당의 민주적 의사결정과정은 그것이 만족스러운 과정을 거쳐 최종적인 결과물에 도달할 경우에 국민의 신뢰를 얻을 수 있다. 즉, 정당의 의사결정과정이 대화와 타협을 통해 다수의 동의를 얻고 이를 통해 정당한 결과물을 도출해야 한다는 기대감을 충족시킬 수 있는지 여부에 따라 의회에 대한 국민들의 신뢰수준이 결정된다는 것이다(Kimball and Patterson 1997).

과정에 대한 국민들의 평가는 크게 효율성과 대표성이라는 두 가지 기준에 의해 결정된다. 의사결정과정에서 정책수립과 집행에 초점을 맞추어 효율성을 강조하다 보면 의사결정의 신속성과 정책결정의 일관성이 중요한 요소가 된다. 반면, 참여행위자들의 다수를 만족시키기 위해 대표성에 초점을 맞추다 보면 의사결정과정이 신속하고 일관되게 이루어지기보다는 논쟁과 타협을 통한 합의의 도출이 가장 중요한 목표가 된다(이현우 2006, 6).

이러한 관점에서 보면 결과를 중시하는 행정부와는 달리 국회 그리고 정당의 의사결정은 과정을 더 중시한다. 정책결정에 있어서 가능한 한 다수의 동의를 구하는 과정은 국회의 의사결정과정에서 매우 중요한 의미를 가지며, 이러한 측면에서 국회에 대한 신뢰는 많은 경우 최종적인 결과물보다는 그것에 이르는 의사결정과정이 얼마나 민주적으로 이루어졌고 그 과정에 얼마나 많은 이들이 정당성을 부여하느냐에 따라 좌우된다(임성호 2004, 2006).

문제는 이렇듯 대표성에 근거한 국회의 독특한 의사결정과정이 현실적으로 갈등과 논쟁으로 점철되기 쉽다는 점이다(Patterson and Magleby 1992). 현실의 모습에서 국회 내 다수파는 자신들의 의견을 관철시키기 위해 때때로 소수파의 이해를 무시하는 경향을 보이기도 하며, 소수파들이 자신들의 이해반영을 극대화하기 위해 정해진 규칙을 무시하는 모습도 빈번히 목격된다. 이러한 의사결정과정은 국민들에게 민주적 조정과정으로 인식되기보다는 자신들의 이해관계를 위해 이전투구하는 모습으로 비춰지기 쉬우며, 이는 결국 정치에 대한 국민들의 낮은 신뢰로 이어진다(Durr, Gilmour, and Wolbrecht 1997; Hibbing 2002).

정치불신의 원인은 정치행위자들과 유권자들 간에 벌어지는 의사소통과정이 대단히 제한적인 구조 속에서 이루어진다는 사실로부터도 찾아볼 수 있다. 현실정치에서 대의제 민주주의의 작동은 유권자들에 의한 정치행위자들의 선출, 선출된 정치행위자들의 정책결정과 실행, 이에 대한 유권자들의 평가라는 일련의 과정으로 이루어져 있다. 그런데 이러한 의사소통의 과정은 통상 다음과 같은 구조 속에서 이루어진다. 정치행위자들은 자신들에게 유리한 정보를 확대, 재생산하는 데 집중하여 제한적인 정보의 생산자로서 기능하는 반면, 소비자로서 유권자들은 제공된 정보들 중에서 자신들의 정치적 신념 혹은 기왕의 판단기제에 맞추어 취사선택한다. '제한적 정보의 생산과 차별적인 취득'이라는 이러한 의사소통과정의 구조는 정치적 대상에 대한 유권자들의 최종적인 평가에 영향을 미치게 된다.

이렇듯 제한적인 쌍방향 의사소통과정과 그에 기반한 유권자들의 평가는 대의제 민주주의의 작동에서 핵심적 위치를 차지하는 의회와 정당의 경우도 예외가 아니다. 의회 내의 행위자들은 대개의 경우 자신들의 이익에 부합하는 정보만을 부각시켜 전달하고 싶어 하며, 의회 밖에서 의회를 바라보는 유권자들은 제공되는 정보들 모두를 받아들이기보다는 자신들의 이해관계에 맞추어 취사선택하려는 경향을 갖는다. 게다가 정보의 전달과정은 대중매체에 의해 영향을 받는다. 이 과정에서 특히 문제시되는 것은 의회 내부의 의사결정과정에 대한 정보취득에 있어서 유권자들이 매우 취약한 위치에 놓이게 된다는 점이다. 대중매체는 그 속성상 부정적인 측면에 더 집중하게 되며, 이는 의회 내 의사결정과정에 대한 세부정보에 익숙하지 않은 대중들에게 그대로 전달된다(서현진 2003; Miller and Stokes 1963; Page and Shapiro 1992).

2. 정치신뢰 저하의 정치적 영향

이렇게 형성된 낮은 수준의 신뢰도는 결국 정치체제에 대한 불만으로 이어지고 궁극적으로는 정치행위자들이 성공적인 활동을 수행하는 데 부정적인 영향을 미친다(Hetherington 1998). 국회의 의사결정과정에서 여야 정당 간 파행적인 국회 운영, 그리고 정책결정과 실행에 있어서 견제와 균형을 통해 상호 협조체제를 구축해야 할 행정부와 국회 간 의사소통의 부재는 정치에 대한 국민의 불신으로 이어져 가뜩이나 제도적으로 취약한 국회의 신뢰구조를 더욱 악화시키고, 더 나아가서는 정치 전반에 대한 불신을 초래하고 있다. 안타까운 사실은 이러한 정치적 불신이 시간이 지나갈수록 더욱 악화되고 있다는 점이다. 〈표 1〉과 〈표 2〉에서 확인할 수 있듯이 매 선거 때마다 공통적으로 국민의 높은 기대 속에서 출발한 국회는 4년 후 실망과 불만족의 대상으로 인식되고 있다.

더욱 우려스러운 점은 이렇듯 악화되는 정치에 대한 국민의 불신과 실망이 대의제민주주의에 대한 국민의 믿음을 점차 약화시키고 있다는

〈표 1〉 선택한 후보에 대한 만족도(%)

	15대(1996)	16대(2000)	17대(2004)	18대(2008)	19대(2012)
만족	74.2	79.7	59.8	48.6	60.0
불만족	25.8	20.3	13.5	12.6	15.1
무응답	-	-	21.7	38.8	24.9

자료: 국회의원선거 유권자 조사(사회과학데이터센터). 20대 총선 조사에서는 해당 문항이 없음.
주) 17대 응답자의 전체 비율은 모름/응답거부를 선택한 응답자 비율인 5%를 제외한 까닭에 100%가 되지 않음.

〈표 2〉 지난 4년간 현역의원의 의정활동에 대한 평가(%)

	16대(2000)	17대(2004)	18대(2008)	19대(2012)	20대(2016)**
만족	17.3	23.3	24.5	19.8	7.864 (만족도 평균)
불만족	31.2	64.1	58.6	68.4	
모름	51.5(보통)*	12.6	16.9	11.8	

자료: 국회의원선거 유권자 조사(사회과학데이터센터)

*16대 총선 조사의 경우 모름 대신 "보통이다"라는 항목이 제시됨.

**20대 총선 조사의 경우 "0(아주 잘못했다)~10(아주 잘했다)"의 연속변수로 측정.

〈표 3〉 의회와 민주주의에 대한 평가(%)

		의회와 민주주의에 대한 진술		
		의회와 정당이…*	민주주의는 논쟁이…**	민주주의가 문제는…***
WVS (1996)	긍정	84.6	38.5	91.6
	부정	15.3	61.6	8.5
	차이	+69.3	−23.1	+83.1
WVS (2001)	긍정	75.3	31.6	80.5
	부정	13.5	51.8	8.1
	차이	+61.8	−20.2	+72.4
WVS (2006)	긍정		47.1	79.5
	부정		52.9	20.6
	차이		−5.8	+58.9
WVS (2010)	긍정	76.8	8.688(평균값)****	6.191(평균값)*****
	부정	22.4		
	차이	+54.4		

자료: World Values Survey(1996, 2001, 2006, 2010).

*우리나라의 통치방법으로서 "의회와 정당이 중심이 되는 민주주의"에 대해 어떻게 생각하십니까?

**민주주의는 논쟁이 많고 우유부단하다.

***민주주의가 문제는 있지만 그래도 어느 통치체제보다도 낫다.

****민주주의 국가에서 산다는 것이 얼마나 중요하십니까? (0: 전혀 중요하지 않다~10: 매우 중요하다)

*****우리나라가 얼마나 민주적으로 통치되고 있다고 생각하십니까? (0: 전혀 그렇지 않다~10: 매우 그렇다)

사실이다. 〈표 3〉에 나타나 있듯이 5년마다 실시되는 세계가치관조사(World Values Survey)의 가장 최근 결과에 따르면 우리 국민들은 "민주주의는 논쟁이 많고 우유부단하다"라는 진술에 거의 절반이 "그렇다"라고 답하고 있는 반면, "민주주의가 문제는 있지만 그래도 어느 통치체제보다도 낫다"라는 진술에 동의하는 비율이 지속적으로 감소하고 있다.

다만 이렇듯 부정적인 평가 속에서도 한 가지 위안이 되는 점은 현실에서 맞닥뜨리는 민주주의의 작동에 대한 만족도가 그리 높지 않음에도 민주주의에 대한 믿음이 굳건하게 형성되어 있다는 점이다. 2010년 조사 결과에 따르면, "민주주의 국가에선 산다는 것이 얼마나 중요하십니까?"라는 물음에 응답자들의 입장은 "매우 중요하다"에 대단히 가까운 모습을 보였는데, 이는 정치체제로서 민주주의에 대한 믿음이 매우 확고함을 알려주는 것이다.

우리의 유권자들은 국회의 의사결정을 포함해 정치일반에 대해서도 매우 높은 불신감을 보이고 있다. 〈표 4〉는 한국의 유권자들이 전반적인 한국의 정치상황에 대해 매우 부정적으로 생각하고 있음을 보여준다. 예를 들어, 1996년의 여론조사결과에서 "일반적으로 우리나라는 소수의 이익집단에 의해 운영된다"라는 부정적 진술에 대해 응답자들의 80%가 넘는 비율이 동의하고 있다고 답하고 있고, '그렇지 않다'라고 답한 이들과의 비율 차이는 65%가 넘었으며, 이러한 상황은 10년 이상이 경과한 지난 18대 총선의 여론조사결과에서도 거의 변화를 보이지 않았다. 18대 총선에서 같은 설문에 대해 응답자의 81%가 여전히 동의하고 있고, 이에 긍정하지 않는 응답자들은 18%에 지나지 않았으며 그 둘 간의 차이는 1996년

〈표 4〉 정치만족도에 대한 평가(%)

		정치만족도에 대한 진술		
		일반적으로 우리나라는…*	일반적으로 정치인은 당선된 후…**	우리나라의 민주정치에…***
WVS (1996)	긍정	82.8		
	부정	17.2		
	차이	+65.6		
16대	긍정		83.8	29.2
	부정		12.0	61.1
	차이		+71.8	−31.9
17대	긍정			22.0
	부정			73.7
	차이			−51.7
18대	긍정	81.3	93.3	
	부정	18.3	6.4	
	차이	+63.0	+86.9	
19대	긍정			43.4
	부정			53.1
	차이			−9.7
20대	긍정			43.6
	부정			56.2
	차이			−12.6

자료: World Values Survey(1996), 16~17대 국회의원선거 유권자 조사(사회과학데이터센터), 18대 총선 패널연구(동아시아연구원)

*일반적으로 우리나라는 소수의 이익집단에 의해 운영된다.

**일반적으로 정치인은 당선된 후 선거 때 행동과는 상당히 다르다.

***선생님께서는 우리나라의 민주정치에 얼마나 만족하십니까?

의 경우와 비교해서 큰 차이가 없는 68%를 보였다.

정치만족도와 관련된 다른 두 가지의 진술들 즉, "일반적으로 정치인은 당선된 후 선거 때 행동과는 다르다"라는 부정적 진술, 그리고 "우리나라의 민주정치에 대한 만족도"를 묻는 설문에 대한 응답의 경우에서도 여전히 부정적인 경향이 발견된다. 정치인의 행동에 대해서는 부정적인 평가가 긍정적인 평가를 압도하고 있으며, 그 차이는 시간이 흐름에 따라 더욱 더 악화되었다. 우리나라 민주주의의 대한 만족도 역시 2000년대 초반 대단히 낮은 수준이었다가 최근에 이르러서는 개선의 여지를 보이고 있으나 여전히 다수가 부정적인 입장을 취하고 있다.

앞에서 살펴본 바와 같이 유권자들의 높은 기대감이 역시 높은 실망감으로 전환된다는 사실은 정치불신에 있어서 정치인들의 책임 없는 행위와 비상식적인 의사진행과정이 큰 부분을 차지하고 있음을 보여준다. 그리고 이렇듯 초래된 정치불신은 정치에 대한 만족도 저하는 물론 정치체제로서의 민주주의에 대한 부정적인 인식을 초래하고, 그것이 정치인들에 대한 부정적인 평가로 이어지는 일종의 악순환의 고리를 형성하게 된다.

정치개혁의 성공조건

1. 정당 없는 민주주의?

대의제민주주의는 시민에 의해 선출된 정부에 의해 통치되고 특정의 법 또는 정책의 영향을 받는 시민이 그 결정과정에 참여하거나 영향을 미칠 수 있는 체제이다. 이를 실제적 작동이라는 측면에서 보면, 대의제민주주의는 두 가지 수준의 상호작용이 원활히 이루어질 때 이상적으로 작동한다. 다시 말해, 일반 대중들과 정치엘리트들 간 상호작용 즉, 민주적 절차에 따른 권한의 위임과 책임성 있는 의견 수집이 일차적으로 충족되어야 하는 한편, 정치영역에서 정치엘리트들 간의 상호작용 즉, 정부의 구체적인 정책결정과정에서 엘리트들이 상호 경쟁과 협상, 타협을 통한 각축의 과정이 원활히 이루어져야 한다.

이를 정치적 의사결정과정이라는 측면으로 재구성하면, 대의제 민주주의에서 정책결정과정은 사회적 갈등과 균열이 정치엘리트들에 의해 적절하고 타당하게 취합되는 과정과 균열집단의 대표자들인 정치엘리트들이 각기 자신의 이해관계를 구체적인 정부 정책에 반영하기 위해 경쟁하는 과정을 거친다. 더불어 일반 대중은 정치엘리트들을 경유하지 않고 정부와 직접 상호작용하는 경우도 산정할 수 있다. 이를 도식화하면 〈그림 1〉과 같다.

대의제민주주의의 성패가 그림에서 제시된 정치엘리트와 일반 대중, 그리고 정치엘리트 간에 벌어지는 두 가지 상호작용이 얼마만큼 원활하

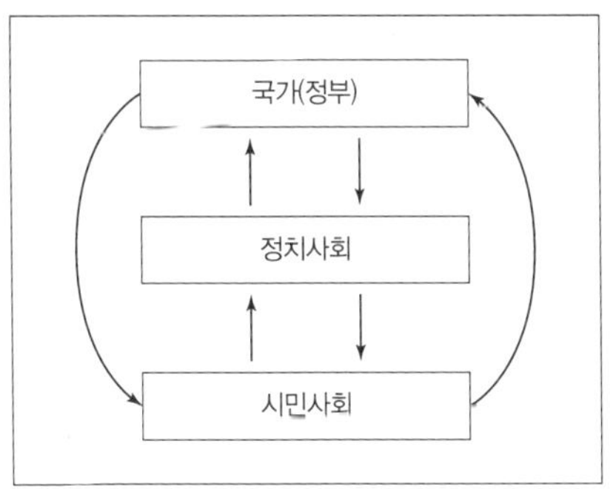

〈그림 1〉 민주주의 국가에서 정치적 의사결정과정

출처: 김수진(1998, 3)에서 재인용.

게 이루어지는가에 달려 있음에는 이견이 있기 어렵다. 문제는 사회가 복잡해짐에 따라 이러한 상호작용의 기제 역시 더욱 복잡한 양상을 띠게 된다는 점이다. 하나의 정치공동체에서 민주주의가 진전됨에 따라 문화, 지역적 갈등과 같이 역사적으로 진전된 온 종류의 갈등 이외에도 세대, 경제적 갈등, 가치갈등과 같은 새로운 갈등의 양상이 추가되며, 이러한 갈등들은 정치·사회적 사안들이 등장할 때마다 부각되는 모습을 보인다.

만일 복잡해져가는 사회적 갈등과 균열이 정치적으로 대표되거나 제대로 다루어지지 않는다면 공동체의 잠재적 불안요인이 되며 일반 대중들과 정치엘리트 그리고 정부 간 신뢰저하로 이어진다. 이러한 상황에서는 일반 대중들이 정치엘리트를 통하지 않고 정책결정과정에 직접적으로 개입하려는 요구가 증대되는데, 이는 정치사회를 경유하지 않고 국가 혹은 정부와 직접적인 소통을 하려는 모습으로 나타난다.

문제는 이러한 시민사회에 의한 의사결정과정에의 직접적인 개입은 많은 경우 정치적 이해관계의 타협과 절충과정이 결여된 상황을 초래하기 때문에 실제 결정된 정책에 대한 책임소재를 불분명하게 만든다는 것이다. 요컨대, 이상적인 민주주의에서 정치가 일상에서 일어나는 문제 해결의 방법이자 통로라고 볼 때, 갈등과 균열이 정치영역에서 제대로 다루어지지 않는 공동체는 이상적 민주주의의 핵심요소를 결여하고 있는 것이다. 이는 대의제 민주주의에서 선출된 대표의 책임성의 문제와 직결되며, 민주주의의 원활한 작동을 저해하는 중대한 문제가 된다.

2. 정당정치 활성화와 시민사회의 복원

민주주의가 그 속성상 갈등과 타협을 전제하고 있다는 점에서, 그리고 대의제민주주의가 대표성과 책임성이라는 두 가지 원칙에 근거하고 있다는 점에서 모든 정치과정의 중심에는 이러한 역할을 수행할 행위자가 필요하며, 현대의 정치체제에서 가장 중심적인 행위자가 정당이라는 점은 이론의 여지가 없다. 정당이 그 자체로 많은 문제를 가지고 있고 정치불신에 큰 책임이 있는 것은 사실이지만, 그것이 정당의 소멸 내지는 약화를 의미하는 것은 아니다. 오히려 대의제민주주의의 원활한 작동을 위해서는 정당정치를 활성화하고 동시에 정당들이 제 기능을 수행할 수 있도록 시민사회가 이들의 활동을 활발하게 감시하는 역할을 수행하는 과정이 필요하다.

실제로 한국의 유권자들은 이러한 필요성에 공감하고 있다. 〈표 5〉에

〈표 5〉 정치인과 정당, 그리고 민주주의에 대한 인식

	긍정	중립	부정
대부분의 정치인들은 국민에게 관심이 없다	50.5	30.9	18.4
대부분의 정치인들은 신뢰할만하다	15.2	25.9	58.4
정치인들이 우리나라의 가장 큰 문제이다	52.5	28.1	19.1
정당들은 사회문제에 대해 대안을…*	43.9	36.4	19.1
모든 정당들이 없어진다면…**	21.9	35.0	42.2
민주주의에서는 서로 다른…***	80.0	14.6	4.9

자료: 20대 국회의원선거 유권자조사(사회과학데이터센터). 수치는 해당 항목의 응답비율(%).

*정당들은 사회문제에 대해 대안을 제시하기보다는 혼란만 부추긴다.

**모든 정당들이 없어진다면 우리의 국가시스템은 훨씬 효율적이 될 것이다.

***민주주의에서는 서로 다른 관점들의 타협을 추구하는 것이 가장 중요하다.

제시된 결과에 따르면, 우리의 유권자들은 정치인들에 대해 대단히 부정적인 인식을 갖고 있지만, 그렇다고 정당의 부재가 정치체제의 효율성을 담보하는 것은 아니라고 생각하고 있다. 더불어 절대다수가 '서로 다른 관점들의 타협을 추구'하는 것이 민주주의에서 가장 중요하다고 인식하고 있어 갈등의 존재와 타협의 필요성을 전제하는 민주주의의 기본원칙에 대부분 공감하고 있다.

이러한 인식은 우리의 민주주의가 정당정치의 활성화와 시민사회의 성장이 동반될 때 비로소 공고화될 수 있음을 의미한다. 따라서 대의제민주주의의 이상적인 구현을 위해서는 이 두 부분에 대한 분석과 이해가 함께 논의되어야 한다.

정치불신과 정당정치의 문제를 지적하고 있는 주장들은 대개 한국 사회가 겪고 있는 정치환경의 변화에 초점을 맞추어 정당정치의 변화를 촉구하고 있다. 이러한 관점에서 제기하고 있는 현재 한국 사회가 겪고 있는 정치환경의 변화는 다음의 몇 가지 내용들로 집약될 수 있다.

첫째, 유권자 차원의 변화로 정치과정의 행위자 측면에서 복합성이 크게 증대되었다. 인터넷과 소셜네트워크의 확산으로 정치정보의 소통과 전달이 이전보다 훨씬 더 용이해졌고, 이는 정치과정에 있어서 정당이 더 이상 정치정보의 생산과 수집, 전달을 독점할 수 없는 구조적 변화로 이어졌다. 이러한 구조적 변화는 유권자들의 정치행위에서 정당의 영향력을 크게 감소시켜 기존에 정당을 중심으로 행해졌던 유권자들의 정치참여가 이전에 비해 폭과 다양성이라는 면에서 폭발적으로 증대되는 결과를 가져왔다.

둘째, 유권자 정치참여의 폭과 다양성 증가에 비해 이를 수용할 수 있는 정당의 정책적 반응성이 상당히 약화되었다. 정당정치에 대한 비판의 많은 부분은 유권자 차원의 변화를 정당이 제대로 담아내지 못한다는 데 있으며, 이는 유권자와 정당 간의 소통이 잘 이루어지지 않고 있음을 의미한다. 이러한 변화는 과거에 정책을 중심으로 정부와 시민사회 간 의사소통의 매개체로서, 그리고 시민사회에서 성장한 인재들을 정치권으로 영입, 충원하는 역할을 수행하였던 정당이 그 기능을 점차 상실하고 있음을 보여준다.

마지막으로 새로운 방식의 정치참여 증대와 참여유인의 변화를 들 수 있다. 폭발적으로 증가한 유권자들의 정치참여 욕구를 정당이 적절하게 수용해내지 못하는 상황은 유권자들이 한편으로 정당의 개혁을 요구하고, 또다른 한편으로 정치과정에 직접적으로 참여하여 영향력을 행사하려는 계기가 되었다. 다시 말해, 정당을 신뢰하는 정치과정의 매개체로 여기지 않게 됨에 따라 유권자들이 정당정치의 틀을 벗어나 개별적으로 혹은 집단적으로 정치정보를 교환하고 직접적인 참여를 통해 정치적 영향력을 행사하려는 모습이 나타난 것이다.

이와 같은 변화들은 한국의 정치과정이 과거에 비해 크게 변화한 환경을 가지게 되었음을 보여준다. 정당정치가 안정적으로 제 역할을 다하고 있는 상황에서는 시민사회의 요구가 정당을 통해 정치사회에 수용되고, 이를 토대로 정부의 정책이 결정, 실행되는 과정이 원활하게 이루어진다. 그러나 정당이 능력의 문제로 그 역할을 제대로 수행하지 못하거나 유권자들이 정당을 신뢰하지 못하는 상황에서는 시민사회가 정당을 우회하여 정부 정책에 직접적으로 개입하려는 현상이 나타난다. 이러한 상황 속에서는 시민사회의 갈등이 안정적으로 관리되기보다는 폭발적으로 분출, 증폭되어 정치체제의 불안정으로 이어지기 쉬운 환경이 조성된다.

대의제민주주의가 안정적으로 운영되기 위해서는 시민사회의 요구를 적극적으로 수집하고 이를 바탕으로 실천 가능한 정책들을 도출하는 노력을 지속하는 정당들의 역할을 활성화하는 것이 무엇보다도 필요하다. 그 과정에서 시민사회는 정당을 대신하고 직접적인 정책결정의 행위자로서보다는 정당의 역할을 감시하고 비판함으로써 정당이 제 기능을 회복할 수 있도록 돕는 견제자로서 역할을 담당해야 한다. 결국 한국의 정치개혁은 시민사회가 견제자로서의 역할을 충실히 수행함으로서 정당이 제 기능을 수행할 수 있도록 강제하고, 이를 통해 정당정치를 활성화하는 과정을 거칠 경우에 비로소 가능해진다.

결론

한국의 정당들은 지금 국민적 불신이라는 위기에 처해 있다. 정당 스스로 돌파구를 찾으려는 노력에도 불구하고 국민들이 정당을 바라보는 시선은 그리 곱지 않으며, 정치에 대한 회의적인 시각이 팽배해 있는 것도 사실이다. 이러한 불신을 가져온 데에 정당들의 책임이 큰 것 역시 부인하기 어렵다.

그러나 현재의 위기에도 한국 정당발전의 역사는 우리의 정당들이 민주주의의 확립과 공고화에 나름의 역할을 수행해왔음을 보여준다. 정당 본연의 임무는 다른 무엇보다도 시민사회와의 지속적인 연계 속에서 국가-시민사회 간 갈등적 국면이 도래할 때 적극적으로 이를 매개하는 역할을 수행하는 것이고, 이러한 측면에서 한국 정당들은 지속적인 노력을 경주해 왔다. 현재 한국의 정치발전에 쏟아지고 있는 관심은 한국 민주주의의 발전에 정당이 일정한 역할을 수행해 왔음을 간접적으로 보여준다.

물론 현재 한국 정당들이 과거의 경험에 사로잡혀 여전히 중앙집권적인 의사결정구조를 갖고 있으며, 수직적 민주화에 있어서는 많은 한계를 갖고 있는 것이 사실이다. 그러나 이러한 한계가 정치에 대한 과도한 불신 그리고 정당의 역할에 대한 지나친 폄하로 이어져서는 곤란하다. 현대의 정치체제에서 정당이 존재하지 않는 민주주의는 존재하지 않으며, 정당이 스스로의 역할을 제대로 수행하지 못하는 경우 정치에 대한 불신을 낳게 되는 것이 사실이지만, 정당의 역할을 무시하는 시각은 그 자체로 민주주의의 위기로 이어지기 때문이다.

현재 한국의 정당들은 또다른 위기에 봉착해 있다. 민주화 이후 확보된 시민사회의 자율성은 한국 사회 균열의 양상을 더욱 복잡하게 만들었으며, 차별적인 정치의식과 이슈를 가진 세대들의 등장과 인터넷을 비롯한 소셜미디어의 등장은 정치과정을 보다 파편화시켰다. 이러한 변화는 한국의 정당들이 과거와는 전혀 다른 새로운 형태의 변화에 맞닥뜨렸음을 의미하며, 이는 이에 대한 정당의 대응방식 역시 달라져야 함을 의미한다.

그러나 대응방식이 달라져야 한다는 것이 정당 본연의 기능이 달라져야 함을 의미하는 것은 아니다. 몇 차례 언급했듯이 정당은 국가와 시민사회를 매개하고 이를 통해 갈등을 조정하고 협력적 관계로 나아갈 수 있도록 이끄는 임무를 부여받아 왔다. 이러한 정당 본연의 역할을 수행하지 못할 때 정당은 위기에 빠지게 되며 이를 성공적으로 수행할 때에만 생존할 수 있다. 다른 대응방식이란 다만 지금과 같이 시민사회의 높은 자율성이 전제된 상황에서는 과거와는 다른 방식으로 시민사회와의 연계를 강화하는 노력이 필요하다는 것을 의미한다.[2]

다른 무엇보다도 변화된 정치환경 속에서 정당은 사회 여론에 민감해야 하지만 항상 그에 수동적으로 영향 받는 것이 아니라, 국가의 선호와 사회의 선호가 다를 경우 정당이 적극적인 조정자로서 기능을 발휘하여 '사회가 선호하는 결정'으로 이어질 수 있도록 역할을 수행해야 한다. 이러한 역할을 수행할 경우에만 민주주의에서 정당의 존재의미를 찾을 수 있을 것이다.

2. 과거 한국 정당의 위기에의 대처방식에 관한 심지연의 다음과 같은 지적은 눈여겨볼 필요가 있다. "한국의 정당은 여야 구별 없이 위기 시에 결합하려는 경향이 있으며, 이에서 한 걸음 더 나아가 위기로부터 탈출해 정국을 주도하려는 의도에서 또한 결합을 하고 있다는 것이다. 그러나 대부분의 경우 이 과정에서 정당이 상호 대등한 입장에서 대화와 협상을 통해 힘을 합쳐 위기를 극복해 나가는 것이 아니라, 통합 또는 흡수라는 방식을 통해 힘의 우위를 확보하고 이 바탕 위에서 위기를 탈출하려는 비정상적인 행태를 취해 왔다"(심지연 2009, 15).

참고문헌

1. 국내 문헌

김수진. 1998. "균열구조의 발전과 한국 정당정치의 전개: 역사적 고찰." 한국정치학회 춘계학술대회 발표문.

서현진. 2003. "부정적인 TV캠페인이 선거관심도와 정치적 태도에 미친 영향: 1992년 미국 대통령선거 자료분석을 중심으로."『미국학논집』35집 1호, 78-110.

심지연. 2009.『한국 정당정치사: 위기와 통합의 정치』서울: 백산서당.

이현우. 2006. "17대 국회에 대한 국민평가: 구조적 문제와 운영적 문제."『의정연구』12권 1호, 5-30.

임성호. 2004. "국회불신의 수준과 원인." 한국정치학회 편.『한국 의회정치와 제도개혁』서울: 한울아카데미.

임성호. 2006. "거버넌스 핵심요소로서의 정치신뢰감과 대의과정: 미국과 한국의 비교분석."『의정연구』12권 1호, 195-222.

정진민. 2008.『한국의 정당정치와 대통령제 민주주의』서울: 인간사랑.

2. 국외 문헌

Brehm, John and Wendy Rahn. 1997. "Individual-level Evidence for the Causes and Consequences of Social Capital." *American Journal of Political Science* 41: 999-1023.

Dalton, Russell J. 2004. *Democratic Challenges, Democratic Choices: The Erosion of Political Support in Advanced Industrial Democracies.* New York: Oxford University Press.

Durr, Robert H., John B. Gilmour, and Christina Wolbrecht. 1997. "Explaining

Congressional Approval." *American Journal of Political Science* 41: 175-207.

Fenno, Richard. 1978. *Home Style: House Members in Their Districts*. Boston: Little, Brown.

Gunther, Richard, Jose R. Montero, and Juan J. Linz. 2002. *Political Parties: Old Concepts and New Challenges*. New York: Oxford University Press.

Hetherington, Marc J. 1998. "The Political Relevance of Political Trust." *American Political Science Review* 92: 791-808.

Hibbing, John R. 2002. "How to Make Congress Popular." *Legislative Studies Quarterly* 27: 219-44.

Kimball, David C. and Samuel C. Patterson. 1997. "Living Up to Expectations: Public Attitudes Toward Congress." *Journal of Politics* 59: 701-28.

Miller, Warren E. and Donald E. Stokes. 1963. "Constituency Influence in Congress." *American Political Science Review* 57: 45-56.

Page, Benjamin I. and Robert Y. Shapiro. 1992. *The Rational Public*. Chicago: University of Chicago Press.

Patterson, Kelly D. and David B. Magleby. 1992. "The Polls-Poll Trends: Public Support for Congress." *Public Opinion Quarterly* 56: 539-51.

이 책을 기획하고 집필한 정치학자들

윤종빈

현 | 명지대학교 정치외교학과 교수

현 | 미래정치연구소 소장

현 | 재단법인 한국의회발전연구회 상임이사

• 저서 및 논문

"국회의원 선거구획정의 쟁점과 개선방안"(『현대정치연구』 2017, 공저), "한국 유권자의 정치신뢰와 정당일체감"(『한국정당학회보』 2015, 공저), 『국민의 참여가 민주주의를 살린다』(푸른길 2017, 공저), 『정당이 살아야 민주주의가 산다』(푸른길 2015, 공저), 『2012대통령선거 구조와 쟁점』(도서출판 오름 2013, 공저)

한정훈

현 | 서울대학교 국제대학원 조교수

전 | 숭실대학교 정치외교학과 조교수

• 저서 및 논문

"한국유권자의 이념성향: 통일의 필요성 인식에 미치는 효과에 관한 사례분석"(『한국정치학회보』 2016), "유럽의회 선거의 지지정당 결정과 범유럽적 요인: 영국의 사례를 중심으로"(『한국정치학회보』 2015), "Party Politics and the Power to Report: Informational Efficiency in Bicameralism"(*Journal of European Public Policy* 2014),『국민의 참여가 민주주의를 살린다』(푸른길 2017,공저) 『정당이 살아야 민주주의가 산다』(푸른길 2015, 공저)

한의석

현 | 성신여자대학교 정치외교학과 조교수

현 | 성신여자대학교 동아시아연구소 소장

• 저서 및 논문

"일본 정당정치의 변화와 지속"(『일본연구논총』 2017), "21세기 일본의 국가안보전략"(『국제정치논총』 2017), "정치의 세습화와 일본의 세습의원"(『일본연구』 2016), 『국민의 참여가 민주주의를 살린다』(푸른길 2017, 공저), 『정당이 살아야 민주주의가 산다』(푸른길 2015, 공저)

정수현

현 | 명지대학교 미래정치연구소 연구교수

현 | 숭실대학교 정치외교학과 초빙교수

• 저서 및 논문

"후보자의 지역대표성이 득표율과 당선가능성에 미치는 영향력: 제20대 국회의원 선거 결과에 대한 분석"(『한국정치연구』 2017), "규제의 확대와 통제: 미국 연방정부 규제의 변천과정과 규제심사에 관한 연구"(『동서연구』 2015), 『국민의 참여가 민주주의를 살린다』(푸른길 2017, 공저), 『이슈를 통해 본 미국정치』(서울대학교출판문화원 2014, 공저)

송경재

현 | 경희대학교 인류사회재건연구원 연구교수

현 | 한국여성정치문화연구소 이사

• 저서 및 논문

"한국과 일본의 네트워크화된 시민(networked citizen)의 사회적 자본과 정치참여"(『시민사회와 NGO』 2017),"SNS는 정치를 어떻게 변화시키는가?: 정치정보 신뢰, 지지의 전환 및 참여효능감을 중심으로"(『한국콘텐츠학회논문지』 2016, 공저), "다문화 가정의 정보격차와 선제적 정책효과에 관한 탐색적 연구"(『사회이론』 2015), 『지구촌과 세계시민』(인간사랑 2016, 공저)

박영득

현 | 연세대학교 사회과학데이터혁신연구센터 연구교수

• 저서 및 논문

"비정치적 온라인 커뮤니티에서의 정치적 의견표현"(「사이버커뮤니케이션학보」 2013), "재분배의 정치경제학: 권력자원과 선거제도의 상호작용"(「한국정치학회보」 2014), "외적효능감의 소득편향과 공공서비스의 역할"(「현대정치연구」 2016), "브렉시트 국민투표 결정요인 분석"(「세계지역연구」 2016)

이재묵

현 | 한국외국어대학교 정치외교학과 조교수

현 | 한국정당학회 연구이사

• 저서 및 논문

"유권자의 계급배반과 정치지식"(『한국정치학회보』 2017, 공저), "국회의원 선출유형에 따른 입법활동 차이 분석: 제19대 국회를 중심으로"(『한국정당학회보』 2017, 공저), 『미국정치와 동아시아 외교정책』(경희대 출판부 2017, 공저)

민희

현 | 경희대 정치외교학과 SSK 연구단 연구교수

• 저서 및 논문

"Legislative Response to Constituents' Interests in New Democracies: The 18th National Assembly and Income Inequality in Korea" (*Government and Opposition* 2016, 공저), "감정과 정치참여"(『한국정치학회보』 2016 공저), "정보의 풍요와 정치참여의 양극화"(『한국정당학회보』 2016, 공저)

윤성이

현 | 경희대 정치외교학과 교수

• 저서 및 논문

"감정과 정치참여"(『한국정치학회보』 2016 공저), "정보의 풍요와 정치참여의 양극화"(『한국정당학회보』 2016, 공저), "한국사회 이념갈등의 세대간 특성 비교"(『21세기정치학회보』 2014, 공저), 『한국정치: 민주주의, 시민사회』(법문사 2015), 『내한민국의 민주주의』(대한민국 역사박물관 2016)

장승진

현 | 국민대학교 정치외교학과 부교수

현 | University of Washington 방문학자

• 저서 및 논문

"제20대 총선의 투표선택: 회고적 투표와 세 가지 심판론"(『한국정치학회보』 2016), "체제 전환 이후 공산당 계승정당에 대한 지지: 동유럽 비세그라드(Visegrád) 4국 사례를 중심으로"(『현대정치연구』 2016), "National Identity in a Divided Nation: South Koreans' Attitudes toward North Korean Defectors and the Reunification of Two Koreas"(*International Journal of Intercultural Relations* 2016, 공저), 『정당이 살아야 민주주의가 산다』(푸른길 2015, 공저), 『불평등과 재분배의 정치학: 한국, 미국, 그리고 유럽』(오름 2017, 공저)

박지영

현 | 명지대학교 미래정치연구소 연구교수

• 저서 및 논문

"민주주의의 두 얼굴: 왜 대중은 선거에서 잘못된 선택을 하는가?"(『의정연구』 2017), "Homo Civicus vs. Homo Politicus: Why Some People Vote But Not Others"(『미래정치연구』 2017), "Policy Popularity: The Arizona Immigration Law"(Electoral Studies 2016), 『국민의 참여가 민주주의를 살린다』(푸른길 2017, 공저)

유성진

현 | 이화여자대학교 스크랜튼학부 부교수

전 | 한국정당학회 총무이사

• 저서 및 논문

"Growth of Citizen Movements and Changes in the Political Process in Korea and the US: Similarities and Differences"(*Asia-Pacific Social Science Review* 2016), "동성결혼 합법화는 어떻게 가능하였는가?: 여론과 정당정치 그리고 연방주의"(『한국과 국제정치』 2015), "정치신뢰와 풀뿌리유권자운동: 티파티운동의 사례를 중심으로"(『미국학논집』 2013), 『국민의 참여가 민주주의를 살린다』(푸른길 2017,공

저), 『미국의 대외정책과 동아시아정책』(경희대학교출판문화원 2017, 공저), 『정당이 살아야 민주주의가 산다』(푸른길 2015, 공저)